研究生卓越人才教育培养系列教材

研究生心理资本培育

主　编　张文芳　张文静
副主编　董国强　李　军　李岚溪
　　　　张　达　段俊杰

西北大学出版社
·西安·

图书在版编目(CIP)数据

研究生心理资本培育 / 张文芳, 张文静主编. —西安: 西北大学出版社, 2024.4
ISBN 978-7-5604-5372-9

Ⅰ. ①研… Ⅱ. ①张… ②张… Ⅲ. ①研究—心理干预—研究 Ⅳ. ①G444

中国国家版本馆CIP数据核字(2024)第084896号

研究生心理资本培育
YANJIUSHENG XINLI ZIBEN PEIYU

主编　张文芳　张文静

出版发行　西北大学出版社
(西北大学校内　邮编: 710069　电话: 029-88302621　88303593)
http://nwupress.nwu.edu.cn　E-mail: xdpress@nwu.edu.cn

经　销	全国新华书店	
印　刷	西安博睿印刷有限公司	
开　本	787毫米×1092毫米　1/16	
印　张	18.25	
版　次	2024年4月第1版	
印　次	2024年4月第1次印刷	
字　数	349千字	
书　号	ISBN 978-7-5604-5372-9	
定　价	68.00元	

本版图书如有印装质量问题,请拨打029-88302966予以调换。

序 言

心理资本是指个体在成长和发展过程中表现出来的一种积极心理状态，是超越人力资本和社会资本的一种核心心理要素，它由美国的路桑斯在2004年提出，近年来在我国企业管理中广泛运用。本书编者将心理资本理论引入高校研究生的培养，编写了这本适合研究生心理特点的教材。

通读全书，我认为这本书有以下几个特点：

第一，适用性好。本书响应了当前研究生人才发展的需要。研究生是我国现代化建设需要的高层次人才，他们的心理素质培养尤为重要。但相比本科生，当前我国高校研究生的心理健康教育相对薄弱，缺少成熟的研究生心理健康教育教材。本教材对当前高校开展研究生的心理素质教育是一份重要的贡献。

第二，理论取向积极。当前国内已有的研究生心理健康教育教材内容多侧重于问题解决视角，偏重于研究生情绪困扰和心理问题解决和调适。本教材则立足于发展性视角，关注研究生积极心理品质培养及其个人的全面发展和潜能发挥，理论取向更积极。

第三，体系化强。教材的八章内容以心理资本的理论为依据，对研究生的心理资本进行了详尽的解析，对研究生心理资本的四大要素及潜在要素的培育开发、研究生心理资本的养成路径以及组织管理保障等进行了深入探讨，拥有从宏观到微观、从理论到实践，层层递进、体系完善、应用性强的特点。

第四，内容丰富。本教材的内容设计兼具学术性、实用性和乐学性。

教材每章节都针对研究生心理成长的不同维度，设计了"专栏""案例""拓展阅读"等内容，帮助读者多维度理解和获取知识，更具趣味性和吸引力。

本教材的编者都是在高校从事心理健康教育、研究生教育及管理工作多年的教师，内容汇聚了研究生心理健康教育服务工作者的宝贵经验和研究成果。教材可用于研究生心理健康教育课程的教学，也可作为高校研究生心理素质教育、研究生管理的重要参考，更是帮助广大研究生自我提升的阅读书籍。

希望这本《研究生心理资本培育》教材的出版和使用，能够帮助研究生养成自信、乐观、坚韧、积极的品格，成为勇于改革创新的新时代强者。

蔺桂瑞

首都师范大学教授

2023 年 10 月 12 日

前　言

本书的选题背景是研究生"高质量培养"的新时代要求。教材内容双重响应了研究生个体发展和国家培养需求，即落实党和国家关于培养高质量人才的工作要求，结合当前研究生心理现状挑战和心理成长需求，通过提升心理资本，促进研究生全面、高质量发展。

本书对研究生心理资本及其培育的现实需要、理论渊源、基本要素与培育路径进行了探讨，力图全面反映研究生心理资本这个积极心理学的概念被应用到研究生个体发展和质量培养工作中的理论内涵和现实进路。读者能够通过本书全面了解研究生心理资本的理论体系和实践应用。从研究生个体角度来看，能够运用相关理论和知识对外在环境和自身发展进行理性理解和合理定位，帮助自己和他人对自身的心理素质发展进行对照分析和积极提升；从教育者和管理者角度来看，能够明晰对研究生教育教学、实践引导和管理评价等工作的侧重点，提升研究生培养质量。因此，本书适用于研究生教学、研究生自主学习及研究生教育、管理相关人员阅读使用。

本书有三个特色：第一，着眼现实需求。从现实需求来看，研究生是党和国家培养的高级人才，对研究生的心理素质要求就不能仅仅局限于心理健康。本书关注研究生积极心理品质的培养，从促进研究生个体潜力挖掘和全面发展、提升心理素质和心理动力，落脚到研究生高质量培养的目标上来。既回应了研究生个体全面发展的需求，也响应了国家提高研究生培养质量的要求。第二，立足发展视角。本书围绕研究生成长成才所需的心理素质进行编撰，通过心理资本提升研究生的自我效能感、目标希望、乐观归因、心理韧性、情绪智力、创造力、勇气等心理品质，帮助研究生形成良性的、建设性的、发展性的积极心理品质，从而实现身心健康、快乐学习，完善人格、激发潜能，明确目标、坚定意志、乐观变通、勇于创新，应对压力、抗逆力好的个体发展目标和高等教育人才培养目标。第三，兼顾科学实用。本书采用折中式组织方法，兼顾学科知识内在逻辑与学生特点和需求，既遵循心理资本的构成要素来设计教材框架，又结合研究生心理特点和发展需求来拓展教材内容。内容紧紧围绕心理资本理论和研究生个体发展的联系，横向围绕学术概念展开，纵向落脚对应到研究生各方面的心理能力发展，按照"心理资本"的主要要素设立章节，每章节又对应研究生心理成长的不同维度，力求促进研究生在自我认知、能力提升、情绪调节、压力应对、人际沟通、学术精神等方面优化品质、激发潜力、葆有动力，为研究生成长提供心理能量。

本书编者都是长期从事高校心理健康教育工作的骨干教师，各章编写情况如下：第一章：张文芳，第二章：张文静、张文芳、丁莹莹，第三章：张达，第四章：常雅慧、丁莹莹，第五章：李岚溪、王柯懿，第六章：李岚溪，第七章：王海红，第八章：张婧、张文芳。全书由张文芳负责组稿、统稿，张文芳、张文静审阅定稿，李岚溪、张达、段俊杰参与了校稿工作，卢瑛、刘雅婷参与了文献收集工作。

本书入选"研究生卓越人才教育培养系列教材"，在西北大学研究生院、西北大学出版社的大力支持下顺利出版。同时也是"教育部高校思想政治工作队伍培训研究中心（陕西师范大学）研究生创新基金（项目编号：yxzxBZ002）"的研究成果之一。衷心感谢支持、关心与参与本书编写工作的所有领导、专家、同事和朋友，感谢陕西师范大学王涛教授的指导。在本书的编写过程中，编写人员参阅了国内外相关研究的文献，并引用了一些专家学者的研究成果，在此一并表示感谢。

由于编者水平有限，疏漏与错误在所难免，敬请广大读者批评、指正。

编　者
2023 年 12 月

目 录

第一章　心理资本与个体发展 ………………………………………… 1
　第一节　心理资本概述 …………………………………………………… 1
　第二节　心理资本促进个体发展 ………………………………………… 15
　第三节　心理资本的生成及培育 ………………………………………… 21

第二章　研究生心理资本 ………………………………………………… 31
　第一节　研究生心理资本培育的重要性 ………………………………… 31
　第二节　研究生心理资本解析 …………………………………………… 45
　第三节　研究生心理资本培育策略和路径 ……………………………… 52

第三章　提升自我效能感 ………………………………………………… 58
　第一节　自我效能感概述 ………………………………………………… 58
　第二节　研究生自我效能感的影响因素 ………………………………… 70
　第三节　自我效能感对研究生个体发展的作用 ………………………… 79
　第四节　研究生自我效能感的培养 ……………………………………… 86

第四章　明晰希望愿景 …………………………………………………… 91
　第一节　希望的理论概述 ………………………………………………… 91
　第二节　希望对研究生发展的影响 ……………………………………… 104
　第三节　如何培养高希望特质的研究生 ………………………………… 112

第五章　培育乐观品质 …………………………………………………… 128
　第一节　积极归因 ………………………………………………………… 128

I

| 第二节 | 归因风格对研究生群体的影响 | 140 |
| 第三节 | 建立积极的归因方式，培养乐观品质 | 149 |

第六章 增强心理韧性 — 162

第一节	心理韧性概述	162
第二节	心理韧性的影响因素	177
第三节	增强研究生的心理韧性	187

第七章 开发潜在心理资本 — 202

第一节	创造力	203
第二节	福流	215
第三节	心智觉知	227
第四节	情绪智力	231
第五节	真实性	238
第六节	勇气	242

第八章 优化教育管理环境 — 251

第一节	教育管理概述	251
第二节	研究生教育管理与心理资本培育	258
第三节	提升研究生心理资本的教育管理方法	264

主要参考文献 — 280

第一章　心理资本与个体发展

20世纪末兴起的积极心理学，促使心理学家们对人类心理和行为的关注由消极的病理性层面转向积极的建设性层面，更为注重可持续、可开发、可建设的心理品质和因素，从而促进个体的潜能发展和自我实现。

在经济全球化的新时代，人才素质对于提升一个国家的核心竞争力具有极其重要的作用。习近平总书记在不同场合多次强调，"建设社会主义现代化强国，发展是第一要务，创新是第一动力，人才是第一资源"。当前社会，如何使人获得可持续的竞争优势显得尤为重要。

心理学家的关注点与社会发展的需求不谋而合，在这个背景下，心理资本作为提升个体和组织竞争优势和潜力的重要资源而广受重视。心理资本就是因"为人才而战"产生的，心理学家认为，"心理资本是贮藏在我们心灵深处一股永不衰竭的力量，是实现人生可持续发展的原动力"，它对于社会发展、组织管理和个体发展都具有重要的意义。

第一节　心理资本概述

从"心理资本"的字面意思我们就可以看到，学者们对这个概念的研究有一个经济学的假设，那就是认为除了一些肉眼可见的物质财力、能力技术、关系网络等方面的资本以外，个体在心理、情绪等方面的精神资源也可以作为一种资本，也同样存在盈利和亏损。也就是说，个体的一些积极的、正向的、成长性的心理品质，有助于个体发挥更大的潜能、取得更高的绩效、获得更多的主观幸福感；反之，会影响个体的潜能发挥和事业发展。因此，心理资本首先被关注和应用的领域也是在经济领域和组织管理领域，心理资本被看作是企业或组织除了财力、人力、社会这三大资本以外的第四大资本。

在被提出之后，心理资本以其可测量、可开发、可管理的优势，迅速成为一种提升个体和组织竞争优势的重要心理资源，受到企业管理、政府组织、各类机构、教育部门等很多领域的广泛关注，研究范围扩展到企业员工、护士、教师、大学生等群体之中。众多研究发现，心理资本除了对于组织绩效有积极的促进作用之外，对于个体的潜力开发、能力提升和成长完善也具有原动力的作用。

一、心理资本产生背景及理论基础

心理资本理论是积极心理学与组织行为学相互交叉融合的产物，积极心理学起了催化作用，组织行为学起了孕育作用。

（一）产生背景

20世纪90年代兴起的积极心理学是心理学领域的一次革新，以时任美国心理学会主席马丁·塞利格曼（Martin E. P. Seligman）为首的心理学家提出并推动了关于积极心理学的研究。与传统心理学主要关注消极的、病理性的理念不同，积极心理学将研究的关注点放在正常人性、人类美德、力量等积极的心理品质上，主张通过积极的情绪体验、积极的认知过程、积极的人格品质等促进个体心理健康、发展完善和自我实现。积极心理学的出现，推动了心理学研究的新思潮。

积极心理学的观点出现后，迅速得到很多心理学家和管理学家的重视和应用，曾任美国管理学会主席、组织行为学先驱、内布拉斯加州大学教授弗雷德·路桑斯（Fred Luthans）等人从2001年起，就开始对于积极心理学在组织行为领域中运用的各类研究、创新提出了一种积极取向的组织行为学模式——积极组织行为学。在积极心理学和积极组织行为学的共同驱动和双重孕育下，2004年，路桑斯提出了有别于经济资本、人力资本和社会资本的"积极心理资本"的概念；2005年，路桑斯与他的研究团队首次对心理资本进行了明确的定义，即"个体一般积极性的核心心理要素，具体表现为符合积极组织行为标准的心理状态，它超出了人力资本和社会资本，并能够通过有针对性的投入和开发使得个体获得竞争优势"；2007年，路桑斯及其团队进一步修订了心理资本的定义，认为心理资本是"个体在成长和发展过程中呈现出来的一种积极的心理状态"，并明确了心理资本具体包括自我效能感、乐观、希望和韧性四个方面。在路桑斯团队的带领下，越来越多的学者开始关注并认识到心理资本的重要性，关于心理资本的研究迅速扩展到心理学、行为科学、社会学、商业与经济等领域，并日益繁盛。

（二）理论基础

从产生过程可以看出，心理资本的重要理论基础有两个：一是积极心理学，二是组织行为学。前者是催化剂，后者是孕育器。

1. 积极心理学的贡献

作为从事心理学教育的人，我们经常会听到初次见面的人说"哦，你是学心理的啊，那你一定能看出别人有没有心理问题"之类的话。是的，大众对心理学的了解和认知往往是从治疗心理疾病的角度出发的。事实上，积极心理学认为心理学对于人类社会和个体发展担负着三项使命：治疗心理疾病、使人类生活更加充实有意义、挖掘和培养人的天赋和潜能。这一观点也得到了广大心理学家的认可并且予以践行。

最早对于积极心理学的研究，可以追溯到20世纪30年代，被称为"智商之父"的美国心理学家刘易斯·麦迪逊·推孟（L. M. Terman）关于天才儿童的追踪研究。推孟从1921年开始，在美国加州地区的公立学校，通过教师推荐和智商测验的方式搜集天才儿童，他搜集了1528名智商高于135的儿童进行追踪研究，每隔四五年，了解收集一次这些天才儿童的发展情况，持续到1956年共收集到6批数据。在他去世后，仍有数位心理学家轮流主持，使数据持续更新直到他们垂暮之年。1968年，推孟的助手梅尔塔·奥登（Melita Oden）发表了一篇论文，比较了这批追踪研究对象中"最成功"的100人和"最不成功"的100人，"成功"的标准是这些人从事的职业能够发挥他们在智力方面的天赋。因此，成功的人士包括大学教授、科学家、医生、律师，不成功的人士则包括售货员、木匠、清洁工等。毋庸置疑，最成功的100人和最不成功的100人都是来自这项天才儿童的实验群体。他们的智商差别不大，那是什么导致他们的"成功"和"不成功"呢？奥登研究发现，这两个人群之所以走上了不同的发展道路，更多的是因为意志力、自信心和来自家庭的鼓励等因素。

美国人本主义心理学家亚伯拉罕·马斯洛（Abraham H. Maslow）1957年在《动机与人格》一书中，提出"个人的基本需要构成了他的内在价值和利益系统的基础"，这些基本需要包括生理需要、安全需要、归属的需要、爱和自尊的需要、自我实现及审美的需要。马斯洛这样描述："一个爱的需要在其生命早期得到满足的成年人，其安全感、归属感以及爱的满足方面，比一般人更加饱满、自身也更加独立。正是那些坚强、健康、自主的人能经受住爱和声望的损失……一个人除非在生命的每一时刻都敢于倾听自己，倾听自己的自我，否则不可能明智地选择生活。"从这些论述里，我们可以不断地看到积极心理学的思想，比如，主观幸福感高的人、意志力强的人更能自主掌控生活并更有心理韧性以应对困境逆境。

在20世纪，关于积极心理学的研究并不多。由于受到第二次世界大战的影响，心理学的主要任务变成了治愈战争创伤和治疗精神病患，而使心理学对人类的积极性研究被无暇顾及以至于被遗忘，也是出于这个原因，消极心理学模式在20世纪占据了整个心理学发展的主导地位。

到了20世纪末，随着人类社会的和平与发展，心理学家越来越多地关注到对正常人群的心理研究，他们在研究中发现，幸福、快乐、满足是促进人类追求成就的主要动机，换言之，人类所拥有的一些积极品质是促使其不断向前向好发展的核心要素。心理学家们得到了一个认识，那就是心理学不仅要着眼于心理疾病的治疗，更要研究和培养人的积极心理品质，发展人性的优点比修复病症更有价值。在这样的时代背景下，积极心理学概念应运而生。1997年，塞利格曼就任美国心理学会主席一职时提出了"积极心理学"的概念，随后，积极心理学在短短几年内便从美国扩展到加拿大、日本、欧洲，甚至成为一种世界性的心理运动，受到越来越多的心理学家的关注。

积极心理学研究内容主要有三个方面：积极主观体验研究、积极人格特质研究和积极社会环境研究。并认为那些在主观体验上回顾过去感到幸福和满足、面对今天感到快乐而丰盈、憧憬未来做到现实而乐观的人更容易健康、幸福和成功；那些具有积极人格特质的人更容易获得他人支持，也更容易应对压力和获得成功；那些拥有积极社会支持环境的人更有可能健康成长和自我实现。

积极心理学对心理资本的产生有三个方面的贡献：

（1）对人性优点和价值的研究是心理学研究促进人类和社会发展的最根本任务。前面说过，很长一段时间，人们认为心理学的功能表现为治疗心理疾病，但这缩小和片面化了心理学的研究价值和功能。积极心理学认为心理学的功能应该是建设大于修补，研究对象理应是那些正常、健康的普通人，而不是少数有心理问题的或心理出现异常的人；心理学应该注重韧性的优点、开发人类的潜能、促使个体的发展完善，而不是只关注人类的弱点。而这种对于积极人格品质、情绪体验和正性社会环境的关注和开发，能够培养和完善健康人格，并将这种人格优势和积极理念渗透到人的整个生活空间，产生社会层面的广泛深远影响。

（2）对心理疾病预防和对积极心理品质开发的理念拓宽了心理学研究的视野，为心理学研究注入了新的活力。积极心理学改变了传统心理学对心理疾病和心理发展被动应对的局面，重视对心理疾病的预防，并认为之所以能够预防心理疾病，是因为个体内部系统有积极的塑造能力和成长力量，从而认为，人类有促进自身积极发展的正向力量，开发好这种力量不但能够达到有效预防心理疾病的效果，还能够塑造个体健康品质和人格，实现更高成就。

（3）认为组织和环境的积极影响能够促进个体的内在积极力量，促进了积极心理学在组织行为学中的应用。积极心理学强调对群体、环境和社会心理的重视，关注个体的积极品质与社会背景和环境因素的关系，把对个体的素质和行为考察和评价纳入整个社会生态系统之中，并对个体心理现象、心理活动和行为的原因进行假设和建构，认为人的内在积极力量与群体、社会文化等外部环境有交互作用，组织和环境的积极影响能够促进个体的内在积极力量，这为积极心理学在组织管理中的重视和应用提供了理论基础和现实推动。

因此，积极心理学是心理资本理论产生的催化剂，促使心理学家和管理者将关注点聚焦在个体的积极品质上，重视积极心理品质开发的价值，并把这种理念积极地应用到组织管理实践中和组织行为学理论研究中，最终推动了心理资本理论的诞生。

2. 组织行为学的作用

在积极心理学的号召下，更多的心理学家致力于从帮助健康的人变得更幸福和发挥人的潜能的角度，展开心理学的理论构建和实证研究。在组织管理学领域，积极心理学也得到了广泛应用。2002年，路桑斯正式提出了积极组织行为学，主张针对那些具有积极导向的、可测量的、可开发的、可有效管理的人力资源方面的优势和心理能力进行进一步研究和应用，重点是探索如何运用积极的方法开发和训练员工的潜能和优势，最终提高组织的绩效水平。

早在1924年，组织行为学研究就注意到了员工的积极感受与绩效之间的关系。以哈佛大学乔治·埃尔顿·梅奥（George Elton Mayo）教授为首的研究小组开展了著名的"霍桑实验"，用来研究车间照明度与劳动生产率的关系。研究者发现，无论加大或减小照明度，劳动生产率都在提高。这让研究者很迷惑，于是开始了第二阶段的研究，继续探索福利待遇变化与劳动生产率的关系。此次研究发现，无论福利待遇怎么变化，劳动生产率还是在提高。研究者又开始第三阶段实验，要求工人对管理政策、工头态度等问题提出自己的意见和看法，但在访谈过程中，研究者发现，工人更愿意在调查中说一些不在实验拟定范畴中的事情，并且，这样的访谈进行一段时间后，劳动生产率依旧会提高。针对这些实验结果，研究者认为，工人劳动生产率的提高是由于在实验过程中工人受到了关注，从而引发了工人的积极性。这说明，除了物质条件外，工人还有社会心理方面的需求,被关注、被信任、团体归属感等,能够激发工人的工作积极性。这个发现被称为"霍桑效应"。

在这之后,组织行为学研究人员进一步发现企业和组织积极的帮助、正面的影响,员工自身积极的态度、幽默感等都对工作绩效有显著影响。但由于时代背景和"费用效用分析"管理理念的影响,传统的组织行为学研究过于强调成本和收益的权衡,仍然着重聚焦在组织、团队、管理者、员工的消极、倦怠等不利于组织行为所造成的成本代价等方面,例如怎样激励那些消极、懒惰、懈怠的员工,怎样纠正那些不良的工作作风、态度和行为,怎样有效地解决管理冲突等。直到 20 世纪 90 年代末,组织行为学家路桑斯才将积极心理学的思想引入组织行为学的研究中,于 2002 年正式提出了积极组织行为学,并提出了符合积极组织行为的概念的五条标准:积极导向的心理概念、拥有坚实的理论研究背景、拥有有效的测量工具、是状态类的个体特征或者至少是可开发的、影响绩效。

积极组织行为学修正了传统组织行为学的消极取向,开辟了组织行为学研究的新视角,研究者们开始关注和探寻组织中的积极方面,如心理资本、亲社会动机等研究。研究者发现,符合标准的最具代表性的积极心理状态概念有自我效能感、希望、乐观、主观幸福感、坚韧性等。路桑斯在这个前提下,总结了符合积极组织行为学框架的核心概念,提出了心理资本,同时认为心理资本包含自我效能感、乐观、希望和韧性四个主要因素。但心理资本并不是这四个部分的简单集合。

可见,心理资本的概念是从积极组织行为学的研究中被关注到并提出来的,积极组织行为学是心理资本的母体和孕育者,而心理资本是积极组织行为学的一个研究方向和分支概念。

二、心理资本概念及构成因素

关于心理资本的概念从提出到发展,是一个不断发展完善的过程。目前,路桑斯等人在前人研究的基础上提出的关于心理资本的概念和内涵受到了广泛认可和应用,已经成为国内外学术界研究和应用的主流观点。

1. 心理资本的概念

根据 2007 年路桑斯等人对心理资本定义的进一步修订,我们对于心理资本的概念做如下阐述:

心理资本是指个体在成长和发展过程中表现出来的一种积极心理状态,具体表现在四个主要方面：一是当个体面对富有挑战性的工作或任务时，拥有积极努力完成、能付出必要努力以及确信自己能够完成的坚定信心，即自我效能感；二是个体能够对当前以及未来的成功进行积极的解释和归因，即乐观；三是个体能坚定地坚持既定目标，为了实现目标不懈努力和探索路径，并能够及时调整和重新选择促使目标实现的路径，即希望；四是当个体遇到困难、挫折或身处逆境时，能够发挥坚持、迅速复原和采取迂回路径等精神或能力来超越困境，取得成功，即韧性。这四个方面也是构成心理资本的四个要素。

路桑斯在2010年对心理资本的四个要素又进行了进一步概括和解释，他提出可以把心理资本的这四种正向心理能力概括为一个词"HERO"（英雄）。其中，"H"代表希望（Hope），具体指的是个体在面对任务时的意志和路径，例如个体是否愿意花很长时间坚持努力，直至完成任务。"E"代表自我效能感（Efficacy），指个体对于自己能取得成功的信心，例如个体拥有自信并相信自己拥有那些能够让自己成功的东西。自我效能感可以通过不断地练习进行强化。"R"代表韧性（Resiliency），是指个体遇到困境后迅速复原和回弹的能力，而韧性对于总是面临挑战性任务和发展目标的人群来说更为重要，这是一种可培养可开发的能力，它不但有利于个体的问题解决，而且对个体的长远发展也有益处。"O"代表乐观（Optimism）。乐观并不是盲目乐观与自我陶醉，而是指一种理性审视、从容筹划的现实能力，即能够自我觉察、自我规范、反思过去、调整计划和提前谋划。乐观的人更具有独立工作、承担责任、完成任务的能力，更能给所在组织带来积极绩效。

心理资本主要表现在这四个方面，但又不是这四种心理要素的简单相加，它是一种综合作用的、从整体上发挥功能的建构性的心理能力，整体必然大于部分之和。也就是说，心理资本的整体效应比各部分简单加总的效应更大。

2. 相关概念

心理资本与人力资源、人力资本以及社会资本等这些概念有什么区别和联系呢？

人力资源，是指在一个国家、地区或者企业、组织中的，具有为社会创造物质、精神、文化财富的能力或贡献的，从事体力和智力劳动的人们的总称；从资源角度来讲，人力资源也指一定时期内，组织中的人们所拥有的资源，这些资源指那些能够对价值创造起贡献作用的教育、能力、技能、经验、体力等资源的总称。可以看出，人力资源强调人力作为生产要素在生产过程中的生产、创造能力，它在生产过程中可以创造产品、创造财富，促进经济发展。人力资源包括自然性人力资源和资本性人力资源，而人力资本存在于人力资源中。

人力资本的概念与物质资本相对。人力资本,是指由投资而形成的,强调以某种代价获得的能力或技能的价值,是形成人的脑力和体力的物质资本在人身上的价值凝结,人力资本是从成本收益的角度来研究人在经济增长中的作用。因此,人力资本强调的重点是投资付出的代价以及收回的利益,考虑的是投资成本能够带来多少价值,研究的是价值增值的速度和幅度,关注的重点是人力作为资本所产生的收益问题。

社会资本,是指通过关系、联系网络和朋友等建立起的关系资源。

这几个概念之间的关系如下:

(1)人力资本强调的是"你知道什么",比如知识、经验、技术、能力以及体力等;社会资本强调的是"你认识谁",比如社会资源、人际关系等;心理资本则强调的是"你是谁"以及"你想成为什么",更关注个体的心理品质、心理能力和心理状态。

(2)心理资本是可以通过测量、训练、培育而被观测和获得提升与增进的。这一点与人力资本和社会资本相似,都是一种可开发、可培养的状态性资源。

(3)心理资本、人力资本、社会资本都会促进组织绩效,心理资本对于当今世界日益变革的组织中的员工和组织本身都具有更为迫切而重要的意义。从个体层面来说,心理资本是促进个体成长发展与其工作绩效提升的重要因素;从组织层面来说,心理资本能够帮助组织或企业取得竞争优势和发展潜力。

3. 构成因素

心理资本包括自我效能感、希望、乐观、韧性等四个核心构成要素和创造力、福流、心智觉知、情绪智力、真实性、勇气等若干潜在构成要素。其中,自我效能感、希望、乐观、韧性是心理资本的核心要素,在心理资本的结构中承担着重要功能,并且,这四个要素之间互相支持、互相促进,互为基础、互为影响。

(1)自我效能感。自我效能感是指个体对其解决特定问题或实现某个目标所具有的能力的坚定信念。自我效能感是一种积极信念和积极预期,包括结果预期和效能预期。其中,结果预期是指个体对自己的某种行为可能导致什么样的结果的推测和预期;效能预期是个体对自己能够实施和完成某种行为的能力的主观判断。因此,我们可以看出,自我效能感既是对结果的积极预期,也是对能力的乐观自信。

自我效能感在个体心理资本形成和提升过程中起着重要作用,是心理资本的基础因素。自我效能感直接影响到个体在面对和处理任务时的动机发出、行为选择、功能发挥、情感坚持等心理过程,与心理资本中的积极归因、乐观预期、坚韧性等紧密联系。

(2)希望。希望是指个体确立目标,同时寻找实现目标的路径,并为了保证实现目标而保持和激发内在动力和意志力的一种积极的心理力量。因此,希望是一种基于目标、方法和意志力三者之间的相互作用而形成的积极动机状态。具体来说，希望包括的三个方面为：一是预期的任务目标，二是达到任务目标的意愿动力，三是为了达到预期任务目标而制订的计划路径。这三个构成要素，即目标、路径和意志力缺一不可，目标是行为指引，路径是实现通道，意志力是驱动力。

希望对心理资本的贡献有两个方面：一是决策指向作用。希望不但会确定预期的目标，还会促使个体预先构想出实现目标的方法和路径。就这一点来说，希望是心理资本推动个体完成任务或取得绩效的决策系统，使之目标明确、路径清晰。二是驱动力作用。希望是一种内部驱动力，能够推动个体开启行动并推动个体朝着既定的目标、沿着提前设想好的路径不断前进。如果没有希望提供动力，心理资本对个体的成长和促进的积极作用是无法顺利达成的。

（3）乐观。乐观是一种重要的积极心理品质，它包含两个方面的含义：一是对结果的一种积极的期待或预期，是一种气质性的乐观；二是个体对生活中的挫折、失败、困难、遭遇、不幸等消极事件的积极解释，总会倾向于把消极的因素看作和解释为暂时的、外部的、偶然的。因此，乐观是对未发生事件的积极预期和对已发生事件的积极归因、积极解释。

乐观是个体面临压力和困境时的积极心态和有效策略，对心理资本的作用体现在两个方面：一是导向作用。乐观作为一种对人对事的积极态度，帮助个体对未发生的事件或结果持有正向的、积极的预期，从而影响个体的认知、情感和行为。二是协调作用。乐观是一种积极归因和积极思维，这使得个体在评价一件事情时，更愿意从积极的、正向的角度出发，找寻生长性和保护性因子。如此一来，无论个体成功还是失败、顺利还是挫折，都能够从中寻找出力量，对于一些不可避免的挫折、失败或者不满意也能够理性对待、汲取经验，这对于个体心理资本的形成是不可或缺的。

（4）韧性。韧性也叫心理韧性、心理弹性、抗逆力、复原力等，它被界定为个体在面临困境、逆境时能积极应对，迅速从中恢复过来并发展良好的意志力和能力。该定义包含了三个方面：一是结果性定义，即个体在面对困难或威胁时，其适应和发展仍然良好；二是过程性定义，即个体在应对危险或困难环境时能够良好适应的动态过程；三是品质性定义，即心理韧性是个体的一种能力或者品质，是个体所具有的心理特质，是一种能够应对消极情境并从中尽快恢复过来的能力，能够灵活且有力量地应对困境和逆境。

韧性对心理资本的作用主要体现在两个方面：一是调控作用。当个体遇到困难和挑战时，韧性能够帮助个体积极调整认知、适应环境和控制结果，使个体快速从应激性的压力情绪中走出来，积极调整认知，快速恢复到应战状态，将精力和注意力维持在正在进行的任务中。二是保障作用。当个体面对压力事件或环境时，韧性品质会保证个体迅速调整消极认知，有效挖掘内在力量、积极寻求外在资源，一直维持指向目标的动力和行为，保障工作任务的完成。

三、心理资本的特点

在积极心理学范畴和组织行为学研究领域中，个体表现出来的与积极绩效相关的积极心理品质、个性特征有很多，为什么心理学家只选定了自我效能感、乐观、希望和韧性四种特质作为心理资本的主要因素呢？

心理资本理论一开始出现在经济学、组织行为学领域，不光要着眼于那些能够促进劳动效率和组织绩效的积极心理品质，还要看这些积极心理品质和个性特征是否能够被科学研究、量化管理和有效开发。也唯有如此，关于心理资本的研究才会有价值和应用性。

根据路桑斯的观点，认为心理资本的要素选择标准归纳起来至少有以下几点：组织行为学研究领域中那些积极的、独特的和具有动力性作用的要素；具有理论与研究基础；可以被有效地测量和评价；属于那些能够被开发和管理的心理状态品质；可以影响绩效。

探讨关于心理资本构成要素的选择标准，能让我们更准确地了解心理资本。目前关于心理资本研究的主流观点认为只需要关注那些状态类的或类状态的因素，这些因素要能够通过有针对性的投入和开发使个体获得竞争优势。

通过上述分析，可以看出心理资本有以下特点：

1. 强调个体的力量性和积极性，关注优点和优势

心理状况对于个体的发展成长主要从两个方面起作用：一方面是避免、改善和调适负面的、消极的、缺陷性心理状态，使个体不要过分消耗在消极和无力的状态中，避免损失和停滞；另一方面是发现、挖掘和发扬正向的、积极的、优势的心理资源，使个体获得更强的发展动力和能力，在主观感受和现实绩效上都更有获得感。心理资本就是关注第二个方面的心理能量，认为在个体身上都可以发掘或培育出一系列优点和优势，这些心理资源不仅可以使个体在主观感受上更自信、更积极，还能够使个体发现自己应对挑战、解决问题的能力，而当这种能力促使个体取得阶段性的成功之后，又会反过来增进个体的效能感和力量感，这是一个循环上升的过程。

案例

小兰的本科就读于一所三本学校，后来考取了一所211大学的硕士研究生。在进入这座学校之前，她都是开心的，本科的老师和同学都在夸赞她，她对未来也充满了期待。但这些感受在她入校一个星期后就消失了，取而代之的是巨大的自卑、担忧和无力感。其实这种感觉在第一次见导师的时候就出现了，同一级的同学、同门的师兄师姐都很优秀，尤其是导师让他们新入学的三个人进行自我介绍时，她发现不论是本科学校、学术基础，还是读研规划，甚至是言谈举止，她都不如另外两个同学。果然，在之后的学习中，这种感觉越来越强烈，每周一次的组会中，导师虽然不要求读研一的必须发言，但小兰每次都感觉很挫败，她觉得自己甚至都听不懂师兄师姐们讲述的内容。"我虽然看着黑板，貌似在仔细听，但我知道，我迟钝的表情和木木的眼神，早就让别人知道我是一个什么都不懂的白痴。我如坐针毡，但还要在那里做样子，装出能听懂的样子……"

由于小兰是第一次咨询，并且她在咨询中谈到，第二天就要轮到她一对一给导师汇报学习情况了，她非常紧张，紧张到一想起来就心慌、喉咙堵，难以呼吸，就算她努力平复好躯体感受，随之而来的沮丧和抑郁更让她窒息。因此，咨询师认为要先给小兰一些力量，让她可以面对明天的导师面谈，待后续的咨询中，再与她一起去探索深层原因和根本动力。于是，咨询师和小兰做了如下的对话：

咨询师：看起来新的环境和新的同学，给了你很大压力。你一定也做了些什么，去阻止这个不舒服的感受吧？

小　兰：应该算是做过一些吧。

咨询师：可以说一下吗？

小　兰：我把考研的时候的作息表又用了起来，早上六点半就起床，晚上十一点回宿舍。

咨询师：起得好早呀，那很难吧？

小　兰：不难，这个我能做到。

咨询师：还做了什么呢？

小　兰：我查了师兄师姐提到的相关概念的很多文献。

咨询师：这给你带来了什么收获？

小　兰：从一无所知到有所了解，其实也没有学到太多，但算是多了一种学习的方法。

咨询师：哦，多了一种学习方法。能具体说一下吗？

小　兰：以前我都不知道怎么样去查阅和整理文献，对学术研究一无所知。现在好像看到门了，只是不知道我能不能推开它……

咨询师：是哦，这种担心太强烈了，它让你有时候否定或忽视了你这段时间做的所有努力。

小　兰：老师，我好像明白了，我太紧张了，太担心了，其实我以前就有这样的问题：我对不够优秀的表现和缺乏控制的局面比较不耐受，情绪就会很糟糕。

咨询师：你的觉察很敏锐。看起来，并不是你的能力那么弱，而是你的感受太糟糕了。这种模式我们可以在以后的咨询中深入讨论，看看它是怎么来到你身上的，怎么去看待它和克服它……

这个案例中的小兰确实是一个学习努力、焦虑紧张的学生，当学习上稍微出现一些不理想时，她就会产生"灾难式的思维"，认为自己怎么都学不好，从此以后肯定没人喜欢自己了。咨询师首先带领她看到自己的优点和努力，当然，这不是一味地赞美，而是恰到好处地指出被小兰的糟糕情绪淹没掉的那一部分。这个时候，小兰就会有力量去理性看待和正确应对那些看起来要压垮自己的困难，而不是溃不成军、无力挣扎。

专栏 1.1

皮格马利翁效应

皮格马利翁是希腊神话中的塞浦路斯国王，擅长雕刻。他不喜欢塞浦路斯的凡间女子，决定永不结婚。后来，他雕刻了一座美丽的象牙少女像，在夜以继日的工作中，皮格马利翁把全部的精力、全部的热情、全部的爱恋都赋予了这座雕像。他像对待自己的妻子那样凝视她、抚爱她、装扮她，并为她起名"加拉泰亚"。这位国王向神乞求，请求神让雕像成为自己真正的妻子。爱神阿芙洛狄忒被皮格马利翁的心意打动了，于是便赐予雕像生命，让他们结为夫妻。

美国著名心理学家罗森塔尔因这个神话受到了启发，他想验证一下这个效应是否会出现在人的身上。于是他和研究伙伴在原神话的基础上，进行了一项有趣的研究。他们来到一所小学，从一年级到六年级的每个年级随机抽出三个班级进行测验，并在测验后交给校方一份"最有发展前途"的学生名单，并告诉校方，经过测验发现，这些学生有很高的发展天赋，只不过有的人尚未在学习、生活中表现出来。其实校方不知道的是，这些学生完全是实验者随机抽取的。神奇的是，在八个月后，研究者对上一次的施测群体再一次进行测验时，发现那些被随机指定为"最有发展前途"的学生，每一个成绩都有了较大的进步，而且性格开朗、自信心强、求知欲旺盛，更乐于和别人打交道。

这说明，由于教师默认这些学生是天才，对他们抱有更大的关注并寄予积极的期望，便对这些学生产生了一种激励作用，学生在这种积极期待下，学习更努力、感受更自信、表现更积极，因而取得了更好的成绩。

罗森塔尔把这个现象命名为"皮格马利翁效应"，也称"罗森塔尔效应"或"期待效应"。

2. 强调投资和收益特性，关注资本性和增殖性

心理资本将心理能量作为一种资本来讨论，即认为积极的心理品质具有资本的特性。那么，资本有什么特点呢？资本的特点有预先投入性、增殖性、风险性、运动性、社会性等。而心理资本是一种除了风险性和社会性外其他特点都具备的良性资本。

（1）心理资本具有预先投资性。资本具有预先投资，即"预付"的特征，心理资本同样如此，预先投入是基础，增殖是目的。这就是说，可以通过各种方法和路径，培养个体的积极心理品质，增加个体的心理能量，从而使个体具备一种心理资本，可以在之后的工作、生活和挫折应对中，更有能力、更有成就，而这种积极的培养就是一种预先的投入，有利于个体的长远发展和更高成就。

（2）心理资本具有增殖性。资本具有能够带来新的社会财富的价值，心理资本也是如此，强大的积极的心理资本可以产生更高、更多的价值，对个体的学业进步、职业发展、人际关系、个体成就等都具有促进作用，是一种取之不尽、用之不竭的财富，可以说，心理资本的增值性比一般的资本更具高质量。

（3）心理资本具有运动性。资本只有在运动中才能不断增殖，资本闲置就会失去发挥作用的场所。心理资本也需要在实践中发挥作用和增强效用，如果离开可以发挥效能的领域，也会丧失资本的特性。例如，古人有"三顾茅庐"的佳话，如果没有刘备三顾茅庐、锲而不舍地邀请诸葛亮出山辅佐，那么诸葛亮的满腹经纶和治国之才就都无用武之地，恐怕世人也无从得知这位住茅庐、耕作自养的经世良才，更无之后的东联孙吴，北伐曹魏，占荆州、得益州，北向中原，建立蜀汉政权，与东吴、曹魏形成三国鼎立的历史局面。

专栏 1.2

EAP：企业对员工心理资本的投资

EAP 即员工帮助计划，是企业组织为员工提供的系统的、长期的援助与福利项目；通过专业人员对组织和员工进行诊断和建议，提供专业指导、培训和咨询，帮助员工及其家庭成员解决心理和行为问题，从而提高绩效及改善组织气氛和管理。

在欧美国家，EAP 作为由企业为员工提供的系统而长期的福利与支持项目，旨在帮助解决员工及其家庭成员的各种心理和行为问题，提高员工在企业中的工作绩效。在世界 500 强企业中，有 90% 以上的企业建立了 EAP。EAP 的服务模式和内容包含工作压力、心理健康、灾难事件、职业生涯困扰、婚姻家庭问题、健康生活方式、法律纠纷、理财问题、减肥和饮食紊乱等，全方位地帮助员工解决个人问题。

EAP 的核心内容是通过向一个企业或组织机构内的员工提供关注个人心理和行为健康的各种服务来提升他们的个人生活质量和工作绩效，从而使员工个人和组织都能受益。EAP 服务通过帮助员工缓解工作压力、改善工作情绪、提高工作积极性、增强员工自信心、有效处理同事/客户关系、迅速适应新的环境、克服不良嗜好等，使企业在节省招聘费用、节省培训开支、减少错误解聘、提高组织的公众形象、改善组织气氛、提高员工士气、改进生产管理等方面获得收益。

北京师范大学心理学院副院长张西超教授指出，仅仅靠物质激励的增加来提升员工的工作效能，既受成本的限制又难以取得期望的效果，"组织中的积极心理要素对于帮助组织应对挫折与困境、推动创新与发展，起到至关重要的作用"。一项研究表明，企业为 EAP 投入 1 美元，可节省运营成本 5 至 16 美元。从这个意义上讲，EAP 既是员工福利，也是一种企业投资。

3. 强调可测量与可开发，关注管理性和应用性

从心理资本的要素选择的标准来看，特质论认为心理资本是一种具有耐久性和相对稳定的心理内在基础架构；状态论认为心理资本是一种特定的积极心理状态，如那些有助于用来预测个体高绩效工作和快乐工作指数的积极心理状态的综合，是个体在特定的情景下对待任务、绩效和成功的一种积极状态，可以进行干预和开发。学界的主流观点

认为心理资本的要素实际上具备了"类状态"特征，是特质论和状态论的综合，即心理资本是一种同时具有特质性和状态性的心理素质。

因此，心理资本既可以持续开发，又能够在开发获得后持续稳定地存在于个体身上，由一种积极心理状态转变为个体的稳定特征和积极心理品质。这也说明，作为状态来说，心理资本是可开发、可培育的；作为特质来说，心理资本又是相对稳定的，可以进行测量的。

基于以上特性，心理资本成为组织管理和人才培养领域的热点词汇，管理者、教育者既可以对管理、教育的对象进行心理资本的测试，了解其心理能量的强弱，评估其发展潜力和对组织可能的贡献，又可以通过科学的路径、针对性的措施提升管理、教育对象的心理资本。这种可测量可管理、可开发可培育的特性使得近年来关于心理资本的研究和应用从经济领域延伸到了管理、教育、服务等各个领域和各类群体。

第二节 心理资本促进个体发展

"心理资本"一词最早出现在经济学、投资学领域，它是组织或企业用来对员工进入组织前把关筛选的主要依据，也是员工进入组织后培训赋能、提升绩效的重要抓手。归根结底，它是组织或企业以关注和提高个人能力为前提的一种筛选标准、科学管理和智慧投资。同时，在当今人才竞争的时代，对于个体来说，主动提升心理资本，也是个体提升能力、顺利求职、获取成就的有效路径。本节将从心理资本对组织内成员的绩效、态度和积极行为的正向影响以及对个体发展成长成才的积极作用进行论述。

一、提升工作绩效

大量研究表明，心理资本的提升能够促进其在组织中的工作绩效提高。学者们认为，心理资本的各个维度，例如自我效能、希望、乐观和韧性等，能够对组织中的领导、员工等成员的工作绩效产生积极的影响，从而推动组织的绩效提升。

1. 领导和管理人员心理资本对工作绩效的增益作用

彼得森等（2003）研究发现，具有较高希望水平的管理人员，其所管理的工作部门的工作绩效比较高,其下属的留职率、满意度也比较高。更进一步的研究发现,除了对所在组织绩效的提升之外,组织或团队领导的心理资本还能够对组织内员工的工作绩效提升产生积极影响。(瓦伦布瓦等,2010)也就是说,领导或管理人员的心理资本水平较高的话,会通过团队建设和管理的过程,将积极影响辐射到成员身上,使得成员的职业满意度和工作努力度都更好,从而促进所在团队或部门的整体工作绩效。以上可以称为"领导心理资本的增益效应",即一个团体的领导或者管理者,如果具备良好的心理资本,那么必将对其所带领的团体产生积极的影响。

2. 员工心理资本对工作绩效的促进作用

一项对 422 名公司员工的实证研究(路桑斯等,2005)发现,员工所具有的希望、乐观和韧性这三种心理资本的构成状态,不论是单项来看还是合并为一个变量来看,都与工作绩效显著正相关。并且,合并为一个核心心理资本变量的时候,与工作绩效的相关程度更强。

二、增进正向态度

1. 心理资本、周边绩效与工作态度

从广义来说,组织内成员的工作绩效分为两种:一种是任务绩效(通常意义上的工作绩效),一种是周边绩效。研究发现,心理资本除了能够促进员工在工作中的任务绩效提升之外,还能够促进周边绩效(也叫关系绩效)的提升。(路桑斯等,2007;彼得森等,2011)这里的任务绩效是指与工作内容或工作产出直接相关的,可以直接被测评或衡量的工作成果,相当于工作角色内的、按照角色要求必须完成或达标的工作。研究者发现,除了这种根据工作要求的必须完成的工作任务绩效之外,还存在一种角色外绩效。这种角色外绩效与员工的觉悟、精神风貌、态度、意志等相关,它不在员工的职业要求和工作范围之内,也不包含在组织考核和奖惩体系里,但是它却能促进组织的工作绩效。研究者将其称为周边绩效或者关系绩效。

专栏 1.3

周边绩效(关系绩效):一种重要的角色外绩效

1983 年,在大量实证研究的基础之上,鲍曼和摩托维德罗正式将第三种组织成员的角色外行为称为组织公民行为,也就是所谓的周边绩效。周边绩效又称为关系绩效,是指与周边行为有关的绩效。周边绩效对组织的技术核心没有直接贡献，但它却构成了组织的社会、心理背景，能够促进组织内的沟通，对人际或部门沟通起润滑作用。周边绩效可以营造良好的组织氛围，对工作任务的完成有促进和催化作用，有利于员工任务绩效的完成以及整个团队和组织绩效的提高。

周边绩效包括如下行为：

（1）为确保成功或高质量地完成工作，而保持高度的热情和宁愿付出额外的努力；

（2）自愿承担一些不属于自己职责范围内的工作和活动；

（3）热情帮助同事与客户等，愿意助人与合作；

（4）遵守组织的规章制度和工作程序；

（5）认可、支持和维护组织的目标。

周边绩效对组织有着重要的作用：

（1）能自觉维护整个组织的正常运行，从而可减少由于维持组织正常运行而被占用的稀缺资源数量，即减少对稀缺资源的占用；

（2）能使组织所拥有的资源摆脱束缚，投入各种生产活动之中；

（3）能促进同事和管理人员生产效率的提高；

（4）能有效地协调团队成员和工作群体之间的活动；

（5）能增强组织吸引和留住优秀人才的能力。

可以想象，在一个公司内，虽然每一位员工都兢兢业业地完成了自己分内的工作，但是他们却从不愿意为同事提供帮助——当同事不在座位上，懒得帮忙接听同事座位上的电话，因为他们认为这种事与自己无关。假如组织的每位员工都各扫门前雪，周边绩效水平较低的话，很难保证组织的良性运转。因此，组织在实施绩效考核时，应该从任务绩效和周边绩效两个维度制定考核目标，奖励周边绩效水平较高的员工。

周边绩效构成了组织内部的文化背景及心理动力，能够促进组织内部的沟通、协作和良性运转，起着重要的润滑、桥梁和促进剂的作用。也就是说，心理资本可以通过提升周边绩效，增加组织内成员的正向态度和积极行为，从而促进组织整体工作绩效的提升。

2. 心理资本改善工作态度

大量研究发现，高水平的心理资本有利于增加组织成员的积极工作态度，并减少其消极工作态度。这里的积极工作态度主要有工作责任心、工作满意度、组织承诺、幸福感等，消极工作态度主要有工作倦怠、离职意愿等方面。这是因为，较高的心理资本有助于帮助组织成员增强自我效能感和心理韧性，相信自己有能力应对好工作中的各种困难和挑战，并对工作成效有着能够取得成功的积极归因和乐观期待。这种正向积极的心理准备状态有助于帮助和激发组织成员，使他们更为自信、积极、努力、坚定地投入工作，从而表现出更积极认真的工作态度、较高的组织承诺和工作满意度。（路桑斯等，2008）另外，高水平的心理资本，也能减少员工产生消极工作态度的概率。在工作中面临困境和挑战时，希望和乐观的心态有助于组织成员尽快脱离沮丧、气馁、悲观、失望等负面情绪和压力感受，能够尽快将关注重点集中到寻找问题的解决方法上来。此外，较高的心理坚韧和抗逆力能够使组织成员在遇到困难和挫折时有意愿和有心理资源去坚持和挑战，而不是消极放弃，从这一点来说，也会更少地出现工作倦怠、离职倾向等消极工作态度。

此外，积极的工作态度不但有助于组织成员个体提高工作绩效，还有助于产生辐射效应，影响和带动组织内部形成一种积极向上的工作风貌和精神状态。例如，责任心就是一种自觉地、主动地做好分内外一切有益于组织或他人的事情的积极态度和精神状态，属于社会道德心理的范畴。这种对自己、他人、集体、社会和国家抱有积极认识、情感和信念的工作态度，能够使个体充分认识到自己在组织中的重要性，并把实现组织目标和维护组织利益放在首位，能够影响和带动组织中其他成员的责任心，做到遇事不推诿、积极承担、主动应对，从而促进组织内部团结、互助、共进的氛围的产生。而以上所提到的积极工作态度各因素之间，积极工作态度与消极工作态度之间，都是互相影响和互为前提的，都与高水平的心理资本分不开。

三、激发积极行为

如前所述，在组织管理领域，人们对"心理资本"的关注在于借用"资本"这样的商业名词来考虑人的心理能量给组织运行带来的盈利和亏损问题。由此，组织期待通过加强成员的心理资本，促进激发成员的积极行为，从而增进组织管理效率和最终盈利。简单来说，提升心理资本是一种以促进组织内成员积极行为为有效中介的组织盈利方式。这里的积极行为有：

1. 提高组织公民行为

组织公民行为由美国印第安纳大学的丹尼斯·奥根教授及其同事提出，他们认为，有一种没有被正常的报酬体系所明确和直接规定的，员工的自发自觉、出于自愿的个体行为，这种行为有助于提高组织功能的有效性。这种行为与周边绩效一样不属于角色内行为，它与正式奖励制度没有任何联系。组织公民行为包括七个维度：帮助他人、运动家精神、忠诚于组织、顺从于组织、自我驱动、公民道德、自我发展。我们可以认为，组织公民行为有三个益处：一是有利于营造积极的团队氛围和文化，形成积极向上的团队气氛并创造一个更为愉快和有动力的工作环境；二是增强组织对于环境变化的适应能力；三是提高组织成员的工作效率和组织的绩效。

诺尔曼等（2010）研究发现，心理资本与员工的组织公民行为正相关，员工的心理资本水平越高，越有可能产生组织公民行为；艾维等（2010）研究证实，相对于人口学变量、核心自我评价以及人格特征的预测作用，心理资本更能正向预测员工的组织公民行为。在中国经济文化背景下对于心理资本与组织公民行为的研究（仲理峰，2007）发现，心理资本及希望、乐观和坚韧三种积极心理状态与员工组织公民行为之间存在正相关关系，这与在西方文化背景下取得的结果一致。另外，跨层次研究（任皓等，2013）发现，工作团队领导的心理资本对团队成员的组织公民行为存在积极影响。

2. 减少组织成员的反生产行为

反生产行为是指对于组织来说，成员自发的具有潜在破坏性的行为，会使组织氛围变恶劣、组织绩效下降，对组织来讲是有害的、消极的、想要避免的。其与成员的积极工作、创造价值的行为是相反的，是一种故意不作为。例如，不遵守工作规定、缺勤、迟到早退、消极怠工、渎职滥权，甚至攻击、破坏等。

一项对105名工程管理人员的研究（艾维等，2006）结果表明，心理资本中的希望、乐观因素与旷工存在负相关的关系；另一项研究（艾维等，2010）也发现，心理资本与玩世不恭和反生产行为负相关；我国的研究（李晓艳，2013）也发现心理资本是工作倦怠的抑制因素。很多相关研究都说明，心理资本能够有效减少组织成员反生产行为或被动消极行为。

四、促进个体成长

大量研究表明，心理资本对于促进大学生等各类群体的成长、发展都具有积极的影响。这些成长和发展的方面包括心理健康水平、成就动机、工作绩效、幸福感、创新行为、抗压能力等。

1. 促进心理健康

身心发展是个体自身所有发展的基础。很多研究发现，心理资本有利于预测和促进个体心理健康水平、减少心理应激和压力反应，最终提升身心健康水平。从心理资本的四个因素来说,"自我效能感"能够促使个体产生积极自我认知和期待,有自信去规划、实施自己的学习目标和人生愿景;"希望"能够保证个体明晰并制定目标,积极探索路径,并拥有坚持和执行的动力和意志,因此,个体会对自己的发展规划更为明晰、更有动力;"乐观"是一种积极认知和积极归因,可以使个体养成乐观的人格特征和解释风格,总是以积极视角去看待人和事,保有热情和希望,善于挖掘出积极资源;"韧性"是一种遇到困难和逆境后能够积极应对并恢复回弹的能力,能帮助个体在逆境中不失去希望、不乱阵脚、不涣散本心、不灰心气馁,更容易超越困难并取得最终成功。从以上四个方面来看,具有高水平心理资本的个体将更为自信、乐观和坚定。这些都是个体心理健康的基础。

2. 提升心理能力

心理资本就是一组积极的心理品质和心理能力的集合。很多研究发现,心理资本对于自我认知、成就动机、创新能力等都有积极显著的影响。学者们认为,心理资本有助于个体对于自我有积极的认知和定位,对于外部社会和环境变化有积极归因和期待,对于面对的任务有明晰的方向、路径和恒心毅力,对困难挑战有积极的应对姿态和心理能量。李林英(2011)将大学生心理资本定义为"大学生在人生发展的特殊阶段所具备的积极能力的总和。这些积极能力可以通过有效的测量和开发来帮助大学生获得自我肯定与成就"。一项关于大学生心理资本内涵与结构的研究(蒋苏芹,2010)认为,大学生心理资本包含成就动机、自尊希望、乐观幸福、责任意识、自我效能、情绪智力、坚韧自强、包容宽恕和创新能力等九个维度;王海燕等(2013)认为,大学生心理资本分为人际型心理资本和事务型心理资本,其中人际型心理资本包括"感恩""包容""诚信""谦虚",事务型心理资本包括"进取""担当""韧性""希望""乐观""自信"。以上所有的因素都是个体心理能力的重要构成因素。因此,我们认为,提升心理资本就是提升个体的积极心理品质和心理能力,使个体在自我认知、生涯规划、创新意识、成就动机、意志品质、抗压能力等方面都具备更为积极的心理能力。

3. 完善社会性发展

人们经常说,现在的学生"书卷气太重,社会化不足"。由此可见,只学习书本和理论知识是不够的,一个个体要成为一个创造社会价值的人、为社会和国家贡献力量的人,必须要能将所学知识转化为社会生产力。在这一过程中,就存在一个中间环节,那就是社会性发展。

社会性发展是指个体成长为一个合格的社会成员的过程,也是个体正式融入一个特定的社会与文化环境中,适应其中的文化与规则、掌握公众行为规范和行为方式、履行社会角色、参与社会生活的过程。一个人社会价值和成就贡献的大小,不仅取决于他的理论知识和学历背景，更取决于他的社会性发展。可以说，良好的社会性发展为个体提供了所学知识的用武之地、行为表现的活动场域和人生发展的广阔天地。

心理资本有助于促进个体保持积极乐观的自信、坚定不移的志向、理性平和的心态、耐挫抗压的韧性。这对于学生走出学校、融入社会、展示能力、发挥作用具有基础保障的作用，是保障学生在走上社会、走进工作岗位的过程中不惧、不骄、不馁、不弃的心理能量，也是帮助个体获得更大成就、提高生命质量的心理营养。

第三节 心理资本的生成及培育

心理资本作为个体内在的一种心理素质和发展潜能，如何生成和培养成为管理者和教育者共同关注的议题。本节内容将全面分析影响个体心理资本形成的因素，并深入分析和阐述心理资本的生成和培养机制，进而对管理部门和教育部门提升培育个体的心理资本的干预策略提出建议。

一、心理资本的影响因素

大量研究表明，影响心理资本的因素主要体现在内部和外部两个变量层面，即个体特征变量和组织环境变量。

（一）影响心理资本的内部个体特征

个体特征也可以称为内在因素，即影响个体心理资本形成的自身因素。内在因素主要包括以下几个方面：

1. 知识与能力

知识可以是人们从书本中学习到的或者从事件中获得的认识和经验，它是大脑对过去认知反应的经验系统，也是人们在学习、认识、研究和探索客观事物和外部世界过程中所形成的社会实践经验的总结和概括。能力是人们成功完成某种活动所必须具备的个性心理特征，它是在先天遗传因素和后天练习因素共同作用的基础上形成和发展起来的。能力包括观察、记忆、思维、想象等一般能力，也包括从事某种职业或专业所需要的特殊能力。知识和能力是相互作用、相辅相成的。知识能够促进能力提升；具备一定的能力，如记忆能力、思维能力等是习得知识的基本条件。

具备一定的知识和能力是促进个体心理资本提升的重要影响因素。研究发现，受教育程度高的个体因其自身的优越感更容易产生高水平的自信和乐观状态（巴巴罗拉，2009）；个体的受教育程度对其心理资本有显著影响（李力等，2011）；青少年的心理资本随着其年龄的增长而有所提高（方必基，2012）。

知识和能力对个体心理资本的影响可以从以下两个方面来理解：

（1）智力、理论知识等对心理资本的影响。智力是人类心理活动的基础，知识是人类心理活动的推动剂，智力和知识也是个体心理资本形成的基础性因素之一。个体与心理资本相关的方方面面，如对自己所能完成任务具有的能力的效能感和信念，目标的确定，路径的规划，对待事物的分析、归因、理解以及意志力价值观等的形成都离不开智力与相关知识的参与。

（2）实践能力对心理资本的影响。实践和动手能力作为个体将理论应用于实际，顺利解决生活中的问题、圆满完成工作中的任务的基础技能，是个体生活、学习、融入社会、适应工作、谋求发展的必备技能，它直接影响着个体心理资本的方方面面，如自信心的建立和自信心的坚定性、目标制定、对未来的积极预期、克服和跨越困难障碍的信心和努力程度等。因此，实践能力是影响个体心理资本的重要因素之一。

2. 人格特征

人格被定义为形成一个人思想、情感和行为的特有模式，这个模式包含了一个人区别于其他人的稳定而统一的心理品质。可以说，人格是一个复杂而又综合的系统结构，包括了性格、气质和自我调控等主要方面。人格具有六个方面的特征：一是独特性。个体的人格是在遗传、成熟和环境、教育等先天因素和后天因素的交互作用下形成的。人与人之间没有完全一样的人格特点，如"人心不同，各如其面"。二是稳定性。人格的稳定性一方面表现为跨时间的持续性，即个体的人格特征在不同年龄阶段趋于稳定。另一方面表现为人格特征跨情境的一致性，即一个人的行为虽然随着外在情境和所处环境的变化而有所不同，但人格特征是基本一致的，如"江山易改，本性难移"。三是整合性。人格是由多种成分构成的一个系统的、有机的整体，具有内在一致性，并受到自我意识的调控，人格如果不整合的话，那么人的意识和行为就会不协调不一致，出现失调、混乱。因此，人格的整合性也是反映个体心理健康的一个重要指标。四是功能性。人格不仅能够决定一个人的外在行为表现和生活方式、处事风格，甚至能够决定一个人的命运，因而对个体发展和人生成败起着决定性的作用，如"性格决定命运"。五是社会性。人一出生，社会化就开始了，出生便意味着个体从一个简单的生理环境转换进入一个复杂多变的社会环境之中。要在复杂的社会环境中顺利生存和良好生活，就需要掌握所处社会环境的行为规则、道德规范、价值观念、信念体系、社会风俗等。人格的特征也离不开社会性。六是复杂性。同一个人，在不同的情境中，他的行为可能会表现出多元化、丰富性、多层面的特征，例如，"横眉冷对千夫指，俯首甘为孺子牛"指的是一个人在不同的情形中呈现出来的截然不同的两种态度和行为，但把这些完全相反的表现放到具体情境中去理解，就会发现它又是符合主人公的人格特征的。因此人格也具有多面性和复杂性。

研究发现：人格特征对个体的心理资本具有显著影响（魏德样，2012）；人格中的自我调控因素会影响员工的心理资本，具有内控型人格特征的员工心理资本高于具有外控型人格特征的员工（惠青山，2009）。

人格特征对个体心理资本的影响可以通过以下方面去理解：

（1）性格特征对心理资本的影响。如个体对待社会、集体、他人、伙伴等各方面关系的态度是轻松的、愉快的、热情的、诚恳的、豁达的、有责任心和同情心的等，这样的性格特征，能够促进个体心理资本相关的自信心、积极归因、乐观认知和主动抗逆的保护性因素的形成。

（2）意志特征对心理资本的影响。意志特征中关于自觉性、坚定性、果断性、自制力等因素，能够使个体在面对困惑、困难和挑战时，拥有自信，积极调解和应对，更具有心理韧性。

3. 自我强化和成就动机

强化分为直接强化、替代性强化和自我强化。直接强化，是指个体直接体验到自己的行为后果而使自己的行为受到强化，如成绩好受到家长奖励，从而更加好好学习。替代性强化，指个体因观察到榜样人物或优秀任务而受到的强化，如老师因为一个学生的助人行为而表扬他和树立他为优秀学生作为榜样时，其他同学也开始乐意帮助别人了。自我强化，是社会向个体传递某一行为标准，当个体的行为表现符合甚至超过这一标准时，他就对自己的行为进行自我奖励。例如，"要是今天能写完这章书稿，我就出去看场电影"。

因此，自我强化是一种积极导向的个体不断自我激励和自我暗示的动机和行为，是一种来自个体内部力量的强化。与自我强化相关的概念有自我调节、成就动机，都是个体通过观察自己的行为，为自己制定一定的标准，并根据这个标准去努力、去惩罚、强化或奖励自己。研究表明，自我强化会对个体的心理资本产生积极正向的影响（唐强，2008）；能够不断自我强化的个体更容易表现出较高的心理弹性，更容易从逆境中复原过来（格林沃尔德，1980）。

总的来说，自我强化和成就动机对个体心理资本形成的作用体现在四个方面：一是影响个体对目标行为的选择；二是决定个体在完成任务、实现目标的过程中的能力准备和努力程度；三是稳定个体对未来目标的预期或问题发生的归因、解释和情绪反应；四是保护个体克服困难、直面挑战的信心和坚韧性。

（二）影响心理资本的外部环境因素

这里的外部环境因素是指组织环境变量，组织环境主要是一切存在于组织内外并对组织运行和组织绩效有现实和潜在影响的因素或力量。对个体来说，其所面临的组织环境因素包括物理环境、心理环境、文化环境等。

1. 物理环境

物理环境是指工作地点或工作任务本身的特性，主要包括工作的客观环境、任务挑战性等。对于不同的群体来说，他们面临的组织物理环境并不相同。对于企业成员来说，这些物理环境就可以是工作地点的照明、光线、温度、安全性、舒适性，工作内容的适配性、工作任务的难易度等；对于学生群体来说，他们所面临的物理环境就可以是校舍环境、教学水平、学习压力等。

大量研究表明，良好的组织物理环境，有利于成员心理资本的提升。工作特征模型（哈克曼等，1976）认为，工作挑战性等能够体现工作意义的工作特征、能够使组织成员产生内在的激励作用，进而体验到积极的内在情感。另有研究表明，工作挑战性会对员工的心理资本产生显著的影响。（尹小龙等，2012）对于青少年学生来说，学习压力对其心理资本具有显著的负向预测作用。（方必基，2012；朱晓庆，2010）

2. 心理环境

心理环境指组织内部的精神环境，对组织管理有直接影响的同时，也制约和决定着组织成员之间的士气和合作程度的高低，影响组织成员积极性和创造性的发挥。组织心理环境包括组织支持、人际关系、领导者风格或魅力等。对于企业员工来说，良好的心理环境可以是组织人性化的氛围、同事之间和睦融洽的人际关系、领导管理者受人欢迎的管理风格和个人魅力等；对于学生来说，心理环境可以是学校育人理念和管理方式、父母教养方式、人际关系、舍友关系、师生关系、老师的教学风格和管理方式等。

组织支持是一个组织对其成员贡献的重视和对他们幸福感的关注程度。研究发现，组织支持对组织内部员工的心理资本具有显著的正向预测作用（路桑斯等，2008；惠青山，2009）；雷戈等（2012）的一项实证研究表明，关系较好的同事之间形成的伙伴关系与心理资本之间存在正向相关关系;关于领导风格的研究认为,真实型领导(如信任)和变革型领导对员工的心理资本均具有显著正向影响(史密斯等,2009;仲理峰等,2013);关于青少年心理资本的研究(朱晓庆,2010)发现,信任鼓励型与情感温暖型的教养方式对青少年的心理资本产生显著正向影响,而忽视型教养方式对青少年心理资本产生显著负向影响,另外,人际关系敏感也对青少年心理资本存在显著负向预测作用。

总的来说,组织支持和人际关系能够使个体获得来自集体、他人等方面的帮助,这些帮助包括行为帮助、物质帮助,也包括情感帮助、信息帮助。这些帮助有助于个体强化自信心、坚定目标、积极向上、克服困难,对个体心理资本的形成和提升有着积极的影响。

3. 文化环境

文化环境是指组织的制度文化和精神文化。制度文化包括工作流程、考核奖励制度、健全的组织架构等;精神文化包括组织的价值观念、组织信念及精神风貌等,如组织文化、团队理念、集体氛围等,组织成员的责任心、归属感、合作精神和奉献精神等。组织的文化环境对于个体的心理资本和工作绩效具有重要的影响作用,人们常用"近朱者赤,近墨者黑"来形容环境对一个人的巨大影响,并认为选择积极环境是个人提升和取得成就的正确选择。美国著名的兰德公司就曾得出一个可怕的结论:90%失败的人是因为他的周围有90%的人是消极的。因此,积极的文化环境更容易使人产生积极正向的情感和行为。对于学生群体来说,文化环境可以是校风学风班风舍风、研究团队文化氛围等。文化环境中有内涵的价值观和隐性规范,会使团体成员目标一致、团结合作,促进团队更有活力、促使个体更有动力。

专栏1.4

组织文化的概念及其特点

组织文化是组织的共同观念系统,是一种存在于组织成员中的共同理解。具体来说,组织文化是一个组织在长期发展过程中所形成的价值观、群体意识、道德规范、行为准则、特色、管理风格以及传统习惯的总和。其特点如下:

(1) 文化性:是组织文化区别于组织其他内容的根本点,也是最明显、最重要的特征之一。组织文化是以文化的形式表现的。

(2) 综合性:组织文化作为一种独特的文化,其内容渗透到组织的各个方面。一个员工的价值观和服务理念不是组织文化的内容,而大部分员工共同的价值观、组织共同的"以人为本"的服务理念就是组织文化的一部分。

（3）整合性：组织文化具有强大的凝聚力，具有调整员工思想行为的重要作用，使员工认识组织的共同目标和利益，使全体员工行为趋于一致，齐心协力，尽量减少内耗。

（4）自觉性：组织文化是管理者、企业家、员工在总结经验教训的基础上提出组织文化理念，并应用于实践，从而培养、升华出高水平的组织文化。它是员工在高度自觉的努力下形成的，也是组织文化具有管理功能的前提条件。

（5）实践性：组织文化形成源于实践又服务于实践，作为一种实践工具而存在；另外组织文化的内容与实践密不可分。因此可以说组织文化是一种实践的文化。

二、心理资本的生成与干预模型

心理资本的生成和培育是一个复杂而系统的过程，学者认为根据心理资本的构成和内容，针对性地提出促进和干预措施，干预心理资本生成过程，从而帮助个体提升或达到预期的心理资本。目前，关于心理资本的干预措施的研究很多，大都是在路桑斯2005年提出的心理资本干预模型（图1-1）的基础上进行研究的。

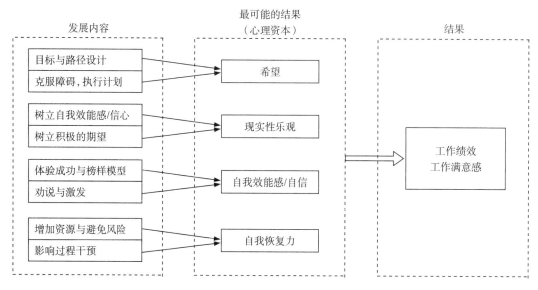

图1-1 心理资本干预模型（路桑斯，2005）

心理资本干预模型针对心理资本的四个维度——提升自我效能感、树立希望、培养乐观精神、增强心理韧性，提出了一套科学的、完整的、极具操作性的干预措施，为组织管理者和学校教育者进行心理资本干预提供了科学依据和可操作思路。在此基础上，很多学者针对不同群体，如企业员工、教师、护士、大学生等，提出了具有发展性、针对性的心理资本生成或干预模型。张宏如（2009）提出了心理资本的本土化开发策略，即通过自我评估、机会评估、目标选择、计划制订、整体塑造来明晰希望愿景，通过自我悦纳、爱好兴趣、经验替代、归因训练来增强自我效能，通过建立理性认知、构筑积极心理防御、积极自我暗示来培育乐观品质，通过为所当为、坚定愿景、循序渐进来优化坚韧品质。向红（2018）提出对于基层公务员的心理资本开发，可以通过增加成功体验、寻找学习榜样、适时积极反馈、增强身心健康来开发自我效能感，通过赋予工作宏观意义、为工作设定挑战点、将每天的工作成果可视化来增强希望感，通过包容过去、珍惜现在、创造未来的机会来树立乐观态度，通过关注韧性资产、关注威胁因素来开发韧性品质。丁新胜（2012）提出了关于大学生心理资本的生成模型（图1-2）。

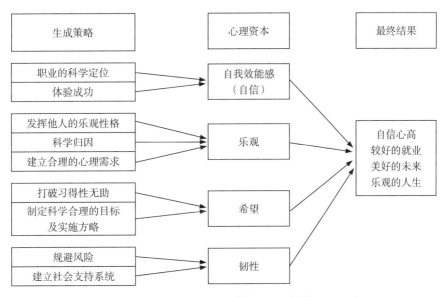

图1-2 大学生心理资本生成模型（丁新胜，2012）

三、心理资本的培育与开发策略

总的来说，以上研究中的心理资本干预和生成模型都围绕着心理资本的四个核心要素，结合不同的对象和环境特点，强化能够增强和提升核心要素的积极行为，避免可能会削弱与影响核心要素的消极行为，落实到具体角色的具体工作中去，培育和开发心理资本。具体如下：

1. 树立希望品质

树立希望品质包括三个方面：确立目标、明晰路径和坚定意志。

（1）树立能够激发动力又切合实际的目标，即科学合理的目标。制定明确、合理且具有挑战性的工作目标，能够充分调动个体的内在动机。

（2）制定实现目标的可行性路径。个体确定实现工作目标的具体的可行性途径和计划，能够提高个体对现实工作任务的理解和掌握。

（3）坚定实现目标过程中的意志力。这种意志力可以帮助个体向着目标坚定前行，既克服此过程中的气馁、习得性无助等负面情绪，又能够明确完成目标的过程中可能遇到的困难与障碍，制订消除障碍的计划，进一步完善目标和计划。

2. 培养乐观精神

培养乐观精神来自四个方面：

（1）形成积极预期。在上一步树立希望的过程中，通过确立目标、制订计划、消除障碍等过程，为个体形成正向的、明晰的、积极的预期并养成积极的、坚定的、乐观的精神奠定了一定的基础，特别是在个体确信自身的目标计划、措施准备等能够消除将来可能遇到的障碍时，个体便会认为目标能够实现的可能性更大。

（2）强化积极心态。在所指定的计划可以顺利地实施并有效地克服和解决遇到的各种问题与困难时，个体的正性情绪和积极心态会更加明显。随着计划的推动和落实，在实际推进中，个体若是发现实际状况确实表明其所制订的计划是有效的，能够克服各种困难与障碍时，个体的积极心态将增强。

（3）保持正面激励。个体所处的组织或群体中，其他组织成员的成功个案以及积极鼓励也会对个体起到正面的、积极的激励和导向作用，鼓励他们以更加乐观积极的心态进行并完成原有的目标规划。

（4）理性评价成败。培养乐观的、积极的、理性的心态，对过去遇到的、存在的问题保有宽容的态度，对曾经取得的、已有的经验和成绩保持积极的评价，从而积极、合理地对当前的工作情况进行评估和预期，形成积极、乐观的精神。

3. 提升自我效能感

提升自我效能感可以从三个方面入手：

（1）增强自主效能感。通过自我悦纳、经验替代、积极反馈等方式提高个体对于自我的信心和效能感。自我悦纳是用积极的、客观的心态来评价和接受自己，能够形成理性的自我认知并科学地运用扬长避短的策略；经验替代是指通过寻找自身成功经验或学习他人成功案例，树立"之前可以做到，现在也能做到""如果他们能做到，我也能做到"等理念，增强自信；积极反馈是指有一些没有成本的资源，例如赏识、感恩、关注等，如果被重视和善于运用的话，能够对工作绩效产生重要影响。斯塔科维奇和路桑斯的研究发现，积极反馈和社会认可对员工展现出来的期望行为具有强化的作用，有时候甚至会超过物质奖励所带来的积极影响。因此，组织领导者和管理者要及时肯定成员对组织的贡献，挖掘他们的闪光点，并对绩效突出、表现优秀的组织成员进行鼓励和表扬，帮助其获得外在肯定，增强自信。

（2）增强对具体的任务的控制感和目标承诺感。如通过对具体任务的分解、了解和完成方式的计划，使个体确信只要计划得当、安排合理，任务完成和目标实现的可能性是极高的，从而增强个体的控制感和自信心。

（3）强化成功体验。开发自我效能感最主要的方法是帮助个体在任务完成的过程中反复体验成功，不断获得成就感，进一步增强自信，然后带来更高绩效，并且使这种积极成效的螺旋式上升趋势成为常态。如组织通过开展业务比赛、技能竞赛等方式，帮助成员挖掘内驱力、提高业务水平、增强成就感和获得感，最终提升自我效能感。

4. 增强心理韧性

增强韧性可分为两个方面：一是增加韧性资源，即那些能够帮助个体实现目标、获得正向成长的各类资源。二是规避威胁因素或风险因素，即那些面临逆境时的消极想法、情绪以及各种可能的障碍。

（1）增加韧性资源。韦特等（2004）认为，教育、知识、技能等人力资本，以及人际关系、社会资源等社会资本，都是能够帮助个体形成较高韧性的有效资源。同时，学历水平较高、知识经验丰富、人际关系良好的人，更能丰富和挖掘自身的潜能，更能从失败和挫折中恢复过来，进而取得更大的成就。因此，增加韧性资源可以从两个方面入手：一是个体注重挖掘自身的韧性资源，如知识、技能、特长等；二是组织能够为成员提供更全面系统的人性资源，如系统的学习培训、工作交流、团队建设等。

（2）规避风险因素。对个体能够产生威胁的风险因素可以分为两方面：一是那些明显的具有破坏性的事情或功能性失调的经历，比如酗酒、赌博、重大丧失、突发变故、心理创伤等；二是那些不太明显但逐步显现的，最终呈现有害影响的因素，比如心理压力、工作环境、文化歧视、单调枯燥无成就感等。因此，规避风险因素可以从两个方面入手：一是个体要时刻关注和有效规避那些对自身发展不利的因素，尽量预防消极事件和不良后果的发生。二是要积极理性看待那些威胁因素和风险因素，面对逆境、困难和挫折时，一方面通过积极寻求资源,如他人帮助、培训干预等,提高困难的适应能力和应对策略;另一方面通过主动转换积极思维,如以"跳出方框"、打破定式思维等方法,化"危"为"机",将潜在的风险转换为潜在的机会,将困难和逆境转变为成长与超越的良好契机。

成长资源

● **推荐书目**

[1] 弗雷德·路桑斯,等. 心理资本:激发内在的竞争优势 [M]. 第2版. 王垒,等译. 北京:中国轻工业出版社,2018:356.

● **拓展阅读**

埃里克森对"希望"的论述

第二章 研究生心理资本

心理资本以其关注积极心理品质、促进企业工作绩效、开发个体发展潜力的巨大优势及其可测量、可开发的应用特性，应用范围迅速地由经济领域延伸到管理、培训、教育等领域，应用对象由企业员工扩展到各个群体。其中，对于学生群体的心理资本研究由多到少依次为中学生阶段、本科生阶段、研究生阶段，近年来，关于研究生心理资本的关注和研究有明显的增加趋势。学者们研究发现，心理资本与研究生心理健康水平、压力、创新能力、学业成就、实践绩效、职业规划以及人际关系等息息相关。（魏婧等，2016）因此，提升研究生心理资本成为当前高校研究生教育工作的一项重要内容。

第一节 研究生心理资本培育的重要性

从每年参加考研的人数来看，2020 年 341 万人、2021 年 387 万人、2022 年 457 万人、2023 年 548 万人，增幅逐年上升，仅 2023 年一年就激增 91 万人，我国已成为世界研究生培养大国。关于培养什么样的研究生，党和国家提出的培养目标是"德才兼备的高层次人才"，其中，"高质量""创新精神""综合素质"等是培养高质量研究生的关键词。因此，对于研究生群体的培养来说，心理教育就不能只局限于心理健康，而是要帮助研究生养成一种积极心理品质，即在良性的、建设性的心理准备状态下，保持身心健康、人格完善、目标清晰、意志坚定、积极乐观、勇于创新、抗压抗逆，充分激发潜能，实现高质量发展。心理资本就是这样的一种积极心理品质。

本节在研究了解我国当代研究生心理活动特点和心理健康及心理发展现状的基础

上，准确定位研究生心理资本的群体特征，全面把握和科学认识研究生在成长和发展的过程中其心理资本提升面临的压力与挑战、需求与任务，论述研究生心理资本培育的重要意义。

一、研究生群体心理活动特征

对于个体来说，心理活动特征体现在能力、气质、性格的不同上。如观察力方面，有人粗枝大叶，有人敏锐精确；情绪方面，有人稳定内向、有人波动外向等。针对群体来说，不同年龄段的群体，他们在心理活动的思维、认知、意志力、价值观等方面具有一些区别于其他年龄段群体的相对稳定和独有的特征。这些不同来自因年龄段带来的个体心理发展阶段特点的影响，也来自其所面临的成长环境、时代要求等外在压力和期待的影响。在进入研究生阶段以后，随着年龄增长和社会化进程的推进，研究生群体的心理活动具有以下特征：

1. 智力发展处于高水平阶段

智力是人们认识客观事物并运用知识解决实际问题的能力，包括观察力、记忆力、想象力、分析判断能力、思维能力、应变能力等。进入研究生阶段的群体，流体智力的发展逐渐达到顶峰，即那些随神经系统的成熟而提高的与基本心理过程有关的能力，如知觉、记忆、运算速度、推理能力的发展水平高于以往任何阶段；晶体智力的发展速度也进入了最快发展期，晶体智力是指通过掌握社会文化经验而获得的智力，如词汇概念、言语理解、常识等以记忆储存的信息为基础的能力，在人的一生中都随着经验的上升和积累而持续增加，到了25岁以后增速减慢。因此，不论从哪种智力的发展情况来看，研究生的智力发展都属于人生中快速、高水平的阶段。

2. 思维发展的辩证性迅速发展，创新性有待增强

研究生的年龄处于成人阶段，其思维发展的主要方面从之前青少年期的知识的获得转向现在的知识的应用，辩证的、相对的、实用性的思维形式逐渐成为重要的思维形式。实用性思维是一种"变通性"的整合性成人思维，也是一种分析问题和解决问题的新策略。具体表现为，由于能意识到现实生活中的各种条件及限制，而根据问题情境进行具体的和实用的分析和思考，并不严格按照逻辑法则进行，这是思维不断成熟和发展的表现。总的来说，在研究生阶段，个体的思维有三个明显的特点：一是抽象思维能力得到更高的发展，同时，辩证思维水平也迅速提高；二是他们对事物的判断，已经不像青少年期那样追求绝对，而更多地让位给假说；三是他们的兴趣，从情节性转向思想性，力图透过现象看本质。相对于本科生阶段来说，研究生的思维更为独立、辩证和整合，思维的广阔性、深刻性和敏感性都得到提升。但也因年龄、阅历、科研训练等条件的限制，研究生的创新思维仍有待加强。

3. 自我意识更为自我接纳和整合，抗挫能力弱

经过长期的学习、思考和实践，研究生的自我认识水平得到显著提升。表现在三个方面：一是他们能够理性、客观、多角度地评价和接纳自己，自我评价日趋理性客观；二是越来越能够综合社会标准、社会期望和社会条件，按照自己的愿望和设想，规划自己的发展目标和行动计划；三是能够根据自我评价和外部反馈的信息，主动调整目标和重新规划行动。但是，由于社会生活知识、能力和实践经验的不足，一部分研究生还不能够很好地处理自我实现与社会需要的关系，在面临挫折或者抉择时，往往容易产生挫败感或无意义感。

4. 情绪智力发展渐趋成熟，日显重要

情绪智力指个体适应性的知觉、理解、调节和利用自己及他人情绪的能力，是通过有效调控情绪来促进成长的一种能力，包括情绪觉知能力、情绪评价能力、情绪适应能力、情绪调控能力、情绪表现能力等五个方面。研究生的情绪智力发展有三个特点：一是情绪智力发展趋向成熟。研究发现，研究生在情绪智力各个因素得分都较高，其中自我情绪管理因子得分最高（黄颖曦，2012），即研究生能较好地认识、感受和理解自己与他人的情绪，产生自我觉察、社会责任感等；能够理性评价和尊重情绪，产生成就感、自我尊重、乐观主义和幸福感等；能够为达到目标而坚定努力，从而产生自我激励和坚韧性；能够自主、灵活地处理和控制各种情绪和心理压力，产生自制性、灵活性和压力承受能力；能够有效地表达自己的思想观点和情绪情感，产生感染力、人际亲和力和表达力等。二是情绪智力的发展对于研究生个体成长的重要性日渐凸显。研究发现，研究生的情绪智力在年级、性别、专业、是否跨专业、工作经历几个变量上存在显著差异，并且情绪智力对研究生的自我效能感、心理韧性等都有显著的影响。（温亚等，2014）那些情绪智力发展水平高的研究生更容易自信、乐观和具有抗压抗逆能力，能够获得良好的人际关系、学业成就和主观幸福感。反之，那些死读书、与他人缺乏沟通、不会理解和调适情绪的研究生，容易在学习和生活中遭受挫折或无法良好地调适压力和应对挫折。

5. 意志力增强但面临新考验

研究生的意志发展在自觉性、坚韧性、持久性、果断性等方面都比之前有了较高的发展水平，能够自觉确定学习和奋斗目标，制订实施计划和路径，并努力克服在计划实施过程中遇到的障碍和困难。但由于研究生学习阶段是一个充满挑战、困难和压力的过程，研究生的意志品质在这个阶段经受着各种各样的考验和冲击。主要表现在两个方面：一是面对不同的任务活动，研究生的意志品质表现有差异；二是在同一类任务活动中，他们心境好时意志水平表现较高，心境差时意志水平则变得较低，随着情绪波动，研究生意志水平可能会表现出巨大的差异，如研究生厌学、弃学、产生"实验室恐惧"等现象屡见媒体。可见，任务目标和情绪心境对于研究生意志品质的表现有较显著的影响。

二、当代研究生心理发展现状

心理发展主要指个体从出生到成年期间所发生的积极的心理变化，是个体在成长期间对客观现实的反映活动不断扩大、逐步提高和完善的过程。人的心理发展所经历的过程和形式，是一个从低级到高级、从简单到复杂、从量变到质变的过程，同时，也是一个包含着许多心理因素的多层次动态系统。心理发展既与个体生命发展阶段有关系，也与时代发展和社会环境有关。当代研究生的心理发展有不同于以往研究生群体的鲜明特点。

1. 心理健康问题日益增多

心理健康是指心理的各个方面及活动过程处于一种良好或正常的状态。心理健康的理想状态是保持性格完好、智力正常、认知正确、情感适当、意志合理、态度积极、行为恰当、适应良好的状态。可以说，心理健康是个体积极适应环境和获得良好个体发展的前提，心理健康对于处于学习任务繁重、人生任务凸显的研究生阶段的个体尤为重要。

近年来，我国研究生整体水平呈现良好的状况，大部分研究生能够保持健康、积极、向上的学习和生活状态。但也有相当一部分研究生存在心理健康问题，而且近年来随着研究生招生规模的不断扩大、毕业学业任务难度的增加、社会发展变化的冲击、就业竞争的加剧等，研究生心理健康问题呈现上升趋势，由心理障碍和心理疾病造成的休学、退学，甚至恶性事件时有发生，这些状况令人担忧，也引起了教育者的重视。2019年，中国科学院心理所对本单位研究生的心理健康状况调查显示，调查对象中存在抑郁症状的研究生有35.5%，存在焦虑困扰的研究生有60.1%。总的来说，研究生心理健康问题主要表现在以下几个方面：

（1）由环境压力导致的适应问题。不同于本科生阶段有大量集中学习和集体学习的机会，大家压力相似、交流较多，研究生学习阶段更强调自主性和主动性的学习模式，对于那些学习目标不明确、学习规划不清晰、学习自主性和意志力欠缺的研究生，同学之间紧密联系和日常交流的减少、研究生阶段课程难度的明显提高、科研压力的增大、时间管理经验的缺乏等都可能会让他们感到孤独、沮丧、挫败、无力，产生抑郁、焦虑、强迫等负面情绪和心理健康问题。可以说，面对生活环境、人际关系、学习方式和学业压力的改变，不能很快调整好心态，完成身份角色转换，是引发研究生群体心理健康问题的现实原因。

（2）由自我认知导致的发展困惑。作为高水平人才群体的研究生，对自己的研究生阶段抱有较高的自我期待、成就动机和就业期望。然而，研究生招生规模的增加、招生质量降低等带来的学业压力增大、就业难度增加等现实压力，使研究生的理想自我与现实自我之间的差距不断冲击着他们的自我认知和情绪感受。例如，有些研究生最初选择读研的原因是逃避就业压力，在读研期间缺乏深入钻研、寻求真理的科研精神，学习成绩和科研成果平平或不尽如人意；有些研究生认为提升文凭就能获得更好更高的就业机会，相比于本科生，他们对自己的工作职位和薪金待遇的期望更高，但就业形势的严峻让其失望；等等。这些都会造成理想与现实的差距过大，使研究生个体的自尊、期待和理想得不到满足。同时，他们又不能实事求是地分析现实和调整状态，因而陷入自我怀疑、自我效能感降低、对将来失望灰心、心理承受力脆弱等悲观消极情绪，引发心理问题或危机行为。可以说，自我认知的挫折和迷茫，是引发研究生群体心理问题的内部动因。

（3）由人际交往导致的情感迷茫。研究生群体对人际交往有着强烈的心理需求，他们需要同伴交往来沟通、交流和缓解学习、科研、就业等各方面的压力；他们需要与师长交流来得到学业发展和人生规划方面的指导和帮助；他们需要与异性交往来建立和获得亲密关系。但是，有些研究生由于日常科研学习时间紧张、人际沟通经验缺乏、自我效能感不高等，无法按照自己的期望，快速顺利地从人际关系中获得积极反馈和心理满足，当人际交往无法满足自己内心的期待和需求时，就容易产生不自信、自我怀疑、自我封闭等消极反应，甚至产生严重的人际交往障碍。可以说，由人际交往导致的情感迷茫，已成为影响研究生群体心理健康的一个重要因素。

（4）由心理冲突导致的情绪困扰。研究生处于青年中期，情绪发展尚未达到理性、成熟的阶段，仍具有易波动、不稳定和复杂性的特点。而处于更高一级学习和发展阶段的研究生，所面临的学业要求、科研压力和就业形势都是复杂的、严峻的，需要付出大量的时间精力，完成繁重的任务并承受长期的精神压力。另外，从研究生的社会角色来看，有的研究生除了在学业上承担压力之外，还肩负着身为员工、子女、丈夫（妻子）、父母等多重社会责任的压力,这使他们承受着多重任务要求和精神压力,产生和体验纷繁复杂的苦恼纷扰,加之忙碌和人际交往减少的原因等,这些心理冲突无法及时得到疏导和化解,从而引发各种心理问题和身心障碍。近年来,研究生中失眠、抽烟、酗酒、打架、师生关系冲突等问题愈来愈多,这都是由巨大的心理冲突导致的身心疾病的外在表现。可以说,情绪问题是研究生群体心理问题的折射和表征。

2. 与科研素质相关的心理能力仍需加强

科学研究活动是高校培养研究生人才的重要内容,具备科研素质是成为一名合格研究生的首要条件。科研素质包括科研意识、科研方法和科研精神。研究生科研素质培养的主要任务是培养科研认知和态度、积累科研知识、发展科研能力、锤炼科研精神,从而促进研究生真正地将个体与社会、成才与成人有机结合起来,成为一名合格的高级人才。对于当前的研究生群体来讲,与科研素质相关的一些心理能力培养仍需加强。

(1)创新能力。创新能力是个体运用一切已知信息,包括已有的知识和经验等,产生某种独特、新颖、有社会或个人价值的产品的能力。它包括创新意识、创新思维和创新技能等三部分,核心是创新思维。高校研究生是建设创新型国家的重要人才来源,研究生创新能力不仅体现了一个国家高等教育的质量和水平,而且影响一个国家的知识创新能力和学术水平,也是我国加快建设创新型国家、实施创新驱动发展战略的重要驱动力。因此,创新能力是研究生教育培养质量的核心任务。当前,研究生群体中尚存在创新意识不高、创新能力不足、创新成果不高等问题,加强研究生创新能力培养是一项重要而紧迫的任务。

创新能力与个体心理素质有密切关系,尤其是积极向上的心理素质。按照创新能力成分理论,影响创新能力的主要因素有个体因素和环境因素。其中,个体因素包括人格特质、内部动机、个体行为等;环境因素包括导师指导、组织团队、学术氛围等。因此,要培养研究生创新能力,就要关注和加强研究生思维能力、知识结构、人格特征、内部动机、学习行为、科研方法等个体内部要素,也要关注和改善导师指导能力、师生关系、组织团队关系、校园学术氛围、科研支撑平台、教育管理制度等外部因素。研究发现,研究生自身要素对研究生创新能力的影响最大,是影响研究生创新能力的最重要的因素。(李玉飞,2022)因此,研究生自身的人格特征、思维能力、学习意愿、探究精神等是决定研究生是否具有创新能力的前提,这提示我们在研究生创新能力的培养上,要把增强研究生自身的科研自信心、坚定乐观品质、明晰个人科研愿景、抗压抗逆科研意志等放在首位。

(2)意志品质。意志,是指人们为了决定和达到某种目的而产生的心理状态,常以语言或行动表现出来。意志是人自觉地确定目的，并根据目的支配和调节自己的行动，克服困难，最终实现目的的心理过程。从心理学意义上来说，意志是人的思维过程见诸行动的心理过程，也是人的思维活动指导外部行为的过程。因此，有意志参与的人类的活动和行为是一种有方向、有目标、有信念、有掌控的过程。意志品质，是指个体在社会实践活动中逐步形成的比较稳定的意志特质，即构成个体意志的诸多因素的总和，主要包括独立性（自觉性）、果断性、坚持性（坚韧性）和自制性。

良好的意志品质包括：第一，意志的自觉性，指明确认识到行动目的的正确性和重要性，主动以调节和支配行动来达到目的的意志品质。自觉性是意志的首要品质，能够促使个体吸收意见、自觉反思、克服困难、执行决定。第二，意志的果断性，指个体善于明辨是非，迅速而合理地做出和执行决定的意志品质。果断性能够促使个体当机立断、随机应变并坚决执行。第三，意志的坚韧性，指在意志行动中能坚持决定，百折不挠地克服困难和障碍，完成既定目的的意志品质。坚韧性能促使个体坚持不懈、始终如一地朝向目标努力。英国科学家内弗里奇说过，几乎所有有成就的科学家，都有一种百折不回的精神。可见，意志的坚韧性是事业成功的重要条件。第四，意志的自制性，指善于控制和支配自己情绪和行动的意志品质。自制性能够使个体免受无关诱因的干扰，控制消极情绪、克服盲目冲动，坚持完成意志行动。

从以上对意志品质的解读，我们能够看到，具有良好的意志品质是研究生培养科研素质和取得科研成就的必备条件和重要基础。研究发现，研究生中存在目标不清、行为盲目，情感脆弱、抗挫力差，自信不足、执行力差，毅力不够、半途而废，自制力差、随心所欲等意志品质缺陷。（杨波，2012）因此，加强研究生意志品质培养极其重要。

（3）心理韧性。心理韧性，也叫心理弹性、复原力、抗逆力等，目前主要存在结果性、过程性、品质性三种定义。总的来说，都是指个体能够积极面对和良好适应困难、威胁、恶劣的压力环境，并能在遭受重大压力和危机时迅速恢复和成功应对。心理韧性的影响因素有个性因素和环境因素。个性因素指个体内部的有助于逆境中的个体克服逆境并能积极发展的特质性因素，环境因素包括来自家庭、学校和社区等更大的社会范围的积极因素。

研究发现，心理韧性对于研究生科研压力、就业压力、主观幸福感、心理健康、创新能力等都有显著影响，并且，具有良好心理韧性的研究生在科研活动和学习生涯中能够更好地应对压力、克服困境、朝向目标、取得成就。"成功，在190次失败之后，她带领的课题组在第191次低沸点实验中发现了抗疟效果为100%的青蒿提取物。"就像中国女科学家屠呦呦最终发现青蒿素的过程极其艰辛一样，科研工作需要的不仅是睿智的头脑、充沛的精力，更需要坚持不懈、克服困境的心理韧性，在一次次的失败和尝试中，有韧性、不气馁，能修复、善坚持。研究生要培养良好的科研素质，心理韧性的培养必不可少。

三、研究生高质量培养政策下心理工作的任务和挑战

当前，我国研究生培养进入内涵式发展阶段，"高质量""创新能力""综合素质"等成了当代研究生培养的关键词。在这样的大背景下，高校研究生培养工作面临什么样的任务和挑战呢？为心理健康教育工作带来了什么思考和工作方向呢？

（一）研究生高质量培养政策对心理工作提出的思考和要求

新中国成立以来，我国的研究生培养政策经历了四个阶段，分别为：探索起步（1949—1977年）、创新发展（1978—1991年）、提质增速（1992—2009年）以及内涵式发展（2010—2020年）四个阶段，每个阶段的政策变迁都是现实需求和高等教育目标导向的缩影（表2-1）。

表2-1 1949年后我国研究生培养政策范式的变迁（魏淑艳等，2021）

历史阶段	政策问题	政策目标	政策工具
探索起步（1949—1977年）	制度供给缺乏	构建培养制度	开展革命的思想政治教育，建构研究生培养制度、学习借鉴苏联的研究生培养模式
创新发展（1978—1991年）	适应能力不足	创新培养要素	设立培养组织、创新培养方式、试点推进改革
提质增速（1992—2009年）	供需关系紧张	扩大招生规模	优化培养过程和培养方案、建设研究生培养基地、加强质量评估和监督制度、调整研究生培养类型和结构
内涵式发展（2010—2020年）	质量问题凸显	全面提升质量	完善培养模式、健全预防和处置学术不端机制、导师队伍建设、强化监督指导

当前，我国的研究生培养工作处在内涵式发展阶段，有学者认为，我国现阶段的研究生培养是要将国家需求与市场诉求结合起来、强调个人成就和社会发展双重价值、重视质量和效益二维保障。（吴云勇，2019）这是一种经济学的思维，给我们带来的思考是：在研究生培养工作中，如果我们既要关注国家、社会和市场提出的高质量人才培养的目标需求，又要关注发展现状、个人成长、培养效益等现实因素，从心理健康教育工作角度来讲，就要注重从个体成长的角度使研究生个体心理能量的发展最大化和最优化，使

个体的心理能量成为一种有效资源和资本，赋能研究生成长发展，为研究生高质量发展提供心理动力上的保障。

在 2020 年的全国研究生教育会议上，习近平总书记强调研究生培养要"适应党和国家事业发展需要，培养造就大批德才兼备的高层次人才"，要"培养创新人才，提高创新能力"。这是新时期我们国家对于研究生培养教育的新要求，从心理素质培养层面来讲，新要求给高校研究生心理工作提出了两个要求：一是高校研究生心理工作应致力于培养德才兼备的高层次人才的总体目标；二是高校研究生心理工作要着眼于研究生精神状态和心理素质培养，不能只局限于心理健康教育和服务，要重点聚焦于研究生积极心理品质的培育，以"质量"为本，以"创新"为核心，切实通过提高研究生的积极心理能力，提升研究生教育质量。

（二）当前我国研究生培养中的热点和难点

硕士、博士研究生是支撑经济社会发展的重要力量，作为国家创新体系的重要组成部分，我国研究生教育稳步发展，特别是 1999 年高校扩招以来，研究生招生规模迅速扩大。但从总体上看，我国研究生教育还不能完全适应经济社会发展的多样化需要，培养质量与国际先进水平相比还有较大差距；再加上产业结构调整、人口结构变化、就业摩擦成本存在等原因，研究生就业难问题日益凸显。

1. 研究生培养质量热点问题

长期以来，研究生教育质量与高精尖人才的培养有着十分密切的关系，研究生培养质量一直受到政府、社会和学界的广泛关注。

从全世界来说，受国际高等教育质量保障运动的影响，研究生培养质量本就是备受关注的世界性议题。从我国情况来说，研究生招生规模的不断扩大，使学术界开始关注并思考：我国原有的研究生教育体制和模式是否还适用于当前的培养需求？现有的研究生教育资源能否确保数量与质量相兼容的问题？这些问题逐步引起了社会的广泛关注和普遍担忧。由此，研究生教育质量问题也成为学术界的研究热点。

（1）博士研究生无法正常毕业的现象引起关注。近年来，博士研究生延期毕业、无法毕业或因毕业困扰引发危机行为的现象越来越多。毋庸置疑，博士研究生无法正常毕业会带来一系列不良影响：博士研究生本人受年龄、经济条件、家庭原因、自我期待等因素影响，会因无法正常毕业而陷入自我认知迷茫、强烈的失败感、生活困难、家庭关系紧张等物质生活与精神生活的双重困境；其所在高校和导师的博士生培养工作也会因此受到影响和困扰；另外，长期延期不毕业，是一种个人精力和研究生教育资源的拖延损耗和低效利用，也可能会引发大众和拟考博深造的人群对高校人才培养质量的信任危机。对于延期毕业等无法正常毕业的博士研究生，可以分为两个方面：一是从博士研究生个体层面来说，延期生与按期生相比，存在成果数量少、课程评价低、导师指导满意度低、学校整体满意度低、学业压力大、入学动机功利性强、对自身论文的高期望等群体特征（刘玮，2016）；二是从高校和外界因素来说，博士研究生延期毕业的影响因素可能有科研训练不足、导师指导不力、教育产业化的影响等。化解这些矛盾的主要途径是把关生源质量、优化培育机制、强化导师队伍建设等，其中，加强博士研究生的主观努力和个体竞争力是最主要也是最具主动性和潜力的途径。

（2）心理因素成为研究生培养质量的重要影响因素。研究生的心理健康状况既直接影响到其自身的成长与发展，也关系到高校高层次人才培养的质量，是影响研究生培养质量非智力因素中的核心因素。（刘冬旭，2022）研究生既肩负着来自社会、学校、家庭、个人的多方面期待，也承受着来自学业、就业、婚恋、经济以及自我期望目标实现等带来的巨大心理压力。（罗尧成，2013）随着高校研究生招生人数的递增、就业竞争加剧，研究生心理健康问题更加突出，自杀事件也常有发生。可见，良好的心理素质在研究生成长成才中发挥着至关重要的作用。积极关注研究生群体心理健康状况，提升研究生积极心理品质，对于高校做好研究生培养、培育新时代高质量人才至关重要。

专栏 2.1

研究生心理健康状况

- 全球研究生心理健康状况调查

《自然》杂志开展了 2022 年全球研究生调查，此次调查涉及世界各地 3253 名自愿参与的受访者，其中仅 62% 的受访者表示他们对目前的学习感到满意，与 2019 年调查的博士研究生满意度 71% 相比，下降了近 10%。

此次调查结果同样凸显了一些危及研究生培养的、广泛存在的挑战，如压力过大、无法平衡生活与工作以及与焦虑或抑郁症做斗争。

引发研究生担心的前四项：无法平衡生活工作（68%）、毕业后的经济压力（65%）、就业前景的不确定（65%）、因研究生学习引发的心理健康问题（57%）。

- 我国研究生群体抑郁焦虑问题显著

2019 年，陈祉妍带领中国科学院心理研究所科研团队对我国研究生群体的心理健康状况进行了调研,调研以中国科学院大学的研究生为样本,调查问卷使用流调中心抑郁量表、广泛性焦虑障碍量表、国民心理健康素养问卷、与导师关系问卷、研究生压力源问卷等。结果发现,35.5%的被调查研究生可能有一定程度的抑郁表现,60.1%的被调查研究生有焦虑问题。35.9%的女研究生可能有一定程度的抑郁表现,其中有抑郁高风险的占12.7%;35.2%的男研究生可能有一定程度的抑郁表现,其中有抑郁高风险的占12.2%。

调研还发现,博士研究生的抑郁、焦虑平均水平显著高于硕士研究生。博士研究生中有抑郁表现倾向的比例也高于硕士研究生。在硕士研究生中,有一定程度抑郁表现的有34.7%,其中有抑郁高风险的占12.1%;在博士研究生中,有一定程度抑郁表现的有36.6%,其中有抑郁高风险的占12.9%。

2. 研究生就业难问题凸显

从近年来中国就业白皮书统计数据看,研究生就业率均低于本科生,研究生就业面临较大的挑战。研究生就业发展受外部就业环境、毕业生规模结构、毕业生就业观念和毕业生就业能力等因素的多重影响。

(1) 外部就业环境严峻。"十四五"以来,我国强化国内大循环的主导作用,经济发展呈现出"风景这边独好"的恢复性增长态势,在全球经济发展疲软的情况下实现2021年全年发展的既定目标。但是2021年4个季度经济增长率却呈显著的下降趋势,分别为18.3%、7.9%、4.9%和4.0%,不利于高校毕业生的充分就业和高质量就业。根据前程无忧发布的《2022年春节后才市供需行情》,互联网、电子商务平台等以往炙手可热的行业新增职位量也在下降,这对毕业生就业产生了直接影响。

(2) 研究生毕业生规模结构呈持续增长态势。2022年,我国应届毕业生人数达到1076万人,比2021年增长67万人,其中毕业研究生130万人,占高校毕业生总数的12%。从性别比例看,全国2019年普通高校研究生招生中女生比例为53%,男女比例为0.87∶1,对比本科女毕业生,研究生女毕业生在就业市场更多地受到年龄、婚配与否、生育等条件限制,就业面临更多困难。同时,近年来出现了海外留学生归国潮,这部分学生多为硕士、博士研究生,也给国内毕业研究生就业造成一定压力。

(3) 研究生就业期待不够理性客观。当前研究生就业趋稳更加凸显,求职竞争激烈。在求职期望上,大多数研究生求职期望过高、功利性强。发展前景好、福利待遇好、工作稳定是毕业研究生在选择或确定工作时最看重的三大因素,与本、专科毕业生相比,他们更希望工作稳定。各类国有部门是研究生求职的首要选择,学校和科研单位、国家机关、国有企业是毕业研究生最期望就业的三种就业单位类型。相比于男研究生，女研究生对于工作稳定的期望更高。由于僧多粥少，导致近年来各类公考、事业单位招考异常激烈，"公考二战"成为新的就业热词。

（4）研究生就业能力欠缺。部分研究生存在对社会资本缺少认知、人力资本欠缺、心理资本有待提升的问题。社会资本是通过其所拥有的社会网络而获得的社会资源的总和。社会资本影响学生的就业观、就业信息、就业渠道和就业质量。在信息不对称的就业市场上，社会网络关系通常可以传递较为充分有效的信息来提高毕业生的就业率、降低就业成本。很多研究生受学业研究限制，生活圈子单一，交往渠道封闭，不懂得积累人力资本，在就业时缺乏竞争力。在人力资本方面，一是不乏一些研究生因逃避本科就业选择升学，他们往往缺乏学习目标，对学业兴趣不浓，导致业务能力欠佳；二是部分研究生在广泛的一般性知识、团队合作能力、学习能力、独立工作能力、创新能力等通用能力上有待提升；三是部分研究生在职业生涯规划能力和求职竞争力上尚显不足，职业生涯规划意识淡漠，对自我认识不清，求职目标定位模糊，求职技巧不足。在心理资本方面，研究生就业困难多体现在尚不具备乐观、韧性的品质以应对求职过程中的挫折，尚不具备健全的意志、完整的人格、和谐的人际关系、恰当的自我评价、快速的适应能力以促进个体的就业和职业发展的良性循环。

（5）研究生就业能力培养欠缺。高校在制订研究生培养方案时普遍缺乏对研究生就业能力培养的理念。社会普遍认为研究生是高学历群体，已具备较强的社会能力，因此无须在研究生阶段过多地培养就业能力。例如：在课时的安排上，培养单位把几乎所有的课时都用于安排专业课的学习；学校尚未建立健全研究生就业指导体系，高校就业指导人员多为行政人员兼任，缺乏心理学、职业生涯规划、人力资源开发与管理等方面的专业知识；指导的形式和内容多为讲座和报告，具有零散性和随机性，内容多围绕就业形势、就业技巧等方面，忽视了对研究生进行职业生涯规划和就业能力提升的系统教育，特别是缺少指导研究生根据国家需要和社会需求求职择业的就业价值观教育。同时，专业实践也影响就业能力的全面发展，然而很多研究生培养单位往往过于注重理论知识的学习，对专业实践重视不足，研究生在校期间缺少专业实践机会，导致他们缺乏解决实际问题的能力，这让他们难以很快适应工作环境。

四、研究生心理资本培育的重要意义

心理资本作为一种从积极心理取向研究如何发掘和利用人才资源潜力的新理念，是可以被开发和培育的，类似于研究生素质教育培养的产品一样，研究生心理资本对个体发展来说具有不可或缺的功能性价值；同时，对于研究生教育培养工作来说，研究生心理资本也具有极其重要的经济和社会价值。

（一）研究生心理资本的功能性价值

研究生心理资本的功能性价值体现在个体、群体、组织三个层面。

从个体层面来说，研究生心理资本四大核心要素——自我效能感、乐观、希望、坚韧，对研究生个体知、情、意、行的发展有着深远的影响。在认知方面，影响着研究生个体对自我、周围及未来良好的认知判断，对事件优良归因的习惯，是研究生个体牢固发展的基石；在情绪方面，拥有较高情商水平、更多感受正向情绪的研究生个体，更有助于保障持久幸福；在意志方面，有助于增强研究生意志力，增强抗压能力，提升成功可能；在行为方面，有助于增进积极的、发展的行为。可以说，研究生心理资本是其人生旅途的精神营养。

从群体层面来看，各类研究生群体（如研究生会、班级、实验室等）中，个体经过融合、相互碰撞，会产生群体心理资本，这是一种对人群关系和社会互动背景下的工作绩效和主观感受起着积极促进作用的心理品质和状态。比如在生活中，心理资本不仅能激发研究生个体积极行为，还可以调控甚至替代消极行为，从而减少摩擦、促进和谐，提升社会资本的存储。

从组织层面来讲，心理资本与人力资本和社会资本一样是组织获取竞争优势的重要来源，用人单位在招聘中也更加重视对研究生个体的心理资本的考核。因此，高校研究生教育培养工作对心理资本培育的重视必然能够稳定提升学校的竞争力。

（二）研究生心理资本培育的意义

研究生心理资本培育的意义就是指研究生心理资本的经济和社会价值。心理资本作为一种基于心理能量的生命力，能够促进个体挖掘潜力、提升绩效，也能够促进其所在组织和集体的整体绩效的提升。因此，提升研究生心理资本既是对当代研究生心理发展特点和现状的呼应和促进，也是从"党和国家事业发展迫切需要的德才兼备的高层次人才"的角度，对高校研究生高质量培养工作以及新时代人才发展需求的积极推进和路径响应。

1. 响应现代社会人才发展的需求

综合国力竞争说到底是人才的竞争，国家的发展需要教育事业对人才的大力培养。

当前，以互联网、云计算、大数据等为标志的新一轮信息科技革命正在全方位地改写着世界和中国，也深刻地影响着高等教育的格局，人才资源成为当今时代的第一资源。新时代的人才，不是仅仅看其掌握了多少知识，更重要的是看其利用所掌握的知识为社会创造了多少财富，是看其在前人的基础上做出多少对社会发展产生影响的创新。因此，新时代的人才是必须具备创造意识和思维的人，是必须具有源源不断的生命力和生产力的人。积极的心理品质就是一种具有原动力的生命力。因此，在高层次研究生人才的培养过程中，仅仅具备先进的科学技术能力和完善的知识体系是远远不够的，还要具备积极的、正向的、有生命力的心理资本，这样才能保证高校培养出来的研究生能够充分实现个体的发展、能够积极响应社会的需求。因此，高校要把研究生心理资本培育作为人才培养工作的重要内容来抓，努力培养高质量的研究生人才，从而培养出真正的强国人才。

2. 推动高校研究生高质量培育机制建设

心理工作是高校学生工作和人才培养工作的重要组成部分。研究生培养工作作为我国高等教育体系中的重要环节，在国家发展要求和社会变革冲击的双重作用下，不可避免地将"高质量培养"当成一个重要课题。当今研究生在高质量培养体系下面临着双重的考验，不仅考验他们的知识水平、科研能力，还考验他们在激烈的竞争环境中如何适应、生存和胜出，这是当前高校研究生高质量培养的重点和难点。心理资本是个体在成长和发展过程中表现出来的一种正向积极的心理状态，有利于促进个体充分整合现有资源、发掘成长性因子、激发发展性潜力。心理资本培育是对"如何培养人"这个课题的回答，即从培养研究生积极心理品质出发，发掘个体成长过程中正向的、积极的因子，从积极视角去引导人、培养人，从"育心"到"育德"，再到"育人"，真正围绕"立德树人"这个根本任务开展研究生高质量培养工作。因此，心理资本这种关注积极心理特质和状态的积极视角，以及主张心理资本是可以被测量和开发的学术观点，正好响应了当前高校研究生高质量培养和积极心理素质培育的需求。

3. 促进个体发展性成长

按照我国目前的高校教育体系，研究生年龄分布在22—30岁，思想和心理发展趋向成熟稳定，对自己的个人发展具有较高的期待，对于现在和未来有着多重要求，他们有志向、有追求、有智力、有知识，瞩目远方、拼搏多年，也正是因为这些积累、付出和期待，使他们期待高质量的绩效成就和高主观幸福感的精神体验。因此，对于研究生的心理健康教育不能只局限于消除心理问题和应对心理疾病，而是要跳出问题视角，聚焦于心理资本培育，提高到激发个体潜力、促进个体成长的发展性视角上来，帮助研究生实现全面发展和高质量发展。

第二节 研究生心理资本解析

当前,越来越多的高校认识到并且重视心理资本对研究生人才培养的重要作用,在高等教育范畴中,心理资本培育的占比逐步提高。培育和提升研究生心理资本不但是对当前研究生高质量培养政策的积极响应,也是推动研究生在心理健康、理论学习、科研活动、人际交往、就业创业以及社会实践等多方面取得良好成绩,促进其全面发展和培优成才的有效路径。本节内容重点探讨研究生心理资本的概念、特征、结构、现状以及影响因素,从各个方面去认识和了解研究生心理资本。

一、研究生心理资本界定

研究生心理资本的界定与心理资本的基本概念、研究生的主体特征和研究生培育工作的客观需求等都有关系,我们将在这一部分与大家一起全面清晰地了解研究生心理资本的概念、表现形式及特征。

(一)研究生心理资本的概念及表现形式

基于研究者路桑斯对心理资本的定义及四个核心要素的描述和研究生群体的特点,我们将研究生心理资本定义为:研究生在其学习阶段所表现出来的一系列特定的积极心理品质、心理状态和心理能量。研究生的心理资本既可能是以存量形态存储于研究生的内心,表现为积极乐观的心理活动状态,也可能是以流量形态体现在研究生个体积极心理品质和能量不断地转化或迁移到其个人的学习、生活、社会实践等活动的过程之中。

从以上的概念我们可以看出,研究生心理资本不但会影响和推动研究生学习阶段的成就绩效和发展状况,还能够持续地转化、迁移,影响和推动研究生整个人生发展过程。首先,研究生心理资本在研究生个体人生发展过程中的具体表现是:研究生心理资本典型地体现在研究生的自我效能、乐观态度、积极认知、情绪智力、成就动机、心理韧性、生涯规划、价值观念等多个维度,能够影响和推动研究生学习阶段甚至整个人生发展过程。其次，研究生心理资本在其学习阶段的具体表现为：在积极心态和自我认知上，能够有信心去面对新环境、学业要求、生涯规划、实践考验等任务和挑战；在树立和实现目标方面，能够现实而灵活地调整理想和目标，规划好路径，胸有成竹、锲而不舍地向目标前进；在看待事物和审度形势上，具备积极、豁达、乐观的处世心态；在应对挫折和困难方面，能付诸努力面对和克服困难，并能迅速复原和超越现实的困境；另外，在创新性、主观能动性、情绪智力、主观幸福感等方面，也都有较为强烈的追求成功的动机、自我价值感和较为积极的情绪体验和心理感受。

（二）研究生心理资本的特征

研究生心理资本有一些共性特征，这些特征的提炼建立在对其积极心理的本质属性及其效能外化条件的理论分析基础之上。这些特征包括：

1. 发展性和统一性

研究生心理资本是一种不断成长和发展的系列积极心理品质，它们具有主体心理状态与心理过程和心理特性的完整统一性。能够促使研究生从思想上树立积极心态、从认知上转换积极视角、从行动上促发积极谋划、从意志上产生积极期待、从心态上做出积极应对，是一个知、情、意、行相统一的过程，并且在此过程中心理资本是不断积累和成长的，研究生能够不断地从以往的成功经验和积极感受中，巩固和提升自己的心理资本，逐步成长为成熟的、自信的、不断完善的个体。

2. 调节性和积极性

人的心态和情绪不可能一直在积极的、正向的一端，在研究生学习生活阶段，既会碰到顺利、支持、成功等情况，也会碰到很多压力、任务、挫折、冲突等现实状况，所以其心理状态总是会游动于积极和消极之间。在这些过程中，拥有心理资本的研究生能够调整状态，使个体的心理状态偏向积极的发展方向或呈现出向积极发展方向流动的努力状态。心理资本通过这样的调节性和积极趋向性，使研究生不断推动自己形成敏锐的感知、丰富的想象力、开阔流畅的思维、积极的预期、广泛的兴趣、坚韧的意志力以及强烈的求知和成就动机等高层次心理需求，从而取得良好的学业成就和个体成长。

3. 稳定性和持久性

心理资本具有状态类和特质类双重特征，无论是状态类心理还是特质类心理，都需要保持相对的稳定性才能使这种心理特性对个体的行为和绩效产生深远影响。同样，研究生心理资本并不是"即时""即刻"的浮现，它是以持续的、稳定的，甚至有时候是高频的方式出现，从而以一种动态中的相对稳态形式来保障研究生积极心理状态的保持和发挥。

4. 可测量性和可培育性

心理资本是可测量、可评估的，人的心理品质虽然具有内隐性，但心理活动倾向总是投射和反映在人的某些思想或者选择之中，或者外化和体现在人的行动中。因此，可以用量表测量的方式来对个体进行心理测量和评估，同样，研究生心理资本也可以进行测量。目前，关于心理资本、大学生心理资本、研究生心理资本的测量，学者们都提出了各种测量量表，不断地帮助我们认知和评估研究生心理资本的发展程度。同时，测量和评估心理资本并不是最终目的，学者和教育者们的最终目的是要在了解和评估研究生心理资本现状的基础上，通过有效的方法和措施，提高研究生心理资本。在心理资本的概念提出时，路桑斯就阐述了心理资本的可开发性，即心理资本是可以干预和培育的，这也是我们研究和讨论这个概念的基本出发点。

5. 可再生性与可增殖性

人类的心理状态具有持续性，当研究生面临激烈的竞争、多变的形势，承受的压力越来越强的同时，应对压力和恢复反弹的心理能力也在不断增强，心理品质也将不断得到优化和提升。心理资本也会在这样的过程中不断增强和再生，不但不会消损，还会更加积极、健康和强韧。研究生心理资本的可再生性一般体现在心理发展的时间和空间两个维度上：在时间上，心理资本会促使研究生具有较高出现频次和较长持续时间的积极心理，主导个体心境状态，保障积极心理为研究生的学习和实践活动绩效提供持续心理能量；在空间上，研究生心理资本能够帮助研究生在学习生活中、在面临压力情境下、在个体环境和群体环境里等各种场景与情境之中，从被干扰和被破坏中较快地恢复到正性状态和乐观心态，还能使心理资本这种积极心理在他们所处的不同空间和领域迁移，不断增强。研究生心理资本的增殖性体现在个体和社会两个层面：在个体层面，心理资本能够推动研究生维护较高的生存价值尊严，冀望长远发展目标，发挥自我潜能，努力获取较高的学业绩效和个人成就；在社会层面，心理资本能够推动研究生群体的学术热情、价值追求、积极信念，这些积极的精神动力使研究生所在团体和群体、高校人才培养、社会经济发展等都获得推动和促进，从而实现整个社会的积极、健康、持续发展。

二、研究生心理资本构成

目前，关于心理资本的构成要素，国内外学者普遍认可路桑斯等人提出的心理资本核心四要素观点。在以往对研究生心理资本的研究和分析中，学者们也大都从自我效能感、希望、乐观、韧性这四个核心要素来展开。结合目前我国研究生心理发展特点、科研活动要求和研究生高质量培养需求，本书认为研究生心理资本除了包括自我效能感、希望、乐观、韧性这四个核心要素之外，还包括创造力、心智觉知、情绪智力、真实性、勇气、福流（心流）等潜在心理资本要素。

（一）研究生心理资本构成要素的功能

研究生心理资本由自我效能感、希望、乐观、韧性等四个核心要素和创造力、心智觉知、情绪智力、真实性、勇气、福流等潜在要素组成。这些构成要素对于研究生个体发展具有不同方面的、不可或缺的功能；同时，各要素在研究生心理资本这个大体系中又有各自的贡献和分工。

1. 各要素对研究生个体成长有着各自的重要功能

"自我效能感"能够使研究生在面对充满挑战性的学习阶段和科研工作时，有信心并能付出必要的努力来获得成功；"希望"能够帮助研究生做好目标规划，锲而不舍地朝向目标并为实现目标而规划、调整途径；"乐观"能使研究生对过去、现在与未来的失败和成功都有积极的归因；"韧性"能够帮助研究生在身处逆境和被问题困扰时，能够持之以恒，迅速复原并超越，研究生被戏称为"研究僧"，足以说明科研工作是一项苦、累并且需要持久力的工作，韧性必不可少；"创造力"是研究生从事科研工作必不可少的要素，党和国家的研究生培养政策也不断强调和要求重视"创新人才"培养；"心智觉知"和"情绪智力"能够保证研究生在学习过程中，聚焦、慎思、开放、灵活、成熟，这是保证研究生学术严谨和思维发散的基础，也是研究生完成任务和应对困难的思维与情绪保障；"真实性"和"勇气"是帮助研究生形成坚持自我、去伪求真、敢于担当、勇于进取的科研精神和学者风范的精神屏障；"福流"是能够使研究生体验到专注感、成就感和主观幸福感的动力因子，能够促进研究生将科研方向与个人兴趣相结合、将职业规划与擅长领域相结合，将学习、科研、奋斗与个人的价值观、情操和远大目标相结合，成为一个意志坚定、目光远大的社会主义合格人才。

2. 各要素对研究生心理资本的重要贡献

研究生心理资本的积累和培育是诸要素共同作用、共同驱动的，同时，各个要素在研究生心理资本驱动系统中又分别承担着特定的功能和分工。

（1）从系统分工来说，"自我效能感"是基础，它是研究生心理资本形成的必要条件；"希望"是导向，它能够保证研究生心理资本的目标方向和路径规划；"乐观"是助力，它可以为效能维持、身心健康提供动能;"韧性"是保障,它可以修复损伤、恢复状态;而"创造力""心智觉知""情绪智力""真实性""勇气""福流"等这些潜在因素是润滑剂,能够为研究生心理资本驱动系统运转的不同阶段提供支持、维护和保障。

(2)从驱动作用来说,自我效能感、希望、乐观、韧性这四个核心要素,在研究生心理资本的作用发挥上体现出"木桶效应"的关系。四个核心要素在研究生心理资本生成和提升过程中发挥着不可替代的作用,要实现研究生心理资本水平提升,这四个核心要素必须共同促进、协调发展,任何一个要素出现短板,都会影响研究生心理资本的系统驱动和运转。

(二)研究生心理资本构成要素之间的关系

研究生心理资本和其诸要素之间并不是简单的累加、加总关系,这些要素综合起来成为研究生心理资本所产生的作用要大于诸要素相加之和;并且,这些包括核心要素和潜在要素的诸要素之间的关系也并不是简单的并列或者递进的关系,它们之间存在着复杂的交互作用,并共同构成了研究生心理资本的内在结构。

1. 各要素有其独立发展逻辑

各要素共同组成研究生心理资本的系统结构的同时,各自本身都有自己独立的发展逻辑。每个要素都有自己独立的生成、培育机制,影响因素、生长环境,后文将分别详细论述。

2. 各要素之间具有交互作用

这些交互作用表现在各要素之间的相辅相成、相互促进、相互影响的螺旋式互动关系上。如自我效能感层次的提升、强度的增强和广度的扩展为研究生的希望、乐观、韧性以及创造力、心智觉知、情绪智力等因素的形成和发展提供了前提基础和促进作用;希望的确立和坚持,能够为其他因素的发展提供导向、动力和灵活调整的"指南针"和"定心针"的作用;乐观的归因和心态,可以为其他因素的形成和发展提供助力、缓冲和保护的作用;韧性回弹和超越功能,能够为其他因素的正常发展提供保障和促进;而创造力等潜在要素的发展和增强也与其他因素有着各种各样、不同程度的相关关系或中介效用,如创造力和创新能力强的研究生自我效能感会随之提高,而自我效能感高的研究生更喜欢主动尝试新任务,敢想敢做,乐于创新创造,不畏艰难,努力探索,也更容易获得创新成功,从而反过来又提高创造力。

三、研究生心理资本的影响因素

与第一章第三节所论述的心理资本的影响因素基本一致,影响研究生心理资本生成的因素也包括内在因素和外在因素,又可称为个体因素和环境因素。内在因素指来自研究生个体自身的心理资本影响因素,主要有知识与能力、人格特征、自我强化和成就动机等;外在因素包括校园环境、课堂教学、班级氛围、团队文化、导学关系、人际支持等。

(一)内在因素

1. 知识与能力

研究生是高水平人才,其学习内容和学业要求都对知识能力有更高的要求。因此,具有丰富的知识与能力是促进研究生心理资本培育的重要因素。对于研究生学习阶段来说,研究生的知识与能力需要在以下三个方面进行储备和加强:

(1)理论知识。本科阶段对于知识的学习较为零散和浅层,对于某一个理论研究或学科方向的学习和了解局限于一门课程、一本书或者一节课程讲授。而我们知道,对于理论体系和学科方向的学习犹如一头扎进一片浩瀚海洋,研究生需要在这片海洋里,充分搜索和吸收相关的所有知识,并形成清晰的、系统性的理解,然后才能在由表及里、由繁及简的过程当中,抽丝剥茧、提出问题、形成假设、进行研究。理论知识的学习和积累能够增进研究生的自我效能感,使其形成清晰的目标规划、乐于探索、敢于应对问题,是研究生心理资本形成的基础影响因素。

(2)创新能力。研究显示,研究生创新能力及其各维度与研究生心理资本显著正相关,创新能力越强的研究生心理资本越高,反之亦然。(嵇炜等,2018)但就当前研究生教育对于研究生创新能力的要求来说,我国研究生的创新能力却略显不足,导师及社会用人单位对我国研究生的创新能力均表示不太满意。(张珊珊,2022)可以通过增强研究生主体作用、加强科研平台建设、发挥导师指导作用、增强专业实践等途径加强研究生创新能力。(李玉飞,2022)创新能力是研究生成为一名合格的研究型人才的必要条件,也是研究生心理资本培育必不可少的因素。

(3)实践能力。实践能力是理论运用于实践的亲身体验与实际操作,即通过实践过程培养和增进能力,包括感知能力、归纳能力和反思协调能力。研究生阶段是将理论知识与社会需求连接和连通的重要学习阶段。研究生的实践能力包括专业知识应用能力、学科专业思维能力、行业问题分析能力和社会角色适应能力。(黄哲等,2022)

可以看出，实践能力的增进对于研究生能力增进、培养质量提高和心理资本提升都尤为重要。

2. 人格特征

研究显示，研究生的人格特征与其心理健康、创造力（高艳玲等，2013）、压力应对（侯琳等，2018）、主观幸福感和生活满意度（辜垣尧，2017）、社会支持与人际信任（杨菲菲等，2011）、防御机制（温丽娟等，2011）等都有显著的相关关系。健康人格和外倾性、开放性、严谨性等人格特征对研究生的创造力、心理健康、困境和压力应对、积极心态、人际支持等都有重要的促进作用，而这些正是属于研究生心理资本的构成因素。因此，研究生人格特征与其心理资本形成和提升关系密切。

3. 成就动机

成就动机是个体追求所期望实现目标的动机，是向往达成目标的内在驱动力。（宋勃东等，2015）高成就感的研究生对目标任务的胜任感和成果获得具有强烈的需求，挑战性的学习、科研或工作压力能够激发个体完成任务成就动机，并且研究生的成就动机对其焦虑心理能够发挥抑制作用、增强心理弹性水平。（姚昊等，2021）此外，成就动机对研究生的科研绩效、学业成就（李敬宜，2020）、创造力、心理健康（黄后玲，2018）等都有正向促进作用。可以看出，具有高成就动机的研究生，胜任感强、目标性强、喜欢挑战、焦虑水平低、心理弹性好、创造力强，科研绩效、学业成就、心理健康程度都更高，并且这些因子与研究生心理资本的因素多重重叠。因此，成就动机也是研究生心理资本培育的重要影响因素。

（二）外在因素

1. 校园环境、课堂教学等物理环境

对于研究生群体来说，他们所面临的物理环境包括校园环境、课堂教学、学习压力等。对研究生心理资本培育有益的校园环境可以是资源丰富的图书馆、环境便利的上课和研讨场地、舒适舒心的住宿场所等，以上这些都会对研究生保持愉悦的情绪、充沛的精力、有效的努力等有保障作用。

2. 班级氛围、团队文化等人文环境

研究生面临的人文环境可以是班级氛围、团队文化、校园文化等。这些都是由宿舍、班级、团队等小集体或校园大环境等全体成员共同营造和努力而达成的一种氛围、文化和整体风貌，体现着多数成员的心理特质。人文环境对于研究生心理资本培育的影响是潜移默化的、渐进的、熏陶的过程，会对每一个成员形成一种隐形的引导和要求，潜移默化地塑造着每一个成员的态度和精神面貌，也影响着他们的学习和生活状态。好的人文环境，会为研究生提供一种有效的外在氛围，并逐渐变为内部动力，使其积极、向上，为其成长和发展提供助力。

3. 导学关系、人际支持等心理环境

为研究生提供精神支持的心理环境主要有导学关系、人际关系、师生关系等。近年来，导学关系成了研究生心理健康和学术绩效的显著影响因素。诚然，导师、教师的人格魅力、榜样激励、示范作用、教学引领以及他们与研究生之间的关系等都对研究生的成长有着不可或缺的重要作用。同时，其他的人际关系为研究生提供的支持也必不可少，使研究生在遇到挫折困惑时可倾诉、遇到困难失败时可求助。

第三节　研究生心理资本培育策略和路径

当今社会是人才竞争的社会，而心理资本作为一种无形的资本，复合了个体心理规律、个体心理行为绩效以及社会经济效应的多重特征，具有增殖性、可开发性，这使心理资本成为一种可测量、可开发的个人优势和社会资源。当前，大到国家人才强国战略，小到高校研究生培养质量，研究生心理资本培育都成了一个重要议题。本节重点讨论研究生心理资本培育的目标、策略和路径。

一、研究生心理资本培育目标

要讨论目标，就要先搞清楚期待和要求是什么。在当今社会中，对研究生群体来说，无论从国家、社会和高校教育管理层面，还是研究生个体自我发展期待和规划层面，都会对研究生群体的成长和发展提出一系列的期待和要求。

对于研究生个体来说，他们面临着社会发展需求、就业竞争压力和个人成长期待等一系列人生任务。进入研究生学习阶段，这些任务和压力就扑面而来，并且影响到研究生的自我期待和自我规划。研究生对自己的日常学习科研、社会实践、人际交往、未来发展等各个方面的成效、成绩、成就等慢慢形成并怀有一种期待，他们希望自己能拥有可持续发展的潜能，在学业和生活的压力中获取竞争优势，在自我实现的路途中保持动力和毅力,在学习、科研、就业和以后的人生中享有成就感和主观幸福感。因此,从研究生个体对自己的心理能力的期待来说,他们不但希望自己心理健康,还希望自己能够拥有一种坚忍顽强有动力的积极心理品质,助力他们开发潜能、获得成长、取得成就。

对于高校来说,要始终贯彻国家关于高校研究生培养的文件精神和政策要求,响应时代号召、立足社会需求,培养出国家和社会需要的高水平人才。2020年7月的全国研究生教育会议上,习近平总书记把研究生培养目标定位为"德才兼备的高层次人才",李克强总理做出"研究生教育肩负着高层次人才培养和创新创造的重要使命,是国家发展、社会进步的重要基石"的批示。因此,高校的研究生培养要紧紧围绕"高质量人才"这个中心,把研究生培养为品质优、素质高、才能强的高质量人才。

二、研究生心理资本培育策略

根据国情、研究生培养现状和需求,厘清我国高校研究生心理资本培育的思路和策略,有助于高校在具体工作中,激励和发挥外在环境和内在动力双重功能。聚焦研究生心理资本涉及相关因素的方方面面,有的放矢地做好研究生心理资本培育工作。

1. 发挥两个层面的功能

个体的行为受到外在环境的影响和内在因素的支配。外在环境和内在因素之间又是互相影响和作用的。外在环境不但会影响、制约或推动内在因素发挥,在条件合适时,外在环境的推力也有可能会转化为内生动力;而内在因素有可能会改变或改善外在环境。

从外在环境来说,人的行为不仅和个体的身心状态有关,而且与个体所处的周围环境有着密切的关系。可以说,人是周围环境的总和,人的发展离不开外在环境。对于研究生心理资本的培育来说,其所面临的周围环境是以社会氛围、校园环境、班级团队文化、人际关系等为代表的外部要素。

从内在因素来说,人类有意识的行为活动,总是会受到个体心理活动的支配,个体内在的个性特征和心理活动对人的行为活动起着决定性的作用。对于研究生心理资本的生成来说,其所需要的个体内在因素是以学生自我认知、知识能力、个性特征、动机目标、兴趣特征等为代表的内部因素。

从前面对外在环境和内在因素的关系分析可以得出,对于研究生心理资本的生成和培育来说,必须同时重视外在环境的适配、建设和干预以及内在因素的保护、激发和培养。并且,要根据内在因素的发展特点和现状,决定外在环境建设的重点,也要根据外在环境的特点和限制，提升内在因素的短板。因此，培育和提升研究生心理资本既要从学校管理、教学和服务层面来强化外在环境的适配性，又要充分加强和优化研究生个体素质来提高研究生个体心理能力。

2. 聚焦个体素质能力

研究生心理资本培育的直接目标是提高研究生个体的素质和能力。根据心理资本属性定义的特质说和状态说（路桑斯等，2006），个体的素质能力的提高既是心理资本的产出和结果，也是心理资本的体现。同时，个体素质和能力的提升又能够促使心理资本的价值领域覆盖到个体本身和外在环境两个层面。就研究生心理资本来说，从个体自身理解，研究生个体素质能力的提高能够实现其尊严、满足其愿望，提高其生命质量，促进自我潜质发挥，从而提高研究生个体的心理资本水平；从外在环境来讲，研究生个体素质能力和心理资本的提升，能够成为向上的带动力和黏合剂，形成健康、和谐的"心理场"，能够在其所在场域、群体、团队、学校甚至社会层面的成员之间形成心理良性互动、协调发展。因此，提升研究生个体的素质能力，不仅能提升其个体心理资本，而且能够通过个体心理资本的效应外溢和良性互动，给其所在的组织和环境带来较大的经济和社会效益。（魏荣，2013）

结合当前研究生心理健康现状挑战、学业和生活中的心理成长需求，以及高校培养"德才兼备的高层次人才"的工作要求，培育和提升研究生心理资本涉及的素质和能力可以分为三个方面：一是提升个人力，包括积极自我认知、优化决策行为、强化行为激励、提高自我效能感等，与心理资本的自我效能感、希望等因素相关；二是强化学术力，包括选择学习方法、增进学术持久力、增强心理韧性、培育科研心理素质等，与心理资本的希望、乐观、韧性、创造力、心智觉知、真实性、勇气、福流等因素相关；三是增进人际力，包括管理调节情绪、增强人际沟通、培养团队精神、增强成就感和利他思维等，与心理资本的乐观、情绪智力等因素相关。

三、研究生心理资本培育路径

就高校人才培养工作来说，研究生心理资本需要在学校、导师以及研究生自身的共同努力下逐渐培育和积累。具体路径如下：

1. 优化研究生教育、管理、服务机制

学校针对研究生的教育、管理、服务机制，要围绕培育质量和全面发展进行，在心理健康保障、心理素质培养、心理能力提升等各方面提供研究生心理资本生长的土壤。

（1）做好研究生心理健康教育工作。高校应当通过做好研究生心理健康知识宣传、课程教学、实践活动、心理咨询、危机识别与干预等工作，引导研究生关爱自己、关注他人，提升心理健康、增强心理素质；并通过对研究生心理健康方面信息、数据的定期收集、管理和研究，对研究生心理健康状态数据变化进行分析，了解其心理发展趋势，掌握研究生心理健康教育和心理素质提升的规律，探索行之有效的教育、引导和干预方法，使高校研究生心理健康教育工作更为科学化、体系化、深入化。

（2）营造研究生心理资本产生的校园文化环境。校园文化是一种以校园精神为主要特征的群体文化，也是社会整体文化的一部分。通常情况下，校园文化以学生为主体，以课外文化活动为主要内容，可以表现为学校的传统、校风、学风、人际关系、集体舆论、心理氛围以及学校的各种规章制度和学校成员在共同活动交往中形成的非明文规范的行为准则等。校园文化具有互动性、渗透性和传承性的特征，健康积极的校园文化，可以陶冶研究生情操、提高研究生素质能力、促进研究生全面发展。高校要营造能够催化研究生心理资本产生的校园文化环境，通过激励和活力并存的管理制度、团结和积极的集体氛围、人文和科研并重的实践活动等，帮助研究生形成自信、乐观、坚定、强韧的心理品质，促进心理资本提升。

2. 强化导师队伍建设

在我国高校的研究生培养体系中，导师是研究生培养过程中的重要责任人，导师对于研究生的学习和成长具有至关重要的作用。导师对研究生心理资本的影响可以分为两个维度：一是导学关系，即研究生与导师关系。导学关系是人际关系的一种，直接影响到研究生的自我认知、情绪感受、学习状态和心理健康状况等。二是导师指导能力和示范作用。导师在对研究生的日常教育和指导工作中，首要任务便是进行研究生学术精神、学术能力、道德修养、价值追求等的培养，导师的言行举止以及专业能力必然会对学生产生直接而深刻的影响。

（1）加强导师教育教学质量和师德师风建设。通过建立研究生导师遴选机制、研究生导师评价机制、研究生导师培训考核机制等，对研究生导师的专业技能、个人修养、师德师风等方面进行把关和提升，使导师不仅成为教育培养研究生的学涯教练和学术引领者，还要成为研究生积极认知、情感情操、价值追求的"指南针"和优秀榜样。例如，发挥导师以身作则的正确价值践行的榜样作用和指导作用，引导研究生形成积极的人生态度、行为以及符合社会发展规律和要求的价值观；在研究生的教学和学术活动中提升研究生的心理认知水平、自我效能感，在高校组织的学术讲座以及学术讨论中增加人文话题，强化研究生科学思维、学术精神、积极视角和心理韧性等，为研究生心理资本培育提供充沛营养。

（2）加强导师心理知识培训。以专家讲座、主题报告、沙龙研讨、座谈研讨等方式，面向研究生导师开展心理健康知识教育与培训。首先，使研究生导师了解研究生心理发展规律和心理健康现状，认识到心理健康和心理素质提升对于研究生学习成长的重要性，积极参与到关注、关心、维护和促进研究生心理健康和心理资本提升工作中来；其次，向研究生导师科普心理危机危害及识别干预方法，帮助研究生导师在面对研究生出现心理矛盾、情绪冲突、畏难不前、失望气馁等心理状况时，能够及时发现、辨识并引导、干预，帮助其走出泥淖；最后，关注研究生导师自身心理健康和心理素质培养，从而在与研究生的教学互动和日常接触中，更具引领力、亲和力和榜样作用。

3. 促进研究生个体能力提升

研究生要在积极投入课程学习、科学研究的同时，通过参与主题活动、社会实践等方式，增强自我认知、情绪体验、知识应用、实践技能、抗逆锻炼等，真正将自己放到与社会的关系中来，促进自身在自我认知、能力提升、压力应对、人际沟通、学术精神方面优化品质、激发潜力、保有动力，形成健康积极的自我认知、坚定明晰的发展愿景、乐观积极的归因方式、坚强柔韧的抗逆能力，提升心理资本。

（1）重视人际交往。其一，健康、多维的人际关系是增强研究生积极情绪体验、掌握情绪调节和管理能力、获得人际支持的有效保障，能够帮助研究生形成健康的自我认知、积极的情绪智力和良好的人际支持；其二，人际交往能力也能够帮助研究生在学术研究中，加强学术交流、融入学术团队、寻求学术合作、推动学术研究，提高成绩成就。

（2）加强社会实践。研究生可积极参与志愿服务、社会调研、科技服务等形式的社会实践。一是体验利他感受，收获助人快乐，正如心理学家弗洛姆所言，"人并非为获取而给予，给予本身即是无与伦比的欢乐"，研究生能够在与社会、与他人的接触了解和服务贡献中，体验到价值感、责任感和自豪感，提升心理资本的自我效能感因子；二是研究生在社会实践中能够了解社会百态、国家需求，修正自己的发展目标和实现路径，提升心理资本希望因子；三是研究生积极参与到专业实践、科技服务、科教宣传和文化卫生建设等社会实践服务中，有利于在与他人、与服务对象的沟通交流中获得认可、赞扬和支持，使得他们心胸更为开阔、认知更为积极、心态更为包容，提升心理资本的积极因子；四是能够帮助他们在实践历练中，增加克服困难、应对突发状况的能力，提高自身学术应用能力和成就感，获得团队和他人心理支持，增强心理资本的韧性因子。

研究生心理资本培育是一项长期的、系统的工程，需要国家、社会、高校、个体等各个层面的多重努力。以上路径仅就高校角度进行了论述。

成长资源

● 心理测验

积极心理资本问卷（PPQ）

第三章 提升自我效能感

自我信念能够对个体的行为以及行为效能产生重大影响并发挥重要作用。如果个体对于自己能否胜任或顺利完成某项任务及目标具有坚定的自信，那么对于个体的行为促发和保持都将具有推动作用，自我效能感就是这样一种自我信念。我们都听说过"小马过河"的故事，小马的行为告诉我们自我效能感对个体的行为动机的影响，正是由于不够自信、自我怀疑，无法确信自己是否有能力，小马才无法果断过河。在日常生活中，个体自我效能感对其学习、生活、工作、人际交往等方面有着深刻的影响。对研究生而言，自我效能感对其身心健康、学业成就、人际交往以及职业生涯规划等发挥着积极作用。

本章首先简要介绍自我效能感的相关理论概念，之后针对研究生的具体情况讨论影响自我效能感形成的重要因素、自我效能感的发展以及研究生自我效能感的培养，以通过提升研究生自我效能感增加研究生心理资本。

第一节 自我效能感概述

自我效能感是20世纪末21世纪初深度影响心理健康领域的"积极心理学"运动的重要理念。积极心理学提倡促进心理健康的重点是发展个体性格中的优势，而不是减弱不良特质。自我效能感就是这样一种优势心理特质。那么，到底怎么理解自我效能感呢？本节从自我效能感的概念、结构、测量、作用机制，以及自我效能感理论的发展、应用启示等方面来阐述。

一、自我效能感的概念

自我效能感这一概念由美国心理学家阿尔伯特·班杜拉（Albert Bandura）于20世纪70年代最先提出，是指人们对自己实现特定领域行为目标所需能力的信心或信念。它在很大程度上指个体对自己有关能力的感觉。简言之，是个体对于自身可以取得成功所具有的信念，即"我能行""我可以"。

（一）自我效能感概念的提出

在人们的生活中常有这种情况，如一些人对自己的目标很清晰，但在实际行动中的表现却并不尽如人意。原因就在于个体内部的自我参照因素对知识与行为之间的调节，而个体如何判断其能力以及这种判断如何影响其动机和行为是其中最为重要的一环。因此班杜拉认为，人们对其能力的判断在其自我调节系统中起主要作用，并在他的论文《自我效能：关于行为变化的综合理论》中提出自我效能感这一概念。自我效能感的概念一经提出，便引起广泛关注，许多心理学家对此进行了研究。此后的几十年里，学者们不断地拓展和深化对于自我效能感的研究，并将其广泛运用于心理咨询与治疗、人才测评等领域。

（二）自我效能感概念的发展

自我效能感概念界定有一个发展、完善的过程。班杜拉对于自我效能感概念进行了多次修订。1977年，他将自我效能感界定为：关于个体完成某个特定行为或完成某种所需行为的能力和信念，以及关于具体的能力或效能的预期，而这些效能预期在能够被个体知觉到的情况下可以反过来影响他的目标选择、努力程度等；1989年，他又将其界定为"对影响自己的事件的自我控制能力的知觉"，以及作为一种对认知、社会和行为等技能的整合行动过程的自我生成能力；1997年，他进一步将自我效能感界定为"人们对其组织和实施达成特定成就目标所需行动过程的能力的信念"。根据这些历史阶段的定义，自我效能感的概念可以归结为人们对于自己能否实现某一具体目标的行为预期、认知和信心。

（三）自我效能感与自我效能

自我效能作为与自我效能感有联系的一个概念，在心理学领域也经常被提及。二者是具有联系和区别的。

1. 自我效能与自我效能感的区别

（1）概念不同。自我效能是指个体对于自己能否有能力完成某项任务或实现某个目标的信心，即是对自己能力的一种预期和评估，可以表述为"我相信我可以"；而自我效能感则是指个体对自己的能力、知识和技能的认知和感觉，即是对自己能力的一种主观经验和体验，可以表述为"我觉得我有这个能力"。可以说，自我效能是能力水平的一种主观评价，而自我效能感则是对自身能力的主观感受。

（2）作用不同。自我效能感对于个体的自我评价有着直接的作用。如果个体具有较强的自我效能感，便会对自己所要应对的任务和实现的目标更为坚持和坚定，并愿意积极应对挑战和持续投入努力。因此，自我效能感能够激励个体更为积极向上、主动坚定地面对困难，对于增强其成功的信心、改善工作表现等具有重要作用；而自我效能的提升，则是建立在个体实际所具备的能力的基础上，个体只有通过不断的学习、训练和实践，才能提高自己的自我效能。

（3）应用不同。自我效能感更多被应用在自我认知、生涯规划等领域中，积极的自我效能感能够帮助个体更积极、更好地适应变化和挑战，能够以更高的效率进行工作，并更有可能获得成功；而自我效能更多被应用在教育领域中，较高的自我效能会使学习者更加主动探索和操作环境，更具有挑战性和创造性，并且能够取得更好的成绩。

2. 自我效能与自我效能感的联系

自我效能和自我效能感是两个密切相关的概念，二者的作用是相辅相成的。自我效能感能够帮助个体产生积极预期，并在一定程度上促进个体积极应对挑战和投入任务，从而更有可能获得成功体验和预期成果，而这种成功体验和经验会转变内化为个体的实际能力，即增强了自我效能。同时，个体的自我效能能够帮助个体更好地探索和操作环境，从而提升个体的实际能力水平，而实际能力水平的具备使得个体对自己能够应对和完成更多的挑战产生更为坚定和积极的预期和信心，即提升了自我效能感。

二、自我效能感的结构和测量

由于自我效能感的复杂性，对其测量一直是非常困难的。在自我效能感的研究和应用中，对自我效能感的测量一直有很多问题并伴随着很多争议。

（一）自我效能感的结构

对自我效能感的结构的讨论，通常围绕其水平、强度和广度这三个维度进行。

1. 自我效能感的水平

自我效能感的水平是指个体对自身所要完成的给定目标的难易程度的主观感受。这一维度上的差别感受会导致不同个体选择不同难度的任务，一部分人对任务的难度预期更高，就会选择相对简单的任务，而另一部分人则会将任务锚定在高水平的位置。例如，不同自我效能感水平的研究生，在确立研究任务或者学业发展目标时，对任务和目标选择的高低难易就会不同，并且对自己能否一定实现目标和完成任务的预期也会有所不同。

2. 自我效能感的强度

自我效能感的强度是指个人在完成某一特定目标的行动中所表现出的信心，也就是个人在完成各种困难、复杂的工作时的自信程度，可以理解为抗挫折能力。自我效能感强度高的个体不会因为某一次的失败而产生过多的对于自己能力的怀疑，相反，他们坚信自己有最终的胜算，并因此在艰难困苦中坚持奋斗。例如，同一个导师的两个研究生，自我效能感弱的研究生可能因为没有得到导师的肯定或者在选题等问题上受到导师的否定后，就会产生自我怀疑，否定自己以及自己的目标；而自我效能感强的研究生，在遭受到质疑或否定的时候，能够理性审视，不轻易放弃自己的目标并始终坚持自信。因此，自我效能感的强度与个体在面对挫折、痛苦或其他行为障碍时所做的坚持性的重复密切相关。如果个体遭遇困境时，行为还能不断坚持，就会逐渐积累起较高的自我效能感强度。

3. 自我效能感的广度

自我效能感的广度是指在某一特定的行为模式下，成功或失败的经历对自己效能的期望有多大的影响，或是它的变化会不会扩展到其他相似的行为或情况。例如，有的人只能在很狭窄的领域内才能判断自己是有效能的，而另一些人则在各种活动和环境中都表现出了很好的自我效能。具体来说，有的数学家在其自身的数学研究领域具有很强的自我效能感，但是他可能在文史或艺术领域就会缺少自我效能感；而有的数学家不仅在数学领域有很强的自我效能感，他在物理领域、计算机领域、艺术领域等都具有很强的自我效能感。数学家莱布尼茨就是一位多才多艺的大师，除了数学，他在众多领域中都有卓越的贡献，这些领域包括物理、政治、历史、法律、文学、哲学、宗教等。

如上所述，我们在进行自我效能感的讨论和研究时，一般需要同时从上述三个维度着手，结合不同的具体问题进行不同侧重点的讨论。

（二）自我效能感的测量

自我效能感的测量和评估是对自我效能感进行实证性研究的基础。由于研究者对自我效能感的概念和内涵有多种不同维度的理解，对自我效能感的测量也因此出现了两种不同的取向：

一种取向以耶路撒冷和施瓦泽的观点为代表。主张从一般个性水平上对自我效能感进行考察。他们相信有一种普遍的自我效能感，而不随领域的转移而变化，能够对普遍的自我效能感进行测量。然而另外一些研究却表明，用一般自我效能感量表测量到的结果实际上只能代表个体的自尊水平，对于个人的工作表现没有明显的预测作用。

另一种取向是以班杜拉为代表的从领域关联角度进行自我效能感的测量。认为个体在不同领域或特定功能情境中有强弱不一的自我信念，因此需要进行与具体活动领域相联系且有针对性的自我效能感测量，才能获得更为准确的绩效预测力。换言之，在某一领域中的高效能感不一定伴随着另一领域的高效能感，而为了取得具有解释力的预测性，对自我效能感的测量就必须针对特定的活动领域，表现该领域中不同的任务要求、所需要的能力类型和能力可以应用的情境范围。

后来，研究者们在班杜拉的观点的基础上，针对不同领域的自我效能感及其结构，制定了不同的自我效能感量表。例如，职业自我效能感、教师教学效能感、数学学习自我效能感等。这些不同领域的量表的应用和研究，对于自我效能感的进一步研究利弊兼有：一方面，多种类自我效能感量表的制定和使用，使人们对于自我效能感的研究更加细化、充分、丰富，并因不同种类的量表针对各种不同领域的特殊性而能够获得较高的预测度；另一方面，因为存在不统一的量表标准，不同的研究者所建构的量表依据都有不一样的测评标准，导致各个量表的测量效度的水平不一。

同时，自我效能感的测量还遇到了另外一个问题。如前所述，班杜拉认为，自我效能感具有三个维度：水平、强度和广度。有些学者依据班杜拉对自我效能感三维度内涵的诠释，主张编制能充分体现三个维度内涵的量表。而大量的研究实践证明，兼顾三个维度来编写自我效能感量表十分困难。

三、自我效能感的主体作用机制

从上述内容中我们可以了解到，自我效能感并不是个体对于即将面临的任务是否能够执行的被动预测,相反,它是一个主体能动的过程,通过一系列的方式影响着一个人的身心活动,从而构成了决定人类行为的一种内部原因。班杜拉(1977)在系统分析的基础上指出,自我效能感是通过若干中介过程实现其主体作用的。一般而言,自我效能感主要是通过四种中介机制发挥着对人类机能的调节作用,分别是认知过程、动机过程、情感过程、选择过程。这四种机制通常不会单独存在,而是通过协同合作来发挥作用。具体如下:

(一)认知过程

自我效能感通过不同的形式来影响认知过程,从而形成截然不同的行为结果。自我效能感对于认知过程的影响主要可分为如下几个部分:

1. 影响个体的目标设立

人们的大多数行为都是有目的性的,而目标的设立毫无疑问受到自我效能感的影响。自我效能感高的人就会倾向于为自己设立更高的目标,且在遇到阻力的时候更可能坚持下去。

2. 影响个体的认知建构

自我效能感高的人倾向于把情境看作能够实现目标的机会,他们往往将即将遇到的情境想象为成功的场景,这些积极的预期为后续的行为操作提供了积极的认知和指导。相反,自我效能感低的人,总倾向于将不确定的情境解释为有危险的、容易遭遇到阻力和失败的场景,这些消极的预期为个体带来了消极的认知,从而促使他无力面对或者干脆放弃对任务的坚持。

3. 影响问题解决策略的产生和使用

在现实生活中,我们经常会发现,在能力相似而自我效能感不同的学生当中,那些自我效能感高的学生在问题解决的过程中,会更积极地寻找较好的问题解决策略,并能更快地放弃错误的认知策略,问题解决决策快、效率高、效果好;而那些自我效能感低的学生,在面对问题时会较为犹豫,难以做出决断、难以展开行动,从而影响问题解决策略的形成和使用。

(二)动机过程

自我效能感在人类动机自我调节中起着关键作用。人类动机大多是由认知产生的,通过认知性动机,人们激发起其行为,并根据预先思维指导其行动。他们在已形成的能做什么的信念基础上,预期其行动可能带来的结果,为自己设立目标,计划达成目标的行动过程。

1. 自我效能感影响动机的发出

失调是自我动机发出的前提，人类的自我动机既取决于失调状态的产生，也取决于失调状态的降低。在自我动机产生的过程中，个体既需要主动控制行为，也需要反应性反馈控制，即通过主动控制，人们为自己设立有价值的挑战性标准，从而产生了不平衡状态，激发并指导其行为。而反应性反馈控制在个体随后达成期望结果努力的过程中发挥着调节的作用。在人们达成其追求的标准后，那些有高的自我效能感的人又会为自己设立更高的目标，进一步挑战自我，产生新的失调，开始新的动机和新的循环。

2. 自我效能感影响动机的维持

人类绝大多数社会生活都面临着各种困境，人们必须要有一种弹性的个体效能感，促使其能够维持成功所需的动机和努力。个体的知识和能力的获得，不仅需要个体付出努力，还需要个体在面临困境和挫折时能够积极面对和持续努力，而拥有这份积极和坚持的前提就是，个体需具有较强的、弹性的自我效能感。当人们面对困境和失败时，能够帮助其从困境中恢复自我效能感的速度决定了个体是否会产生自我怀疑或进行自我放弃，这也就是有些人能很快地恢复自我信心，有些人则不能的原因。在这个过程中，自我效能感发挥了重要的作用。

（三）情感过程

自我效能感对于焦虑、抑郁等情绪的产生和调节都具有重要影响。

1. 自我效能感对焦虑等情绪的唤起具有重要的作用

自我效能感影响个体在遇到应激事件时的紧张状态、焦虑及抑郁程度。情绪情感本身就是客观行为与主观体验的结合，当人们面临危险时，控制潜在的威胁性事件的自我效能感在焦虑唤醒中起着关键作用。危险、威胁、不安等是一种感受，并不是个体面临的情境和事件本身的固有属性，而是来源于人们对自己的认知，即个体对自己应对事件的能力以及对自己的能力是否能够预判、觉知事件的潜在伤害性并能良好应对的一种感受。认为自己效能高的个体在处理潜在威胁时，就不会显示出明显的焦虑情感唤醒；而与此相反，另一部分认为自己不能控制潜在威胁的人就会经历高水平的焦虑，他们此时的压力感上升、心跳加速、血压升高、儿茶酚胺分泌增加。因此，当人们相信他能够控制和应对事件的潜在威胁时，就不会产生恐惧性认知，也就不会产生焦虑情绪。

2. 自我效能感对于情绪控制和调节具有重要作用

其一，自我效能感对于焦虑、抑郁情绪等生理应激反应的控制具有影响，自我效能感会影响情绪状态的神经生理方面。如控制应激事件的自我效能感影响着内源性阿片肽系统的释放水平，这些生化反应对免疫系统的影响均通过自我效能感进行调节。其二，情绪调节自我效能感对于个体情绪的自我调节和维护起到重要作用。情绪调节自我效能感是指个体对于自己能否有效调节自身情绪状态的一种自信程度，对于情绪的紧张性具有维护和调节作用。研究者认为情绪调节自我效能感包括两个维度：表达积极情绪自我效能感和管理消极情绪自我效能感，高情绪调节自我效能感的个体能够有效应对压力、自如应对人际关系、提高主观幸福感，并减少焦虑、抑郁、犯罪行为、成瘾行为等负面情绪和行为。

（四）选择过程

1. 自我效能感能够影响行为的选择和坚持

自我效能感高的人往往倾向于选择那些与自己能力匹配并且能够具有挑战性的目标或任务。也就是说，个体的自我效能感能够帮助其预期自己在某些任务中获得成功的可能性，并有动力进行努力尝试，从而使其对于该项行为的信心更为坚定、坚持时间更为持久。这就是自我效能感对于任务目标的选择和坚持的促进作用。

2. 自我效能感通过对选择的影响决定其发展路径

人与环境是有交互作用的，人既是环境的产物，同时也是环境的创造者。因此，个体可以通过他所选择的环境或创造的环境来发挥对其选择的生活道路的影响。班杜拉称之为"三元交互理论"，认为"行为表现""个人因素""环境因素"三者之间存在交互影响作用。因此，个体的效能判断能够影响行为的选择和环境的选择，从而决定其发展路径。

人们往往一开始会回避那些超出自己处理能力的行为和情况，但是一旦他们觉得自己有机会能够应付，他们以后就会更乐于从事那些具有挑战性的任务和应对那些具有困难性的情境，而这个过程，便是自我效能感提高和发展路径选择提升的一个过程。也就是说，自我效能愈感高的个体，所选择的行为与情境愈具挑战性。而当一个人总是选择一个特定的、具有成长性的环境时，其在活动中所积累的经验也会对其将来各方面的发展产生影响，因此，这个特定的环境会对他形成锻炼、经验、肯定等正面影响，促使其产生发展性成长。自我效能感的强弱，不仅能够影响个体的选择过程，也能够影响个体对挑战和环境的接受与逃避，以及哪些人的潜力得以发挥、哪些人却被忽视了。班杜拉（1997）这样描述这一点："任何影响到选择行为的因素都能深刻地影响个体的发展方向。"

四、自我效能感理论的发展及应用

自我效能感理论一经提出,就因其对个体发展的重要影响而受到了教育、商业、社会等领域的积极关注和广泛应用。其一,自我效能感对于个体全程发展的重要作用受到重视和应用;其二,集体效能感作为一个衍生概念也受到了关注和应用。

(一)自我效能感的毕生发展观

个体在不同的发展阶段呈现出不同特性的自我效能感,即处于不同发展阶段的个体,其所面临的环境、活动形式和活动对象等的不同,决定了个体在不同的发展阶段,其自我效能感在信息来源、性质、结构、领域等维度上的不同;同时,个体自我效能感的差异又影响到了个体不同发展阶段的发展特征,这便是自我效能感对个体不同发展阶段的作用过程。以个体的社会化发展过程为主线,我们可以看到自我效能感在个体的不同发展阶段的影响源和发展特征都是有所区别的。

1. 自我效能感形成与确立阶段

个体自我效能感在最初的婴幼儿阶段是怎样产生的呢?班杜拉(1986)指出:"自我效能感的发展需要积累大量的由行动产生的直接效果,当这些行动被感知为自身的一部分,这时,婴儿就通过可辨别的直接经验把自己从他人那里、从客观存在那里区分出来。一旦婴儿把环境事件当作个人控制的对象时,他就获得了一种个人动因的信念。"

而在儿童的自我效能感的发展过程中,家庭、同伴和学校是极其重要的三种外部影响因素。

(1)家庭。家庭是儿童首先能够触及和面对的环境,其基本活动也主要在家庭中进行和开展,因此,儿童自我效能感发展的第一个来源就是家庭。让我们来看看家庭是怎么影响儿童自我效能感的产生和发展的。首先,早期的掌握性经验对儿童的自我效能感的发展有着极其重要的影响。在儿童最初的岁月里,父母通过给孩子提供他们可以操控的物品或其他物理环境,为孩子提供掌握性经验,从而促进了儿童动因感的发展。其次,父母也为孩子自我效能感的发展提供了替代性经验。孩子由于活动能力有限,很多需要的满足依赖于父母。父母如果对儿童的试探性交流有所反应、给儿童提供丰富的活动环境、允许儿童自由探索,那么儿童很快就会学会通过自身的社会性行为和语言去影响周围的人,并通过父母去完成一些自己尚且无法做到的事情,从而在这种父母帮助和回应的过程中获得替代性的自我效能感。最后,语言的学习和使用,为儿童思考和表达他们自己的经验提供了符号化、外显化的手段，这给予了他们该做什么和不该做什么的自我认知和评价，并且使他们能够理解成人对他们的评估，获得言语劝导方面的信息。

研究发现，在家庭中，父母的一些行为或教养方式对青少年儿童的自我效能感发展影响很大。如果父母给予子女更多温暖、关心和理解，则有助于子女形成较高的自我效能感，而负面的、缺乏共情与温情的养育方式则不利于子女自我效能感的发展（钱铭怡，1998）；父母的正面诱导和监督行为能明显导致子女自我效能感的积极变化，而父母如果用惩罚和放任性的教养方式，则会导致子女自我效能感的消极变化（英格尔茨比，2003）。

（2）同伴。伴随着儿童成长，其活动范围从家庭扩展至外界和人群，这时儿童的交往对象渐渐变得以同龄人为主，同伴的交往慢慢成为儿童自我效能感发展的主要途径。同伴关系在自我效能感的发展中主要发挥着两个方面的作用：其一，那些能力较强、富有经验的同伴为儿童的行为和能力判断提供了有效的榜样示范，通俗来讲，对于孩子而言，看到与自己年龄相当的伙伴做得到，就直觉地认为"我也可以"；其二，由于年龄和经验上的相似性，同龄伙伴为比较性效能感的评估和验证提供了大量信息参考点。"因为同伴是发展和证实自我效能感的一种主要力量，所以破坏或剥夺同伴关系对个人效能的发展会产生不良影响。"（班杜拉，2003）

（3）学校。学校作为培养个体认知能力和促进个体社会化进程的重要场所，对儿童自我效能感的发展起着重要的作用。其一，学校为儿童的自我效能感发展提供了类似于标准的要求和评估。在学校，决定儿童自我效能感的知识和思维技能，会被学校不断地通过训练发展、确认验证、考核评估、奖惩激励等方式进行教育、比较和促进，这种过程在学校教育中对于儿童自我效能感的发展无时无刻不在产生影响。其二，教师的自我效能感、期待等相关品质对儿童的自我效能感产生影响。例如，由于教师的言谈举止和能力判断水平对儿童起到示范作用，因此缺乏信心的教师无法培养出判断能力较高的学生。在教学过程中，教师对学生所形成的不同期待对学生的自我效能感发展具有很大的影响。就如著名的"罗森塔尔效应"所揭示的道理一样：教师的积极期待能够促进学生的自我效能感提升，而教师的消极期待则会降低学生的自我效能感。并且，教师期望能很好地预测学生自我效能感的变化。（郑海燕，2004）同时，教师如果能够有效地将自己的积极期望通过相应的行为传递给学生，让学生感受到其热切的期待，学生会感到自身的价值得到了肯定，从而进一步提升前进和努力的动力。

2. 青春期自我效能感的发展

在青春期，青少年面临着诸多走向成长和成熟的挑战，而其自我效能感深刻地影响着这些成长和成熟的实现，也在这一过程中得到锻炼和加强。首先，年龄的增长和学习生活任务的加重，使他们需要承担对生活的责任，这就需要他们学会和掌握生活所需的各种知识技能；其次，朋友之间的关系对于青春期的青少年极其重要，他们需要在同龄人中获取认同，因此更需要具有合理、有效地处理各种人际关系的能力和经验；最后，青少年是飞速成长和实现理想抱负的时期，他们需要获得更为丰富的自我知识，更加有效地控制和调节自己的行为，需要到更加广阔的社会活动领域中，去发展、评价、验证自身的生理能力、交往能力、语言技能和认知技能。与此同时，青少年已经具备一些基本的社会认知能力和社会比较能力，这使他们能够在成长过程中，在与各种社会关系的互动中，更加积极、主动地接受榜样信息和示范作用，获取大量的替代性经验。所有这些过渡经验为他们确立和发展进一步的效能判断提供了内在力量，大大扩展了他们的自我效能感，也为他们未来的成人生活奠定了坚实的效能基础。

研究生处于青春期向成年期过渡的阶段，面临着更多重要的人生任务和发展课题，而能否应对、驾驭和处理这些发展任务，青春期自我效能感的确定性就显得十分关键。因此，青春期较强的自我效能感对研究生阶段的能力增进及行为实践具有极其重要的动机作用。

3. 成年期自我效能感的稳定与挑战

自我效能感在成人期的各个生活主要领域的水平基本上已经趋于稳定，不过，这不是一种绝对的稳定。在成年初期，个体需要学会应对和处理在同伴关系、同事关系、婚姻关系和父母身份中产生的各种新的问题和社会性需要，其中最为主要的是职业角色和家庭角色的适应和完成。同时，现代社会的更新变化也不断地对个体的能力更新和提升提出更新、更高的要求，这使个体需要不断地获取知识和发展技能，并进行效能判断和再评估。到了成年中期，个体在生活、工作、感情等各个方面都处于相对平稳的状态，因此其在主要领域中的自我效能感显得比较稳定。而过了成年中期，人们不得不面临一些生理、能力和智力上的挑战和限制，特别是那些主要依靠体能或对体能有特殊要求的相关职业的从业人员，如运动员、服务员等，随着年龄的增长必然会导致体能和状态的下降，这时，个体一般会慢慢地降低对其自我效能感的评估和期待，或转入其他领域的职业和生活，从而进一步发展其他领域的自我效能感。

4. 老年期自我效能感的持续发展

老年期自我效能感的发展具有两面性：一方面是人们认为由于身体机能下降，老年人的某些自我效能出现衰退现象，这时生理机能作为中介因素，对于老年人的自我效能感的稳定性和发展性产生了负面的影响；另一方面，随着年龄和阅历的增长，老年人在知识、经验、技能、业余专长等方面的积累和优势能够弥补一些他们在体力和反应方面的不足。

人的某些生理技能会随着年龄的增长而衰退和老化，但是那些社会心理机能并不一定就会受到损害。例如，随着年龄增长，老年人的知识、技能和经验会随之积累，变得更为丰富，此时，这种优势不但可以弥补某些身体机能的衰退，还可以具有一些年轻人所没有的优势。因此，在老年期，维持老年人自我效能水平的关键，是社会对老年人以及老年人对自己的合理的重新评估。老年人如何在社会生活中继续发挥作用，怎样合理地看待自己，关键在于对自己的自我效能感进行重估，并充分发挥自我效能感的主体作用机制。

以上介绍的自我效能感的毕生发展观，从个体发展全程的角度探讨了自我效能感的产生、发展与变化，为个体培养和增强自我效能感提供了科学参照和有效路径。因此，个体要提升自我效能感，不仅要确定和评估自我效能感发展具体阶段，还要有效运用合理的内外资源，理性认识来自各方面的挑战和自我效能感发展的新任务，科学应对个体在成长过程中面临的自身和外在社会环境变化的新要求，不断评估、重估与发展自我效能感。

（二）集体效能感

集体效能感指的是团体成员对团体能力的判断或对完成即将到来的工作的集体能力的评价。集体效能感并不是集中于团体操作能力本身，而是着重对于团体操作能力的判断和评价。因此，这里的效能感不是一种一般的特质，而是与具体的情境和任务相关的一种评估。并且，集体效能感不是个体属性的简单相加，也不是整个团体的属性，而是团体中的个体在相互作用的动态过程中所创造的一种新的属性。研究生的学习和成长离不开集体和团队的作用，对集体效能感的讨论有利于探讨和思考研究生所在的研究团队、社会实践团队等的集体效能感发挥和个体效能感的提升。

1. 集体效能感与个体效能感的关系

集体效能感来源于个体效能感，但又不能认为是个体效能感的简单相加。集体的成就是一个系统动能，它不仅是团体内所有成员基于共同目的，发挥共有知识与技能，共同努力和奋斗的产物，也是他们在一起行动的过程中相互作用、相互配合的结果。在同一社会系统中，集体的行为表现涉及团体内部的交互作用，因而集体效能是其成员在相互作用和相互协调的动力过程中的产物。集体效能感的产生，与团体中的个体品质和能力相关，也与个体之间的关系质量相关。一个团体，如果是由团体不信任者构成，那么无法形成有效能的集体力量；如果团体成员之间信任度低、关系易破裂，各自为政，也必然会导致团体的失败；另外，从关系质量角度来说，即使一个团体都是由自我效能感高的个体组成，但如果他们之间不能互相信任、互相合作、互相配合的话，其所在团体也不一定能产生出较高的集体效能感。

2. 集体效能感的应用

对集体效能感的应用研究主要集中在学校、企业组织、体育团体、竞技小组等领域。各个领域的研究都表明，知觉到的集体效能感越强，群体在活动中的动机和抱负水平就越强，在困难、挫折、压力面前的弹性、持久性就越强，群体的行为绩效也就越好。

对于研究生群体来说，在其学习阶段离不开导师团队、课题组、实验室等团体，这些团体都会要求研究生协同工作，通过共同努力解决面临的任务和问题。因此，对团体中的个体自我效能感发展的关注离不开对其所在团体的集体效能感、群体工作效率、目标、团队成员之间关系、核心成员行为表现等因素的关注。

第二节 研究生自我效能感的影响因素

自我效能感并不是与生俱来的，而是在个体成长和社会实践过程中锻炼、培养而获得的。因此，对研究生而言，想要通过培养自我效能感从而增强心理资本，第一步就是要了解推动和促使自我效能感形成的影响因素，从而有的放矢地进行自我效能感的培养和发展。

一、自我效能感的影响因素

探究自我效能感的信息来源对研究生培养自身自我效能感至关重要。班杜拉提出了自我效能感形成的四种主要来源：一是以往成功或失败的经验，也被称为"亲历的掌握性经验"；二是他人的示范效应，也叫"替代性经验"；三是社会劝说，指说服人们认识到自身已具备获得成功的能力；四是情绪状况和生理唤起。这四种不同的自我效能感信息对个体自我效能感的形成产生或独立或综合的影响。

（一）过去的成败经验

过去的成败经验，即"亲历的掌握性经验"，指的就是个体通过亲身行为操作而获得的关于自身能力的直接经验。（班杜拉，2003）由于能产生比替代性经验、认知模仿和言语劝导更为可靠和普遍的效能信念，所以亲历的掌握性经验对于个体自我效能感信息来说是最主要的来源。亲历的掌握性经验主要表征是成功与失败，成功能够激发较高的自我效能感，而失败则与之相反，特别是在个体的自我效能感未成形之前，成败的影响就格外明显。

通常来说，较高的自我效能感往往是某人在某一行为上完成得较为出色或成功地学会和掌握良好的技能。但另一方面，这种联系并非是绝对的，效能感的提高并非完全与行为的成功亦步亦趋，失败也未必会降低自我效能感。相同水平的成功既可能提高自我效能感，也可能不会产生影响，甚至会降低自我效能感。如一个对自己期待很高的学生，即使考了第一名，但由于平时没自己学习好的人也考了同样的成绩，从而会认为自己并没有进步，而是退步了；而有的个体偶尔遭遇失败，但通过个人的努力最终克服，则可以锤炼其意志力，自我确证自身具备战胜磨难的能力，增强自我信念和自我效能感。总的来说，个体经验对个人的自我效能感的影响同时受制于以下因素：

1. 先前的自我知识结构

个体现有的知识结构对个体探索、阐释、应对所遇情境和任务，以及对自我具备的现有知识能力能否应对面临任务的判断和评估等具有重要的影响作用，在这个过程中，个体先前的自我知识结构就影响到自我效能感的高低判断和对任务的应对姿态。

2. 对任务的难度知觉

对任务的难度判断影响了个体对自我效能感的评判。如果个体对任务的认知和判断是简单易行的，那么个体不会因为完成这样的任务而感到自我效能感的飞涨；如果个体对任务的判断是艰巨的，那么个体也不会因为一时的停顿和困难而在自我效能感上体验到挫败，反而会因为艰巨任务的完成而发展了个体新的能力，促使自我效能感的确认与提高。

3. 行为的背景因素

这些背景因素包括他人的帮助、可利用的资源或设备的充分性等，这些都会影响到行为表现在效能评估中的作用。如依赖他人助力可能会削弱成功经验在提高个体效能判断中的价值。

4. 努力程度

努力程度会影响到个体对自己能力的推断。如果付出很多努力才取得成功，可能会降低个体对自己能力的估值。

5. 自我监控倾向

自我效能感如何解释行为操作的成败和行为操作中自我监测的倾向性的影响。沉浸在消极经验的人，常常会过低评价其效能。就像同样考了99分，有的人兴高采烈，但有的人则痛苦懊恼，总在想"为何丢掉一分"，从而对自己不能产生正面的认知。

（二）替代性经验

以往的成功或失败经验并非个体效能信息的唯一来源，替代性经验也是获得自我效能感的重要来源。替代性经验是指通过观察他者的行为选择、操作及结果，并以所观察到的现象作为自身活动的预期、自身能力的期待。例如，对他人的成功过程的持续注视，就产生自己可采取相同方式取得成功的感觉。相对地，对失败者的观察会使个体规避失败者进行过的同类活动。

效能判断在某些条件下更依赖替代性经验所提供的效能信息。当个体能力评价的直接经验匮乏时，相关榜样就成为左右效能判断的信息来源；当个体行为表现的评价依据缺少时，他人的表现就是效能判断的依赖来源，这时，自我效能判断中的社会比较性信息就至关重要。

由于获得替代性经验的观察模仿和象征模仿主要通过参照比较实现，所以替代性经验作用于个体效能感的形成受到以下因素的制约：

首先，观察对象的相似性。包括榜样、行为操作、努力和环境的相似性。当设想与自己能力相仿的示范者取得成功时，就能够增强自我效能判断，并确信自己在相近情境下，可以顺利地完成类似的行为操作；相反，当个体看到一个和自己差不多的人，费尽心思、历尽磨难却屡战屡败，就可能会降低对自我效能的判断，认为一切努力和尝试都是不值得的，注定会失败。其次，示范的方式、范例的数量和多样性、榜样本身的能力和权威性等因素，也会影响到替代性经验对观察者效能判断的影响。

（三）社会劝说

社会劝说也叫言语说服，是指他人的说服性鼓励、劝告、训诫或暗示，是他人试图帮助个体能够正视和确信自己已经具备了成就的能力的一种方式。因此，言语说服是强化个体认为自己已经拥有了某种能力信念的有效手段。当被说服者相信自身拥有掌握和完成某种任务的能力的话，那么他在遇到困难时就会更有可能付出更多的努力，并维持这种积极的状态。

言语说服也有缺点：首先，言语说服与个体亲历经验相关性不高，因此孤立的言语说服对自我效能感形成的影响作用是有限的，不像亲历经验一样真实和有说服性，也没有替代性经验的直观性深刻影响；其次，言语说服所形成的自我效能感有可能是不稳固的，容易在个体面临特定困境时不适应或失效。基于以上两点考虑，如何巧妙、适时地运用言语说服是非常重要的，下面是关于有效使用言语说服的注意事项：

第一，反馈时机。在个体技能发展的初期，给予其针对个人能力的评价性反馈能够有效提升其效能信念，这个时段对于能力的正向反馈能够极大地促进个体自信心和自我效能感的发展。例如，对于刚进入研究生阶段、适应不良、自信不足的研究生来说，适时地给其关于既往学习能力的反馈，有利于其确信自己可以迅速适应新阶段的学习要求。

第二，反馈方式。反馈对效能感的影响是辩证的，肯定性评价并不一直都能提升自我效能感，有时候建设性的批评和建议反而会对某些个体的自我效能感提高更为明显。例如，对于暂时卡顿在科研工作中的研究生来说，若能帮其指出问题，给予适当、准确的建议、指导，那么对其自我效能感提升的帮助远大于单纯的言语鼓励。

第三，劝告者。劝告者的地位、威望、专长和说服内容的可信性等因素的差异都会产生不同的说服性效能信息。重要人物对处于自我怀疑阶段的个体表达信任或积极性评价，个体的自我效能感会更容易增强。例如，对于研究生的言语鼓励和说服，导师的话语起的作用就会比其他人要有用。

（四）情绪状况和生理唤起

个体进行自身判断离不开其身体和情绪所提供的躯体生理信号。尤其是在身体运动、健康功能和应付应激的活动领域，效能判断更是直接与躯体信息相关，更依赖生理和情绪所提供的效能信息。在这些活动场域，个体往往倾向于把应激的高压力情境中的生理活动状态当作身心机能是否会失调的信号。首先，高度情绪唤起和生理紧张状态会影响行为操作的进行，容易使人预估到自己可能无法成功；其次，个体如果出现了对行为、事件、情境无效控制的应激反应，会使紧张情绪加剧，甚至会出现异常焦虑、极为抑郁的情绪状态，这些状态通常会导致个体认为自身能力严重不足；最后，随着机体无效能的出现，个体会经常感到疲劳、疼痛、身体发抖等生理现象，因此个体的无能感也随之增强，这种状况强烈地干扰着个体的效能判断，降低自我效能感。

从上面的分析，我们可以看出，生理和情绪状态所提供的信息对个体效能的影响并非是直接决定性的，而是必须通过个体的认知加工才能够发挥作用。因此，在效能判断过程中，探索生理当前状态诱因的认知评判、生理唤醒的强度、活动环境、解释方式等都是影响个体判断和认知的关键因素。其一，外部环境影响着人们对内部状态的解释。所以，随着人们所处环境因素变化和人为赋予环境不同意义，生理状态对效能判断的影响也随之改变。其二，中等强度的唤起可以使注意力聚焦，保障高效运用自身技能，而高度唤起则可能过犹不及，导致活动性质遭到破坏。其三，情绪在个体效能判断中具有重要影响，积极的情绪增强自我效能知觉，沮丧、失意则与之相反。并且，情绪的激烈程度与对效能信念的刺激呈正相关关系，情绪越激烈，影响就越大。

二、影响学生自我效能感的主要因素

一些学者针对班杜拉提出的四种效能影响因素对学生群体进行了进一步的研究，提出一些更具体的影响因素，如目标设立、信息加工、榜样、反馈和奖赏等。

（一）目标设立

无论是自我设定目标和预期，还是家人、师长给予的期待和厚望，目标一旦确立，学生就会体验到实现目标达成过程中的自我效能感。例如，学生会为了约定与承诺，去组织或参加各类他们认为对实现目标有作用的活动和实践，并尽全力取得好成绩。同时，在实现目标的活动实践之中，学生通过实践反馈或习得性技巧来确证自我效能感。目标设立对于自我效能感的影响有以下特点：

1. 目标的性质

目标的性质，如接近性、具体性以及达成的难度，决定着目标对于自我效能感的影响。个体效能感的增强如果通过一个个次级子目标来实现的话，就能更容易达成。没有针对性的暂时性的一般目标很难一下子提升自我效能感，就如班杜拉（2001）解释的：在没有衡量个体成就标准的情况下，个体在判断自己做得如何时，就缺乏相应的依据。同时，由于时间上的相距甚远，远期目标也难以为个体效能感提供显著而明确的作用。申克在1999年进行过一次实验，给儿童设定近期目标、远期目标、一般目标，并且不对儿童进行直接指导，结果证实了近期目标在提高个体问题解决的评价动机和技能获得的同时也强化了个体的自我效能感，而远期目标和一般目标无法达到其效果。

2. 目标的难易

刚开始进行技能学习的时候，简易目标的实现能快速提高自我效能感。而进入深度学习后，技能的获得往往是在难以实现的目标之中，较难的复杂活动蕴藏着个人能力实现的大量效能信息。与此同时，较之于一般广泛目标，个人判断与具体操作标准相结合的目标实现更容易达成，随之更多能力信息也蕴含其中。

3. 目标的种类

目标可以分为过程目标和结果目标，二者的作用不尽相同。二者的区别在于：过程目标以实践之中的手段为主，包含帮助学生更好完成学习任务的技术和策略，这就涉及学习策略和系统计划来改善信息处理和完成任务。结果目标关注的是实践的成果，即学习的内容或者达成的学习效果。二者对于自我效能感的影响也有不同：结果目标往往在提高学生的自我效能感和学业表现上不尽如人意，因为较之于结果目标，过程目标能使学生接触提高技能的手段，并将其内化于自身，这极大促进了自我效能感的获得。过程目标的自我效能感的获得一直存在于正在进行的任务中，而不是在完成任务的一刹那。学生一旦意识到自己在学习和运用一种有效的策略，就会持续迸发出贯彻策略的主动性，而结果目标则不能实现这一点。若只重视结果目标，就不能传达技巧、手段和策略等重要的效能信息，会妨碍学生系统地探索并运用各类学习技能。

(二) 信息加工

学习任务之中，学生需要对所接触学习材料进行信息加工，这一过程就会产生依据自身学习状况为基础的认知信息。主要分为以下情况：

1. 对于学习材料的理解

那些感觉难以理解学习材料的学生，信息加工过程中的自我效能感就会较低，而那些认为自己能够有效地应对材料信息加工的学生，就能获得较强的自我效能感。若学生能很好地理解学习材料，那他就有可能产生较高的自我效能判断和较强的学习动机；相反地，就会产生消极的自我效能判断和较低的学习动机。当然，有时的情况并非总是如此，如果学生虽然觉得自己不能很好地理解学习材料，但是若能确认自己能够运用一定的策略将学习材料完成得更好，也不妨碍他们自我效能判断的有效实现。

2. 对于学习策略的运用

学习策略是否被运用于学习资料的信息处理，会产生不同学生的自我效能感。学习策略的运用，一方面提高了学生的各种技能，提高了学习成绩，直接提高了学业自我效能感；另一方面也会使学生在学习中产生一种胜任感，对学习产生一种掌控感。申克（1989）在实验中使用过一种学习策略，让学生把他所使用方法的所有步骤都大声讲述出来。这种策略的言语化使学生注意到所进行任务的关键点，有利于策略编码和回忆，有助于学生进行系统学习。策略的言语化反映着学生的活动的自为性，由于是学生自身对策略的完全掌控，所以同样会强化学生的自我效能感。

3. 所需心理努力程度

自我效能感还与学习时的心理努力等有关。萨罗蒙（1984）研究了学生根据电视和书面材料来学习时的自我效能感。学生的任务是观看电视、阅读可比较的课文材料，判断学习所必需的心理努力程度。结果发现，学生认为阅读课文的心理努力越多，阅读课文材料的成绩就越高；就阅读课文材料而言，自我效能感与心理努力和成绩呈正相关；而通过电视学习则不一样，呈负相关，那些观看电视而觉得自己更有效能的学生，付出的努力却更少，获得的成绩更低。

（三）榜样

除了家庭和社会各因素，学生替代性自我效能信息的主要获得渠道，是来自学校中的教师和学生。学生会对教师和学生的行为进行观察，并尝试模仿那些成功的榜样、示范、典型，会规避甚至畏惧那些自己所观察到的失败行为。因此，榜样在发展和促进学生的自我效能感上意义重大。榜样对学生自我效能感的影响有以下特点：

1. 学生个人经历，榜样的性质、特点

学生个人的经历如果与榜样有相似性、共通性，学生会更有自信向榜样靠近；榜样的可接近性、可观察性、人格品性等都会影响学生对榜样的学习和自我效能感的提升。与榜样的相似性是影响学生自我效能感的因素之一，关乎着学生的学习动机、过程以及结果，而主要体现就是观察者与榜样能力的相似性。因此，同伴的榜样比老师的榜样在学生自我效能感的提高上更有效果。在缺少效能评价线索时，相似性就更为重要。年龄相仿、能力相近的同伴榜样通常会给学生提供更多效能评价的线索，激发学生在相似条件下勇于尝试。此外，榜样的威信、榜样与观察者的关系等都会影响榜样对观察者自我效能感提高的效果。

2. 个体后续的行为体验

个体模仿榜样的后续行为体验对于其自我效能感的作用也是不可忽视的。如果替代性经验被随后的个体行为经验所证实，则进一步加强自我效能感，否则先前的替代性经验对自我效能感的增强作用只能在短期内有效。

3. 多个榜样的效果

多个榜样示范比单一的榜样示范效果更好，因为这样既大大增加学生找到相似榜样的可能性，同时也为他们提供了可以进行权衡的多样效用信息。

（四）反馈

反馈是影响学生自我效能感的一个重要途径。反馈有三种形式：归因反馈、行为反馈、策略反馈。

1. 归因反馈

归因反馈将学生的成功和失败归于某种或多种原因，为学生提供有说服力的有效信息将二者联系在一起。当然，归因反馈还要求掌握极为合适方式和把握恰当时机。

（1）内归因和外归因的应用。如果把学习的成功归结为运气和机会，或将学习的失败归咎为能力不足，这些都会降低个体自我效能感；相反地，如果将学习的成功归结为自己的努力和能力，而把失败归咎于自己的努力不够，就会增强个体自我效能感。

（2）应当正视早年成长之中的反馈。早期的成功往往说明个体具备较高的学习能力，这一期间的能力反馈对绝大多数普通人来说更可靠、更能提升自我效能感。申克（1982）为了探明归因方式和归因时间对自我效能感提高的影响，他把先前的成功与努力相联系的努力归因与未来的行为与努力相联系的努力归因相比较，发现前者更能使自我效能感、动机和技能得到更好提升。

（3）能力归因反馈更为重要。研究发现（1983）对过去的行为成就只给予能力归因反馈组，比只给予努力归因反馈组、给予能力和努力两种归因反馈组和不给予反馈组，更显著提升学生的自我效能感。有趣的是，努力归因反馈会抵消掉能力归因反馈的部分效果，所以给予能力和努力两种归因反馈组与只给予努力归因反馈组之间几乎没有差异。在1984年进行的研究中又发现，在不断给予归因反馈的条件下，先给予能力归因反馈在自我效能感的改善效果上，比先给予努力归因反馈要好一些。

2. 行为反馈

行为反馈，首先是自我反馈和自我监督，当学生能从行为中感知到进步，就能提高自我效能感，确立积极的动机并能更快实现目标。其次，除了自我监督，还有教师对学生行为绩效的评价，也会带来自我效能方面的丰富信息。布鲁斯·塔克曼（1965）提出教师对学生行为肯定性的、赞扬的评价会转化成学生的高质量的自我效能感并促进学生行为结果的高产。但评价反馈不能局限在行为结果，而是聚焦过程，即行为的质量，否则学生的自我效能感也不会增长。

3. 策略反馈

策略反馈也可以强化自我效能感，因为它向学生传达着：有策略的学习将会是卓有成效的，策略既促进学习也能锻炼技能。

（五）奖赏

奖赏实质是一种外在的效能强化，它能够为行为主体提供大量信息，并可以促发个体形成新的行为动机。班杜拉认为，对于那些成长和技能处于稳定期或缓慢增长期的个体，适当的外部强化有助于其获得大量的自我效能感。其一，作为外部强化的奖励强化人们的荣誉感和使命感，促使他们为了掌握新的知识和技能而努力学习，向新的目标前进；其二，以外部为镜，外界所提供的信息让处于复杂活动之中而自我盲视的人清晰明了自身的进步。所以，使学生一定程度上建立起将高分、成功、赞扬等此类的奖励与自身行动和能力相联系的能力，就能让学生更了解自己行动的积极结果，这也能够极大地提高学生的自我效能感。

三、导学关系对研究生自我效能感的影响

国内外研究指出，学生的发展受到其与重要他人关系的影响。较高的自我价值感的形成离不开他人的认同和支持；如果他人的信任和支持不足，学生心理和行为都可能出现问题。

教师与学生是教育活动中最重要的两端，师生关系对学生的成长至关重要。良好的师生关系既能帮助学生抵御生活中负面事件的冲击，也能帮其弥补原生家庭消极关系带来的缺失感与缺位。如好的教师对学生生活参与，能满足学生在亲近、能力、自主方面上的需要。在师生关系接触中，研究生的师生关系联系最为密切。导师无论在情感支持、智力指导还是社会资源上，都对研究生的自我效能感和生涯发展起着十分重要的作用。我国目前的研究生教学管理体制是导师负责制，研究生导师会对学生在学习、科研、品德、生活等诸多方面进行辅导。同时，研究生在读期间学业等各方面的压力往往较大，需要在导师的指导下才能完成研究工作，这就使师生关系对研究生学业的影响更强。导学关系对研究生的自我效能感的影响有以下特点：

（一）导学关系与研究生自我效能感呈正相关

当研究生认为其与导师的关系质量较高时，就更可能具有较高的自我效能感。自我效能感对研究生身心健康、学业发展和个体成长具有显著的促进作用。作为教育工作者，尤其是研究生导师，更要重视师生关系。良好的师生关系不仅可以有效提高教育质量，而且可以提升研究生的自我效能感，增强研究生积极发展和自主成长的原动力。

（二）导学关系会通过影响研究生的专业认同程度影响其自我效能感

有学者指出（楚啸原等，2021），专业认同是师生关系与学生自我效能感的中介与表现。差的师生关系中，研究生有更大概率出现专业认同较低，而这一现象会进一步导致低自我效能感。这类研究揭示了师生关系对研究生自我效能感影响的理论机制，同时为解决师生不良关系的高校教育工作者提出有针对性的思路。对于师生关系不良的研究生，可取的方法有两项：一是可以通过改进师生关系进而避免出现专业认同及效能低的问题，

二是可以把注意力放在自己的专业认同上。进一步研究发现，那些对导师的负面评价高度恐惧的研究生，更容易被导学关系影响到专业认同导致自我效能感降低。这是由于这些研究生更容易注意到负面信息，并更倾向于对模糊信息进行消极解释，更多地将导师的批评和负面情绪解读成自己不适合、不胜任学习这个专业，导致自身自我效能感迅速并持续降低。

第三节　自我效能感对研究生个体发展的作用

目前，自我效能感理论的应用主要集中在学校教育、临床医学心理学、专业咨询、组织管理、体育等领域。越来越多的研究表明，自我效能感在个体和集体的活动中起着非常重要的作用。本节将着重讲述与研究生培养息息相关的学生心理健康、学业和职业指导方面自我效能感的应用情况。

一、自我效能感与研究生心理健康

时代的发展变化、学业任务、个体发展任务等多重压力，使当今社会的研究生在心理健康方面面临挑战。焦虑、抑郁、强迫等情绪表现和病症困扰在研究生群体中屡见不鲜，而高自我效能感对于负面情绪具有调节作用，并有助于促进积极情绪的产生，这对增加研究生的心理健康和心理资本具有重要意义。

（一）自我效能感对焦虑情绪的效能调节

焦虑往往是一种没有明确引发原因又令人不愉快的紧张状态。普通人在遇到困难或从事危险工作时会感到焦虑，并预感会出现不利的情况和危险。比如人们常常在意其他人如何看待自己，担心自己被别人轻视，从而受到社会评价、焦虑的折磨。又如学习压力大的学生往往担心考试失败，会对考试产生焦虑感。一般焦虑是正常的心理状态，而不是精神疾病，有时反而可以帮助人们应对迫在眉睫的危机。因此，只有当焦虑的程度和持续时间超过一定范围时，才会构成焦虑症。

人的焦虑不仅是由于无法应对环境的威胁，而且是由于自我控制不力和心理功能暂时失衡造成的。也就是说，焦虑主要是由个人的行为和认知无力应对潜在威胁，而不是实际的控制能力引起的。那些认为自己可以控制风险因素并能够有效应对可能出现的意外威胁的人就不会产生焦虑，而那些认为自己无法控制潜在有害或有害事件的人则产生焦虑。因此，低自我效能感是引发精神焦虑障碍的重要因素。

巴比等人（2003）进行的一项研究发现，咨询教育专业的学生实习期间，咨询自我效能感和焦虑程度明显呈负相关，咨询自我效能感较高的学生在实习期间的焦虑程度较低，而咨询自我效能感较低的学生在实习期间表现出较高的焦虑程度。咨询培训提高了学习者的咨询自我效能感，焦虑程度明显下降。梁宇颂（2004）、钱铭怡（2006）等的研究表明，学业的自我效能感与学生的焦虑程度有显著的负相关，学业自我效能感高的人学习过程中的焦虑程度较低，学业自我效能感低的人焦虑程度较高。

自我效能理论认为，个体认为无法处理他们遇到的危险和复杂的事件是产生焦虑的原因，也就是说，在处理相关事件时自我效能感低下是造成焦虑的主要原因。因此，在对研究生焦虑情绪的调节及干预工作中，可以通过改变研究生个体的认知，增强其应对挑战性事件，如学业、人际、挫折等的自我效能感，来达到降低研究生的焦虑情绪体验和行为的目的。如提供学术交流、集体活动等实践锻炼机会，为研究生创造出适当的环境条件和锻炼平台，使其能够获得亲历的成功经验。同时，为达到这种成功体验的目标，学校可以采用各种行为控制的方法来进行保障。例如，导师指导、同门协助、同学互助、经验分享等，使研究生更有资源（人际资源、技术资源等）来应对困难和挑战。这种成功的体验能够帮助研究生体验和认识到自己担心的不好结果可能不会发生，从而减轻焦虑情绪。

（二）自我效能感对抑郁情绪的效能调节

抑郁是较常见的、较复杂的负面情绪，主要表现为消极情绪的急剧增加和明显缺乏积极情绪。研究表明，抑郁症患者包含更多的负面情绪，如羞耻、悲伤、自我厌恶、恐惧、厌恶和愤怒，缺乏快乐和兴趣等。在调节技术方面，抑郁症患者在习惯了对负面情绪反复思考、倾注过多的时候，往往会沉浸其中；而当他们感受到积极情绪时，更容易忽视和压抑它们，也不太可能感受到积极情绪。抑郁症患者的情绪与情绪调节的大方向（减弱负面情绪和加强积极情绪）背道而驰，这是抑郁症状增加的主要原因。

班杜拉（1992）认为，产生无效能感，不能给生活带来令人满意的积极结果，是各种形式的抑郁爆发的常见主要因素。影响个人抑郁产生的自我效能信念有三种：第一，人们可能觉得无法达到绩效标准，从而缺失满足感；第二，人们可能觉得他们无法与他人建立令人满意的合作关系；第三，人们可能觉得他们无法控制抑郁思维。

此外，产生抑郁与对两种结果的期望有关：积极和消极的生活事件期望和有效使用情绪调节策略的期望。如果结果非常有价值，预期很高，而对自我效能的期望值较低，就会出现抑郁。

研究表明，经常关注负面的生活事件和表达失望会导致抑郁的恶化和持续，当人们投身于积极改善生活质量的活动时，抑郁就会消失。通过认知重建提高控制抑郁情绪效能的研究表明，当人们控制经常关注负面的生活事件和想法的效能低时，就会促进抑郁生成，并影响其持续时间和频率。因此，运用自我效能感理论对研究生抑郁情绪的干预，可以通过建立综合考评体系、丰富实践平台等方式，引导研究生发现、重视和发展自身能力特长、用多维立体的视野去规划和评价研究生发展阶段，聚焦自身优势、培养积极自我效能感，增加正性情绪体验。

（三）自我效能与成瘾行为

所谓成瘾，是指一个人不受控制、反复地渴望从事某些活动（赌博、上网、电子游戏等）或滥用某些物质（毒品、酒精、药品等），个体知道这会给自己带来各种负面影响，但仍然无法控制自己，这种由个人形成的成瘾活动称为成瘾行为。其中，吸毒、酗酒、药物成瘾等，被称为物质滥用，网络成瘾、电子游戏成瘾、赌博成瘾等，被称为心理依赖。无论成瘾行为是哪一种，目标都是获得一定程度的特殊心理体验，即短期的快感。目前，在研究生中，上网、酗酒、暴饮暴食等一些成瘾行为也在呈上升趋势，这不仅严重危害研究生的身心健康，也对研究生学业成就和个体发展带来严重的影响。

成瘾行为的形成可能与多种因素有关，包括容易获得成瘾物质、诱惑或同伴影响等社会因素，缺乏有效的心理防御机制和应对措施等心理因素，以及一个人对成瘾物质和活动的依赖或耐受性之间的差异的生理因素。对于研究生群体来说，有的研究生面对学业、人际等压力，为了减轻他们的精神痛苦或避免这些被认为无法解决的问题，逐渐形成了无法控制的成瘾行为。在高校研究生心理咨询工作中我们发现，女性研究生的成瘾行为多为暴饮暴食、过度减肥等，男性研究生多为上网、酗酒等。

自我效能感理论在成瘾行为中的应用研究很多，主要集中在抽烟、吸毒、酗酒和药物滥用的戒断和防复发上。成瘾行为的矫正具有共同的特点，即成瘾行为的戒断和治疗是循序渐进的，不同类型的有效性在不同的阶段发挥作用。阿兰·马拉特等人针对成瘾行为的形成、治疗和复发的整个过程提出了五种效能感类型：一是抵抗型自我效能感，与成瘾行为初级预防阶段相对应，自我效能感高的人不易受到诱惑；二是减少伤害型自我效能感，是指成瘾行为次要预防阶段，这对于控制进一步的伤害和增强自身能够降低这种风险的信念尤为重要；三是行动型自我效能感，帮助人们制订戒断计划、提出成功期望，并采取有力措施制止成瘾的行为；四是应对型自我效能感，那些认为自己可以控制复发风险的人倾向于做出理性的判断并使用适当的应对技巧；五是恢复型自我效能感，具有高恢复型自我效能感的人通过挑战高风险情境，找到适当的方法来控制错误，避免复发、恢复新希望、促成长期维持戒断成瘾行为等方式。

二、自我效能感与研究生学业

在班杜拉自我效能感概念提出后，它被应用于教育环境中所有类别和所有学科的学生身上，包括学校中的个人和环境因素如何影响自我效能感以及自我效能感如何影响行为、动机和学业成就。研究生阶段学业仍然是研究生最重要的任务之一，探究自我效能感如何影响学习结果意义重大。

（一）关于学生自我效能感的几个概念

1. 学业自我效能感

学业自我效能感，是指学生在学习活动中关于自身学习能力的主观判断。班杜拉将学业自我效能感定义为："个体对自己组织和实施达成预定的某种教育成就的行动过程的能力判断。"学业自我效能感包括两个相对独立的维度：一是学习能力的自我效能感，即个人对能否在学业中取得好成绩、避免学业失败并成功完成学业的能力判断；二是学习行为的自我效能感，即学生对自己是否能够运用特定的适合的学习方法并成功实现学习目标的判断。

2. 认知自我效能感

认知能力在很大程度上支配着学生的学业成绩。因此，班杜拉提出了学生的认知自我效能感概念，该概念是指学生对自身执行学习任务和满足日常生活需求的认知能力的评价，侧重于对执行学习任务的人的认知能力的主观评价。认知能力的发展和认知能力在适应环境改变中的作用都会受到认知自我效能感的影响。因此，认知自我效能感不只是简单地反映认知技能，而且直接促进智能行为。

3. 自我调节效能感

效能信念在学生发展自我指导的终身学习能力中起着极为重要的作用，除了强调认知对学生发展的影响外，还需要提高学生自我调节的能力。除了认知方面，个人学习还需要发展技能来调节动机、情绪和智力活动等因素。有时候，即便个体具备了很高的调节技能，如果他们不能坚持将调节技能运用到遇到困难、应激或竞争的情境时，那么调节技能也没什么用处。此时，对调节技能的坚定信念便为个体坚持并灵活运用调节技能提供了所需的持续力量。这就引入了自我调节效能感的概念，即个人相信能够使用各种调节技能来调节学习和其他活动。

（二）自我效能感对学业动机、学业成绩和学业情感的影响

作为人类活动的重要组成部分，自我效能感对于学生的积极性、学业成就和情绪有重大影响。

1. 对学业动机的影响

其一，自我效能感影响学习自主性。申克（1990）的研究发现，自我效能感与自主学习相关，自我效能感是影响自主学习的一个重要的内在动机因素。齐莫曼（1994）发现，自我效能感与学生组织、评估、规划和设定目标的能力之间存在显著的正相关关系。其二，自我效能感会影响行为努力水平、耐力和活动决定。在学术活动中，自我效能感与这些激励指标有关，如自我效能感高的学生在遇到困难时会更为坚持。并且，学生选择的活动也会受到自我效能感的影响，自我效能感高的学生对难度高的学习任务更有内在兴趣。

2. 对学业成绩的影响

对自我效能的信念会影响学习成绩水平，因为自我效能感促进了旨在发展教育技能的学习活动。马尔顿（1991）等人研究发现，自我效能感能够解释不同学生样本、实验设计、不同绩效指标和各种标准量表中学生学习成绩的差异。我国的几项研究也表明，学业自我效能感是学生学习成绩的良好预测指标，学业自我效能感高的学生也有更好的学习成绩。

3. 对学业情感的影响

学生对自己解决学业任务的效能信念会影响压力、焦虑和抑郁等情绪状态，就像它们会影响动机和学习成绩一样。米斯（1982）等人发现，由于效能信念（对数学能力的感知和对数学表现的期望）直接影响学生数学焦虑的发展，因此引起学生数学焦虑的不是其他因素，而是学生自我效能感低下的信念。米斯对所研究路径的分析表明，自我效能感具有因果优先性：效能信念会影响焦虑水平和数学表现水平，而学生的焦虑并不直接影响他们的数学表现水平。

三、自我效能感与职业生涯

（一）生涯自我效能感的由来和概念

生涯自我效能感是班杜拉自我效能感理论在生涯领域的具体应用。从20世纪80年代初开始，哈克特和贝茨就开始利用班杜拉的自我效能理论来探讨职业问题。他们一开始运用自我效能感的概念来解释大学生择业时的性别差异，研究的主要假设是：非传统女性职业（传统男性职业）中女生的比例小是由于她们的自我效能感低下。为了验证这一假设，他们开发了职业自我效能感的量表，将自我效能感理论扩展到职业领域，并出现了职业自我效能感的概念。

随后，哈克特和贝茨的工作拓宽了研究人员的视野，生涯自我效能感理论得到了进一步发展。在生涯自我效能感的研究和发展中，研究者不断对其进行概括和解释，虽然没有关于生涯自我效能感的系统理论专著，但在这个过程中逐渐形成了职业行为研究中更全面的自我效能感理论——生涯自我效能感理论，这为生涯辅导研究提供了新的理论基础。

生涯自我效能感的概念，与自我效能感的概念一样，不是指某些人格特质或对自己领导事业的能力，而是指对自己能力的信念，是基于对自己追求职业行为能力的评估和评价，整合各种信息而形成的。也就是说，生涯自我效能感反映了一个人对执行工作中某些任务或行动的能力的感知，或对实现某些职业行为目标的信心或信念。

（二）职业选择与指导的生涯自我效能感理论模式

生涯自我效能感是一个人对自己职业能力的认知判断，具有激励作用，对各种职业行为有很强的影响。对于研究生群体来说，了解影响生涯自我效能感形成和发展的相关因素，有助于干预并提高研究生的生涯自我效能感。为了更好地发挥生涯自我效能感理论在研究生职业生涯规划中的作用，就需要了解个人生涯活动中生涯自我效能感的以下几种作用模式：

1. 生涯自我效能感理论模式

生涯自我效能感理论是自我效能感理论在职业中的应用，自我效能感理论是班杜拉更全面的社会认知理论的衍生物，伦特等人也根据社会认知理论考察了相关的职业领域的问题，提出了社会认知生涯理论的模型，研究该理论的模型有助于推广生涯自我效能感对个体生涯的影响模式。

在社会认知生涯理论模型中，有三个主要变量相互影响：自我效能感、对成就的期望、个人目标。其中，对成就的期望是指一个人相信某些行为会导致某些后果；个人目标是个人进行特定活动实现特定结果的意图。这三个主要变量是动态相关的：对职业的自我效能感和对成就的期望会影响一个人对该职业的兴趣；当人们相信他们可以从事这个专业或期望从中获得令人满意的结果时，就会引起对这个专业的兴趣；对已经受过教育的职业的兴趣，以及自我效能感和对结果的期望，会影响一个人特定目标的选择；为了实现选定的目标，个人采取积极措施并创造一定的劳动生产率；作为一种反馈信息，工作绩效会影响个体的自我效能感和结果期望，由此，便形成了一个动态的反馈循环。在这个循环中，自我效能感和结果预期也受到社会和经济因素的影响，以及许多个人因素，如性别、种族和健康状况的影响，这些因素反过来又影响职业兴趣和目标选择。

2. 生涯自我效能感理论模式对研究生生涯教育的重要作用

生涯自我效能感理论模式因其对个体的生涯相关行为的重要作用，受到了职业指导者愈来愈多的重视，其对研究生生涯指导和教育具有同样重要的实践意义。

（1）揭示了加强研究生生涯自我效能感的重要性。传统的职业指导和培训侧重于为学生提供参与未来工作所需的专业知识和技能，而生涯自我效能感的理论模型表明，生涯自我效能感对个人的职业选择和职业效能有重大影响。对于研究生职业生涯规划来说，如果研究生只有特定职业所需的知识、技能和能力，但没有足够的信心去胜任，他们可能不会选择这些职业；或者如果他们选择了，也可能无法很好地采取必要的行动成功地完成工作。因此，研究生的职业指导和培训应注重如何增强生涯自我效能感，以最大限度地发挥研究生的能动性。

同时，研究生就业中也出现了女生就业难的问题。研究表明，女性职业选择性小与女性生涯自我效能感的下降密切相关，这阻碍了女性从事非传统职业，阻碍了女性积极追求职业发展。因此，对于女研究生来说，提高其职业自我效能感，扩大她们的职业选择范围，增强她们的就业自信心和寻找就业机会的积极性，显得尤为重要。

（2）有助于干预提升研究生生涯自我效能感。生涯自我效能感理论模式提供了一条路径来干预个体生涯自我效能感发展，有助于我们更有效地改善个体生涯自我效能感评估。例如，我们可以通过创设各种环境条件，为研究生提供获得成功经验的各种机会，更多地激励研究生等，使研究生能够充分地获取有关其自身生涯能力的各种信息；通过各种训练手段，改变研究生对效能信息的认知加工方式和加工技能等，以使其能够正确地加工各种效能信息；加强研究生职业知识和职业技能培训，提高其生涯绩效，并给予及时的反馈等，所有这些都可以增强研究生的生涯自我效能感。同时，个体的生涯表现也会受到已形成的生涯自我效能感的影响，前者通过反馈等又提供了新的效能信息，如此循环促进研究生生涯自我效能感的发展。

（3）有助于增强研究生的职业兴趣和职业抱负。个体对完成某些职业教育要求和履行职责的效能感越强，往往对这些职业也越有兴趣，并期待自己从事这些职业将带来令人满意的结果。因此，在研究生的职业兴趣或职业目标完全确立之前，或者在过早排除某些选择之前，通过发展干预有效地发展生涯自我效能感，可以帮助研究生识别和确立职业兴趣和职业目标。

第四节 研究生自我效能感的培养

培养学生的自我效能感需要根据自我效能感形成和发展的信息来源，即影响因素，为学生提供有利于其自我效能感增强的效能信息，同时还需要考虑到学业情境中影响学生自我效能感的其他各种因素。因此，培养研究生的自我效能感，可以从以下几个方面采取措施：

一、实施成功教育，增加研究生亲历的成功经验

班杜拉认为，个体的成功经验对自我效能感的形成和发展起着重要作用，因为自我效能感是对个体能力的评估，而个人的成功经验给了个体最直接的技能信息。因此，一般来说，不断获得成功的经验有助于学生认识到自己的能力，坚信自己的能力，提高自我效能感，不断的失败会使学生怀疑自己的能力，使他们对自己的能力失去信心，不断降低自我效能感。这也说明，在学校教育教学情境中，培养研究生自我效能感的最有效方法是使他们能够持续体验成功，因此可以通过建立合理的学习模式和教研技能模式来增加研究生的成功经验。

（一）结合自身实际，设立适当目标

根据维果斯基的最近发展区理论帮助研究生设定适当的目标，如教师、导师和管理

人员在研究可能性方面的任务设定，应充分考虑到研究生的现有水平和在外力的帮助下可以达到的水平来确定。目标既不能太高，也不能太低。目标太高，研究生无法实现任务目标，从而也无法获得成功的经验；目标太低，研究生很容易成功，他们将无法体验到真实深刻的成就感，不利于他们提高自我效能感，合理的目标应该是让研究生经过努力而获得成功。

（二）投入学习实践，亲历成功体验

在教学和研究过程中，必须"小、多、能"。"小"是指在适当节奏的学习和学习单元中设计的小步骤，使研究生能够在任何学习过程中保持成功体验。"多"是指多种形式的学习，在教学形式上具有灵活多样的评价机制，改变传统的以教师为导向的方法，引入灵活多样的教学方法，特别注重师生之间的互动。同时，灵活多样的评估机制，注重学生个体差异的评估方法和形成性评估，以及评估来源的多样化。"能"是智能反馈，巧妙地将研究生的进步转化为具体的事实，如推荐其在学术论坛作报告、指导其在合适的期刊发表论文、请其指导同师门同学等，使之受到鼓励。同时，导师、教师要及时发现研究生在学习和科研中存在的困惑和问题，有的放矢地调整教育教学策略。

二、有效利用榜样，提供替代性效能信息

个体的自我效能感是在与环境的互动过程中形成和发展的，环境中其他人的成功和失败经验为个体提供了关于效能感的替代信息，并影响其自我效能感的评估。因此，可以通过榜样案例分析来提供关于效能感的替代信息，以提高研究生的自我效能感。在学校情境中，能够为研究生提供替代性自我效能信息的主要是导师影响和同伴榜样。

（一）导师要起到榜样示范作用

所谓"教者，效也，上行之，下效之"。在研究生教育培养中，导师必须注意自己的日常行为表现，要有强烈的工作责任感、科研水平、教学技能和学术道德，让学生产生认可、模仿导师行为的动机并从中发展出自己的能力，进而提高自我效能感判断。导师对于研究生来说意义非常，既是研究生学业和科研的指导者，又是研究生治学做人的引路者，对于研究生来说，导师是极其重要的权威人物。因此，导师的榜样作用也受到权威效应的影响，权威的榜样对学生自我效能感的发展有很大的影响。所以导师应注重对自身教育教学教研工作成果的积累、转化和传播，注重个人品行修养、学术道德的坚守，

从而形成权威效应。

（二）同辈群体的榜样作用很重要

替代性效能信息对个体效能信念的影响受自我与榜样相似程度的影响，相似度越大，榜样成功或失败的经验越有说服力。因此，在培养研究生自我效能感中，同辈榜样有时比导师榜样的效果更好。我们要注意搜集和整理研究生中学习成绩、科研成果、实践活动或其他方面突出的事例、经验，那些年龄、经验、技能和环境相似的研究生的榜样，可以给研究生更多关于效能评估的线索，让他们觉得自己在类似的情况下也能成功。

三、引导研究生正确归因

归因是指人们对造成其行为结果的原因的解释。归因方式的差异不仅直接影响着自我效能感判断，还会间接影响学习成绩。国内外研究发现，把学习的成功归因于机遇等外部因素或将失败归因于自身能力不足等内部因素，都会降低个体自我效能感；相反地，把学习的成功归因于自己的能力和努力等内部因素，而把失败归因于没有好好努力等，便能够提升自我效能感。因此，帮助研究生做出正确的归因，认识到学术上的成功是由于他们自身的能力、努力或使用了正确合适的学习策略，这会有助于他们形成更高的自我效能感。同时，将失败归因于缺乏努力或学习策略不足，也促使他们更加努力工作，调整学习策略，以提高学习成绩。因此，导师应当注重引导研究生对自己的学习状况形成内在的、可控的归因，以便找出学业成功或失败的原因，并根据行为结果来调整自己的学习状态，帮助他们理性客观地对待暂时的失败和一时的困境，而不会因此降低对自己的效能评价和对未来成功的期望，从而提高研究生学习的自我效能感。

四、建立有效的激励机制

（一）满足需求

马斯洛的需求层次理论强调，"自我实现"是人类较高层次的需要，在满足其他较低层次需要的基础上才能够触发。因此，要提升研究生的自我效能感，提高其对完成学业任务的能力判断，必须满足他们一些基本的、较低层次的需要，如提供资料完备、查阅便利的实体和电子图书馆，营造设施齐备、环境良好的教室和科研讨论场所，保障好吃、住、行、用日常基本所需等。以激发其学习动机，提高学业成绩，尤其是要注意满足学生的"尊重"需要，如良好的校园环境和人际氛围、丰富的实践平台和活动载体、科学多元的评价机制和奖学、助学基金等。使研究生在包容性、支持性的环境中学习，积极影响其自我评价及自我效能感的形成。

（二）积极强化

积极强化有很强的鼓励作用，可以提供有关行为进步和成绩获得的信息给研究生。这些强化可以包括物质激励和精神激励。物质激励，如奖助学金等这些基于研究生个人学习科研成果而做出的奖励，有助于研究生由于自身的努力和成绩得到奖励而产生强烈的自我效能感。精神激励也称内在激励，是指精神方面的无形激励，包括向研究生授权、对他们的学习成就或学习态度的认可、优秀荣誉的评比、提供学习和培训的机会、导师的直接表扬等。精神激励是调动研究生积极性、主动性和创造性的有效方式和长效方式，导师和学校的认可和鼓励，小到一个点头动作、一个微笑、一个鼓励的眼神或一句简单的表扬，大到荣誉奖励的评比、优秀学生名额的遴选。所有这些都具有积极的强化作用，使研究生能够感受到他们在学习和研究中取得的进展，激励他们继续学习，增加他们对新目标的热情，提升他们的自我效能感。

（三）及时反馈

及时的行为反馈能为研究生提供当前行为结果的信息，让其更清楚自己的目标是可以达到的，自己的能力是可以实现预期的目标的，从而增强自我效能感；同时，当研究生由于确认自己的成绩而产生的自我效能感产生影响后，研究生自身对于学习、科研、实践等领域的进取和探索动机又会进一步增强，形成新一轮的积极行为。因此，积极、及时的反馈就像源源不断地加油一样，为个体持续向上、向前提供动力。

五、建立良好的学习和育人氛围

个体的情绪反应和生理状态也会影响其自我效能感的发展。当人们过度紧张时，他们对自己能否取得成功的能力水平的评估和判断与平静愉悦时会有很大差异。如果个体的生理状态不佳，如过度疲劳、生病或情绪低落时，便有可能会降低对自身效能感的判断。因此，创造一个积极、轻松、和谐的氛围与安全的学习环境，营造以学生为本、关心爱护学生成长、平等尊重学生主体性的师生关系等,帮助研究生维持良好的情绪状态和生理状态,以提高其自我效能感。同时,积极开展和谐教育和心理服务与支持,减少学生紧张和负面的情绪倾向,响应和解决研究生的需求、困惑、困难,增强身体素质,保障心理健康,促进研究生身心和谐发展,也是提高研究生自我效能感的有效途径。

成长资源

● **心理测验**

中国人适用的一般性自我效能量表

● **拓展阅读**

班杜拉及其社会学习理论

第四章　明晰希望愿景

富兰克林曾说过：希望是生命的源泉，失去希望生命就会枯萎。从心理资本视角来看，希望是指自我有明确的目标，并有实现目标的源源不断的动力及切实可行的方法。那怎么深入理解希望呢？希望对研究生的未来规划有何影响？如何培育高希望值特质的研究生？为什么有些研究生具有较高的希望值？对这些问题的思考和探讨对于研究生的社会适应和个人发展具有非常重要的意义。

第一节　希望的理论概述

希望是人们对未来所持有的美好愿景，它最早是出现在潘多拉的古代神话中，经过数百年的发展演变成了如今的积极心理学研究。积极心理学研究主要着重于以下几方面：个体对待过去、现在和未来的积极经验以及促使个体发展的心理机制等。换句话说，积极心理会使个体的心理机制长期处在一个最佳的状态。而希望、乐观、上进、自我控制等积极的心理品质已经成为积极心理学研究的重点。

一、希望的概念和构成

在日常生活中，大家经常会用到"希望"这个词。但是，作为一种心理优势，人对于什么构成了希望以及充满希望的个体、群体和组织有什么特点，存在着许多错误或模糊的认识。

（一）希望的概念

希望的概念在不断地演化和改变着。不同的领域、不同的年代对于希望有不同的理解。同样的，不同的学者对于希望的解释也不相同，但是大致可以总结为以下三类：希望是一种情绪情感；希望是一种对目标的认知；希望既是一种心理认知，也是一种情绪情感体验。基于上述分类，学者将希望理论进一步分为希望的情绪情感论、认知论和整合论三类。

从1950年起，"希望"已经逐渐出现在心理学界与精神医学领域，刚开始，研究者们把希望看作是一种单维结构，即自我对成功实现目标的坚定信念。到了1980年，研究者又将希望定义为一种多维的积极的生活力量，一种自信但不确定的期望，认为有价值的事情可以实现。到了20世纪90年代，希望被认为是和个体目标紧密联系的一种情绪体验，是人们面对未来的一种美好信念。

罗森博格（1998）依据心理学情绪情感理论，从两个方面对希望做了进一步解释。从静态方面，希望被界定为一种个体积极心理品质，即个体希望特质，定义为"指向某种情绪反应的稳定倾向"；从动态角度出发，希望是指个体在生活中，对有期待的情形或者事件产生感性而又强烈的心理以及生理变化，称为状态性希望。状态性希望反映了个体在特定时间和近期事态中的希望水平。

但最具影响力的概念是斯奈德（Snyder）和同事在20世纪90年代提出的。斯奈德等人认为希望是一种心理认知，是在成功的内驱力（想要成功的信念）与方法（为实现成功的计划）共同作用的基础上形成的个人的积极主动的行为。希望由基于目标导向的积极认知组成，包括目标认知、动力意识和路径策略三个部分。换句话说，希望由个人对实现目标的看法组成，它囊括了以下几种能力：目标——拥有清晰明确的目标，路径思维——实现目标的方法或者策略，动力思维——实现目标的内在动机。

斯奈德所说的"动因"或"意志力"是通过设定可完成但有难度的目标和期望，并自我引导和自我控制来达到这些目的。除此之外，他在界定希望时指出，希望的另一个必不可少的组成成分就是"途径"或"路径力"，而在我们平常使用"希望"一词时却经常忽视了这一成分。"途径"将心理资本中的"希望"与日常我们所说的"希望"及其他心理资本状态，如韧性、自我效能感和乐观等区分开来。最后，在动因和途径之间存在持续的反复。在这种反复的过程中，个人坚韧的意志力以及决心使得他去另辟蹊径，而在他寻找新途径的过程中所展示出的惊人创造力足以激活一个人的能量与控制感。而当这两方面联合起来时，则会产生螺旋式上升的希望。如果一个人在"仅仅可能起作用"的替代路径上探索的时候，能够有较强的控制感，那么希望就会持续，甚至增长。

当人们局限于仅有的一条路（或无路可走），而在这条路上遇到了障碍，且没有替代路径时，这种极端情况不仅是受挫，也就是塞利格曼（1972）所定义的"习得性绝望"的早期阶段。在一个名为"一只狗的绝望体验"的实验中，研究人员发现，当实验中的狗面对电击而无处逃避时，会逐渐消极地忍受电击，到了后来，即使可以逃避，它们依然选择忍受。换句话说，它们已经习惯了绝望，或者固执地认为自己无力控制局势，哪怕客观上它们完全能够控制。与习得性绝望相反，有些人拥有定位积极的希望则可称为"习得性希望"，这种希望在他们遇到障碍时指引他们找到了某些替代路径，而且一旦所选择的替代路径被证明有效时，他们的热情会因此得到更进一步激发，而这又会增加成功概率，并促使希望正向发展。只要替代路径有潜在的成功希望，积极的能量就可能会继续传播，通过一个成功引向另一个成功。从广义上来说，这是积极心态的力量；从狭义上来说，这是希望的力量。

专栏4.1

习得性绝望

习得性绝望，又称习得性无助，是指一个人受到挫折和失败的打击之后，面对问题产生的无法面对、不知道该如何做的心理状态和行为，是有机体在某种无意识的学习后，在认识、情感和行为上的心理状态表现为消极，是动机归因研究方面的一个重要课题。这一概念源自美国心理学家、行为矫治专家塞利格曼。1967年，他通过一个实验证明了习得性无助行为的形成及表现，进而完整地提出了习得性无助这一科学概念。

在《一只狗的绝望体验》中，他先把狗分为三组，在实验第一阶段，把三组狗分别放在接着电线的箱子里，每个箱子上有一个开关。他对第1、2组的狗施加电击但区别在于，当第1组狗碰到开关时，电击就会停止。而第2组狗不论如何触碰开关，电击都不会停止。第3组的狗为对照组，不接受电击。在实验的第二部分，他把狗放置在中间用木板隔开的箱子里，但是木板很低，狗可以轻松地跳过去。同样他给狗施加了电击。第1组和第3组的狗很快学会了跳过木板来逃避电击。第2组中的狗不但不逃，反而倒在地上开始呻吟和颤抖，本来可以主动地逃避危险却绝望地接受痛苦。开始这种现象让行为主义者大为不解，直到塞利格曼提出，狗的这种"无助"行为是在之前的实验中"习得"的。

塞利格曼认为，当电击不可逃避时，狗习得了它无法通过任何主动的行为对电击加以控制的事实，它预期以后的结果也是如此。他将动物在经历努力后无法逃避有害的、不愉快的情境，不能领悟到偶然成功反应（学习和认知缺失）和不能表现出明显情绪性（情绪缺失）的这一主观现象称为"习得性无助"。

1975年塞利格曼用人当受试者，结果人也产生了习得性无助。实验是在大学生身上进行的，他们把学生分为三组：让第一组学生听一种噪声，这组学生无论如何也不能使噪声停止。第二组学生也听这种噪声，不过他们通过努力可以使噪声停止。第三组是对照，不给受试者听噪声。当受试者在各自的条件下进行一段实验之后，即令受试者进行另外一种实验：实验装置是一只手指穿梭箱，当受试者把手指放在穿梭箱的一侧时，就会听到一种强烈的噪声，放在另一侧时，就听不到这种噪声。实验结果表明，在原来的实验中，能通过努力使噪声停止的受试者，以及未听噪声的对照组受试者，他们在穿梭箱的实验中，学会了把手指移到箱子的另一边，使噪声停止；而第一组受试者，也就是在原来的实验中无论怎样努力都不能使噪声停止的受试者，他们的手指仍然停留在原处，听任刺耳的噪声响下去，却不把手指移到箱子的另一边。为了证明习得性无助对以后的学习有消极影响，塞利格曼又做了另外一项实验：他要求学生把下列的字母排列成字，比如ISOEN和DERRO，分别可以排成NOISE和ORDER。学生要想完成这一任务，必须掌握34251这种排列的规律。实验结果表明，原来实验中产生了无助感的受试者，很难完成这一任务。进一步证明习得性无助在人类中普遍存在。实验表明：习得性无助会导致被试者产生消极的定式，认为自己不能控制事情的成败，从而产生放弃的行为。这些研究证明习得性无助具有普适性。

习得性无助的产生经过了四个阶段：一是机体在不可控的情况下体验到各种失败和挫折；二是机体在体验到自己的反应和结果没有关联时，产生自己无法控制行为结果和外部事件的认知；三是机体形成对将来结果不可控的期待；四是认知和期待对以后的学习产生影响。习得性无助产生后通常会表现为：动机上的损害（动机水平降低，表现出被动、消极和对什么都不感兴趣的倾向），认知上的障碍（形成外部事件不可控的心理定式），情绪上的创伤（情绪失调，最初表现为忧虑和烦躁，之后变得冷淡、悲观，陷入抑郁状态）。

习得性无助与以往的对于无助感的研究不同的是，它强调的是悲观与低自我效能感并不是完全来自个体的人格特征和生活经历，而是在很大程度上取决于其对不同事件（不论积极还是消极）的认识方式和解释方式，塞利格曼将其称为"解释形态"。这个理论推翻了人们以往对悲观和无助感消极被动的认识，它提出无助感是在观察和体验之后"学习"而来,如果阻断这种学习或转变这种学习,无助感会随之消失。

(二)希望的构成

希望是来源于人们心中成功感的一种积极向上的心理动机状态,其包括用来达成目标的计划、路径以及一种具有目标性指向的能量。希望由目标、路径思维和动力思维组成。

1. 目标

目标是个体心理活动的结果,也是人们精神活动的支点。目标具备一定的价值,行动的具体表现取决于目标的确立,它使个体产生了一系列的行为,且与个体为达目标所付出的努力以及其对达成目标的价值评估紧密联系。高希望特质个体,往往会设立更多目标,且这些目标会比先前自身达成的目标更具有挑战性和不确定性。

2. 路径思维

斯奈德认为,路径思维是指当目标产生以后,我们脑海中会产生实现目标的一个或者数个策略。比如,"我知道如何完成目标""这个问题我可以这样解决……"当目标明确后,设计达成目标的路径(方法)是个体的一种本能反应,即个体会搭建与这种预期可能的结果之间的连接路径。假如在实现目标途中遭遇挫折,这时候"路径思维"就会寻找解决方案,最后挫折便会迎刃而解。图4-1表示了这个过程。

图 4-1 途径策略示意图(李永慧,2017)

3. 动力思维

动力思维,指的是个体感觉到自己有能力用自己的方式去达到目标,这是一种自我指示的思维。比如,"我保证我会在一天之内完成它""相信我一定会实现这个目标"。而在实现目标的过程之中,这种自我暗示有助于保持个体的内在动力。动力思维可以激励个体改变路径、聚集能量,朝着目标不懈前进。在困难面前,具有高动力意识的个体会有更强的意志力去克服挫折和困难。个人下定决心去实现目标所树立的决心恰好就是动力的源头。所以,一个人树立明确、清晰的目标,有助于增强动力感。成功经验越多,他们的动力感也会越强。图 4-2 描绘了以目标为导向的、兼具动力意识和途径策略的希望过程流程图。

希望特质的三个组成部分相辅相成，缺一不可。目标是实现希望的基础，动力思维和路径思维是个体追求目标过程中两个相互作用的因素，二者是"相互依存，相互作用"的关系：增强个体为实现目标制定多种策略的路径思维能力，也可提升个体完成目标的动力思维；同时，路径的丰富也会在实现目标的过程中强化动力意识。图 4-3 为希望特质形成、发展以及运作流程图。

图 4-2　动力策略与途径策略示意图（王静等，2018）

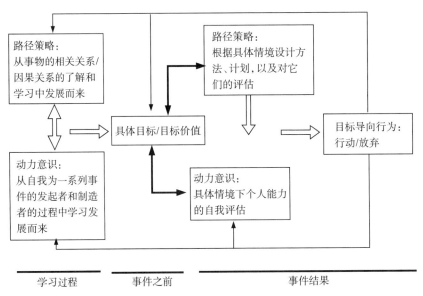

图 4-3　希望特质形成、发展以及运作流程图（李永慧，2017）

二、希望的影响因素

希望的影响因素有很多，可概括为两类：一是影响希望的静态形式——希望特质的因素，主要是长期的、稳固的影响因素；二是情境刺激的影响因素，主要影响希望的动态表现形式——状态性希望。

(一)人口、社会学因素

综合学者们的研究，认为人口学因素如年龄、性别以及生活环境等方面都会影响个体希望特质。如在中老年人群中，男性和女性在途径策略方面是具有显著差异的。陈卓等人的研究发现，在大学生群体中，希望特质在男性和女性中并没有显著性差异，但是在生源地上存在差异，生源地为城市的学生的希望特质显著高于来自农村的大学生，而且途径因子的差异更加明显。

(二)研究生的心理品质

研究生个人心理品质对希望的影响主要体现在研究生的人格特质、价值观、需要和动力、自我效能感、情绪情感等方面。诸多研究证明积极心理品质影响希望特质。个体适应性比较强的研究生，能够更快融入忙碌的科研生活中，更容易形成较高的希望特质。其他积极心理品质与希望特质也有着非常重要的联系。例如，具有幽默感的个体可以积极地面对和处理生活压力和科研压力，对未来持有积极乐观的态度。自我效能感高的研究生会有更清晰的科研目标和人生目标，而且可以高效地完成目标，因此他们具有较高的希望特质水平。另外，具有积极情绪的研究生会对科研拥有热情，对生活抱有积极的态度，他们的希望特质水平相对较高。高自尊也会影响希望，高自尊个体适应能力更强，自身能力和自我价值评价高，容易体验到状态性希望，进而影响希望特质。

(三)家庭、社会环境氛围

研究生的希望特质在一定程度上受家庭教养形式、家庭经济条件以及家庭结构的影响。民主型家庭教养方式容易使孩子形成积极的自我概念，孩子希望特质水平较高；而放任型家庭培养的孩子希望特质水平相对较低。另外，父母偏执的教养观是导致许多研究生希望意识缺失的重要原因。家庭结构对研究生的希望特质存在影响。从与父母共同生活的时间段来看，幼年时没有与父母共同生活的研究生希望特质动力因素显著低于幼年和父母共同生活的研究生；双亲家庭研究生的希望特质路径因素明显高于单亲家庭的研究生；家境富裕的研究生希望特质水平明显高于家境清贫或者一般的研究生。

环境氛围和社会支持（刘晓岚，2008）对研究生的希望特质的影响也很显著。研究表明社会的支持、学校的支持、同伴的支持、导师的支持帮助和学校归属感都会影响研究生希望特质的形成与发展。

三、希望的潜在陷阱（虚假希望）

谁没有试图改变过自己呢？无论是制订新一阶段的计划，还是通过节食来保持身材，抑或是尝试坚持运动、拥有规律的作息。人们开始每一次新的努力时，都怀有很高的希望，希望自己会有多么成功，希望改变给自己的生活带来积极的影响。其中一些自我改变的努力是有效的——例如，有的人通过节食或者运动减肥成功了，拥有了完美身材；有的人戒掉了"手机瘾"，开始读书或开始慢跑，让自己的生活变得更加规律。这让人们相信，自己做出的改变是可能实现的，新的自己会更好、更受欢迎、更成功、更有吸引力。事实上，当人们尝试改变的时候，通常会取得一些成功，比如，有的人可能通过控制饮食，体重有所下降，或者有的人开始花更多的时间在学习上。但不幸的是，这些早期的成功往往伴随着其遇到的一些挫折，例如恢复到改变之前的状态、无聊、困难等，使人们更难继续坚持自我改变的努力。还有一个使人们无法继续努力的原因是，有时候，个体所取得的短暂的成功往往不能给改变了的自己带来预期的即时满足感，不足以推动他继续努力。例如，发誓改变让我们充满希望，我们会幻想改变后的自己、想象改变后的生活，但是不切实际的乐观可能只是一开始带给我们快乐，但接下来我们就会感到失落。

试想一下，当我们在自我改变的过程中遇到阻碍时，会发生什么？通常，我们会因为失败而责备自己缺乏"意志力"。然后，我们对自己和改变的机会感到内疚和绝望，直到下一个计划出现，我们承诺，这一次我们将真正成功地改变。我们都知道有些人成功地改变了自己，但我们知道有多少人试图改变却失败了？我们中有多少人曾反复尝试消除一种不受欢迎的行为，或减少浪费时间？其实，我们应该意识到失败似乎比成功更常见。但这也证明了一个事实，那就是自我修正的欲望和期待超过了它的成就。那到底是什么原因，让我们在高失败率的可能下，仍然抱有很高的期待，并不断地尝试改变呢？这就是我们下面要讨论的"虚假希望"。

（一）什么是虚假希望

大多数人认为，他们做出的某些变化将会给自己的生活带来比预想中更美好的变化。一些人认为如果她们可以减肥，她们几乎会自动获得工作晋升或男朋友。当这些不合理的期望没有得到满足时，个体很可能会感到沮丧，并放弃改变。一个人开始自我改变，尝试达到不切实际的预期以及无法达到的成功标准，他们自己创造了一个虚假的希望，然后又破灭了它。这种因为对成功的结果抱有很高的希望，从而开始自我改变尝试的现象，被称为"虚假希望综合征"。下定决心或承诺改变（并改善）自己可能会导致许多人对他们实现这一决心的可能性产生一种错误的信心，并误导他们认为这种成功将对他们生活的其他方面产生影响。当这些不切实际的期望没有得到满足时，人们会认为他们尝试自我改变的结果是失望、沮丧和失败的。

斯坦福大学教授、心理学家凯利·麦格尼格尔在他重要的著作《自控力》中也提到了"虚假希望综合征"。他认为虚假希望综合征是个体为了减轻生活中自己所面对的一些压力，从而做出决定要进行自我改变。然而现实中却没有付出行动或者在实践过程中遇到了困难就选择退缩，最终再次发誓定要做出改变的恶性循环。

（二）虚假希望产生的原因及危害

对于这一点，波利维等人（2002）是这样描述的：在进行自我改变之初，大多数人会对自我改变之后的幸福生活进行想象。例如，他们会认为自我改变会彻底翻转自身形象——从一个懒惰、贪婪、没有责任心、无担当的人，变成一个勤奋自律、有目标、生活成功的人。例如，通过运动及适当控制饮食，使他们拥有了较好身材，提升了个人魅力，在人际交往过程中变得更加自信；改掉拖延症之后，做事效率显著提升，甚至会赢得升职加薪的机会。毋庸置疑，以上这些自我改变之后所产生的期待是没有任何依据的，甚至有点脱离现实，而这些假设会使他们制定一些脱离实际的目标或者对结果产生不切实际的期待。然而，当自我改变者失去了坚持下去的决心，他们就会产生放松的心态，逐渐开始自我放纵，制订的自我改变计划就此落空。

1. 产生原因

（1）期望过高。希望过高指个体没有将预期的结果与其计划做出的改变实际地联系起来。对于某些改变，人们可能会从中获得预期的好处。例如，戒烟应该使个人更健康，从而更好地品尝和享受食物。然而，它不太可能使他中彩票、有一个更好的性格或得到更高的成绩。许多理想的结果都与不切实际的自我改变联系在一起。当一件事被高度渴望，但实际上却无法实现或控制时，人们可能会说服自己去努力改变，也可能会产生渴望但不可控的结果。显然，这种一厢情愿的想法并不会产生想要的效果。因此，对许多人来说，他们对自我改变产生的一些期望是不切实际的，这种改变的回报并不存在。他们从一开始就注定失败，因为他们的期望过高。

（2）过度自信。对自我改变计划的夸大承诺是造成过度自信或不切实际的期望的原因之一。例如，团体、产品、书籍等这些在改变自己方面可能有帮助的来源经常会引起人们的幻想，即他们可以做出巨大的改变，并且毫不费力、快速地做到这一点，并获得巨大的收益作为回报，尽管这种事情很少发生，但是他们宁愿相信它们是存在的。

过度自信的另一个来源是个体本身。鲍迈斯特等人观察到，"当人们必须做出涉及承诺特定目标或应急结构的决定时，他们的积极幻想或过度自信应该会导致为自己设定过高的目标，结果导致他们最终失败的可能性增加"。同样，人们往往会高估自己完成已承担任务的可能性，并且会低估自己而非他人的任务完成时间，并在做出这些预测时关注未来情景而不是相关的过去经历。此外，如果受试者在预测他们当前完成各种学术和非学术任务的时间时考虑相关的过去经历，则可以消除这种乐观偏见。有研究结果显示，在正常、非抑郁的个体中，积极的错觉比比皆是，这种错觉普遍存在于"一向如此，容易发生"的认知扭曲活动中。

2. 虚假希望的危害

虚假希望综合征是由于对自我改变的艰难性评估不足、目标设定不现实以及应对能力差造成的。它导致许多没有成功改变自己的人的自尊不断下降，情绪不断恶化。它与成功的关系恰如一个倒"U"形，即如果希望不切实际，那么成功的可能性会陡然降低。他们会怀疑自我改变的行为，包括戒烟、戒酒等。怀有不切实际的希望的人可能会在不切实际的目标上投入大量的精力和资源，他们可能会陷入这样的陷阱：不断提高自己的努力程度，继续对具有挑战性但无法实现的目标保持热情。

（三）如何避免虚假希望

1. 调整目标或路径

设定较高的目标不一定是错的。梦想是革命性变革的重要条件，有些目标无论多么艰难都值得追求。但是，我们在即将进行自我改变时需要对目标的实际困难程度进行现实的评估，以及如果达到目标将会产生什么好处。当结果是可以实现的时候，自信和提高自我效能可能是有帮助的。事实上，真正的希望，或者说相信自己能够改变，是一种强大的治疗因素。通过实验，波利维和赫尔曼发现，那些被引导相信自己擅长节食的节食者比那些没有被告知节食能力反馈的节食者更容易成功。然而，当目标太难实现时，或一个人的期望与所能达到的不一致，自信可能变成过度自信，导致从希望走向虚假的希望。虚假的希望是建立在错误的信念上的，即改变是容易实现的，而且可能产生夸大的利益。这个时候，我们应该及时调整目标或路径，或者对二者都进行调整，这一微调的过程最终会引领我们走向成功。高希望值的人知道虚假希望与真实希望的不同。为了停留在成功的轨道上，他们知道何时及如何调整自己的期待。另外，他们具有重新定位目标的能力，懂得如何避开已经失效的目标和被时间证明无法实现的目标。

2. 采取合适的方法实现目标

我们在实现目标的时候要注意采取合适的方法，有的人可能怀有"为了目的可以不择手段"的心态。他们在实现个人目标的过程中，可能会禁不住外界的诱惑而选择一些违反自己道德伦理或社会责任的手段，而他们的这种不道德的行为可能会对个人的利益造成损害，更严重的甚至还会侵害集体利益。例如，有些个人目标、自主性和路径可能只对个人有利，还有些目标虽然对某些集体和利益相关者有利，但可能会损害他人的利益。例如劳资双方谈判、部门内部竞争或股票财富最大化等案例。

3. 享受提升希望值的过程

从现实角度看，实现目标极为重要。然而，如果仅仅把希望看成是设定目标和实现目标，那么无论我们的目标多么高尚，这种观点都是狭隘的。希望的意义远不止这些。希望意味着我们需要敞开心扉，迎接我们原本以为不可能的机会和经验。它意味着重估过去，抵抗现在的封闭和局限，接受未来的不确定性。一个理性的环境（如理性的团队、组织、社区）对这种类型的希望的发展颇有助益。

通俗地说，人们不仅要把希望视为最终结果，还要享受提升希望的过程。因为通过这个过程，希望的各要素都得到了发展和延续。灵活的目标设定、步骤和目标的重新调整都应该被视为学习、成长和自我实现的经验。参与、授权和其他自主发展战略应被视为旨在增强个人自主性和责任感的机会。路径意识的培养应该以提高创造性决策和解决问题的技能为目标，应该帮助抱有很大希望的个体不断地超越障碍。

为了用真正的希望代替虚假的希望，个体需要学会准确判断自我改变的难度，建立现实的目标，保持合理的期望，并培养技巧来帮助自己应对挫折。真实的希望要求个体的技能与自身的目标相匹配，因此，目标需要变得更合理，才能够被实现。

四、研究生心理资本下的希望

研究表明，随着硕士研究生的扩招，考研人数呈指数式上升，导致"学历贬值"，许多研究生也面临各种各样的问题，比如就业、考博、考公等。面对研究生培养过程中存在的问题，各高校和教育工作者逐渐开始关注研究生的心理健康，注重培养研究生的希望。

1. 研究生心理资本下的希望的理解

在积极心理学运动中，斯奈德指出"希望是成功的动因（指向目标的能量水平）与路径（实现目标的计划）交叉时所形成的一种积极的动机状态"。因此，研究生心理资本下的希望含有动因和意志力两种认知状态，它们分别体现在：第一，个体为自己设置具有现实和挑战性的目标，为了实现这一目标，个体不仅需要自我引导的决心、能量，也要有自我内控的知觉；第二，在困境面前，个体需要具备寻求替代途径实现目标的能力。这其中，个体的意志力在个体面对困境需要寻找新的途径时能起到激励的作用，创造力被个体在新途径开发的过程中激发出来，同时它反馈性地增强了个体的能量和控制感。因此个体就产生了螺旋上升的希望。

2. 研究生心理资本下的希望的意义

帕克等人（2004）的研究结果表明，斯奈德认为希望是更加优于其他优势的优势之一。而培育与储备研究生心理资本下的希望能够积极作用于影响学生在校学习以及在科研中获取优异成绩，甚至在研究生步入社会后，为他们创造出理想的经济效益和实现个体的社会价值。

（1）希望能够减缓消极影响，促进个体的积极正向发展。作为一种重要的积极心理资本和正向思维，希望能使个体朝着乐观、积极、向上的方向发展，还能缓解个体在遭遇应激性生活事件后所产生的一些负面情绪和消极影响。研究表明，个体在有抑郁症、自杀意识、逃学倾向等一些负面情绪时，希望水平越高，这些负面情绪对个体的影响越小。并且，希望能够影响学业成绩、促进个体的认同整合、网络利他行为和创伤后成长等。不言而喻，希望与一个人的主观幸福感以及对生活的满意程度等一些积极向上的情绪和行为密不可分。

（2）希望有助于研究生科研精神的培养。对于研究生而言，拥有希望，有助于他们迅速完成本科与研究生之间的过渡，快速进入自己研究生的角色，投身科研任务。一方面，拥有希望，能够帮助研究生明确切实的未来目标，这不仅包括科研目标，还包括学业目标以及对于未来的规划；另一方面，当他们的科研遇到瓶颈和困难时，希望能够带给他们克服困难的勇气、不轻言放弃的力量，以及转换路径解决问题的思维方式。所以说希望对于培养研究生的科研精神有着不可言喻的重要性。不同于智力因素，科研精神更多地通过自我认识和科研中的不断实践，逐渐形成较为稳定的、适于科学研究的基本素质。如果一个人具备了科研意识和科研能力，但无法承受科研过程中多次的失败和不甘于独自一人的寂寞，也就是缺乏科研精神，那么他在科研上也无法取得什么成就。因此，希望特质的培养对于研究生科研精神的提升尤显重要。

3. 研究生心理资本下的希望的特征

研究生的希望特质表现在以下几个方面：

（1）有清晰而富有弹性的个人目标。例如学业目标、职业目标、生活质量目标、人生目标等。对于每个个体，任务目标有的是具体清晰的，有的是抽象的或模糊的。个体容易针对那些具体、明晰的目标制定各种方法和策略，并努力实现。另外，个体的动力水平越高，达到这样的目标相对越容易。个体面对那些太抽象或不清楚的任务目标容易产生迷茫，无法自认为恰当的方法和策略，因此动力水平就会降低，进而导致停滞不前甚至放弃该目标。

在《爱丽丝梦游仙境》中有这样一段场景，当爱丽丝来到一个通往不同方向的路口时，她向小猫邱舍请教。

"邱舍小猫咪能否请你告诉我，我应该走哪一条路？"

"那要看你想到哪去。"小猫咪回答。

"到哪去，我都无所谓。"爱丽丝说。

"那么，你走哪一条路，也就无所谓了。"小猫咪回答道。

而我们大多数人也正是这样，对于自己的未来没有做出清晰的规划，没有树立明确的方向并为之奋斗，每天都在随波逐流，过着平平无奇的生活，就如同随风漂浮的小船，没有终点，没有目标。而目标能帮助我们控制人生的方向，帮我们做更好的人生抉择。

（2）有凭借意志（自主性）和资源（路径）达成目标的信心。虽然目标预期的实现过程中仍存在一定的难度和不确定性，但拥有希望的研究生具备以下能力：首先，能够将大目标分解为若干层次的小目标，这样的话，大目标比较明确，小目标比较明晰，从而制定清晰而富有弹性的个人目标。其次，能够下定决心去实现目标，具有很高的意志力，在实现目标的过程中投入十分的精力和努力。最后，能够在实践过程中遇到阻碍时，积极寻求备选方案并及时将自己的精力转移到备选途径上，从而实现自己的目标。

（3）积极正向，善于独立思考。充满希望的研究生会拥有积极向上的良好心态。这种积极正向且独立的心态至少表现在三个方面：一是在面对任何难题和挫折时，他们总是能够独立思考，解决问题；二是具备良好的自我管理能力，对于科研任务的安排总是井井有条，并严格按照计划执行；三是可以在力所能及的范围内积极地帮助其他同学解决难题。

第二节　希望对研究生发展的影响

希望作为积极心理品质之一,对于研究生的社会适应和发展具有显著的意义。希望与研究生解决问题的能力、课程学业、科研成功、坚韧、健康的心态都有重大联系。希望能够缓解研究生在学业、科研方面的压力,对身处逆境的研究生来说,希望可以激发他们积极应对困境的能力,降低个体的负面情绪,重新找到替代路径。

一、研究生个体发展与希望的关系

希望是心理资本中必要的积极因素,时刻影响着研究生的学习与生活。一个研究生的希望高低决定了其所取得成就的程度。在研究生阶段,希望可以分为高希望和低希望,高希望的研究生能够尽其所能实现目标,低希望的研究生在遇到较为困难的问题时会有退缩放弃的迹象。因此,对于研究生而言,培养研究生的高希望特质十分重要。

(一)希望对成就的影响

成就包括学业成绩和工作成效。在学业成绩方面,不同年龄段研究生的学业成绩与他们的希望特质水平相关。首先,高希望特质个体能够产生明确目标并对目标产生积极的认知评价,他们比其他研究生对学业成就有更高期望;其次,高希望特质的研究生相信他们可以创造有效路径达到目标,相比低希望特质个体,他们在承受失败之后还怀有更多积极情绪,这种积极情绪促使他们产生积极的心理能量感知,从而增强信心以获得个人成功,一旦成功变成现实,由此带来的个人成就感和积极情绪又会增强他们追求目标的过程。在工作成效方面,高希望特质毕业生具有较高的工作投入程度从而提高工作成效。

(二)希望对生活满意度、幸福感的影响

生活满意度是个体基于自身内心设定的标准对自己生活品质做出的主观评价,是评价人们生活品质的重要指标。研究显示,希望特质与研究生的主观幸福感、良好功能、生

活质量、应对技巧、生活满意度紧密相关。希望值的提升能很大程度上提升研究生的幸福体验感。研究生在学习阶段会面临多重压力,例如,他们往往会由于自己能力的欠缺而自卑,为自己专业前景的冷淡而迷惘,为自己飘忽不定的未来而担忧,这些原因使得研究生的幸福感较低。研究生如果能够拥有希望,那么他们将会更大限度地发挥自己的主观能动性,运用更加客观冷静的方式解决生活和学习上的难题,从而避免困顿其中,提升幸福感。

(三)希望对研究生就业、创业的影响

当今国际环境、社会环境和教育环境的深刻变化,既为当代研究生的成长发展提供了广阔的舞台,同时又带来对应的压力和挑战。拥有高希望特质的研究生,能够拥有积极心理力量,发挥积极性和主动性,在复杂多变、机遇与压力共生的就业、创业环境中,积极找准机会,从而锚定目标;清晰认知自我和环境形势,从而明晰路径;屏退不良影响和应对压力情境,从而坚定笃行。首先,提升希望值能够帮助研究生在面对当前激烈的社会竞争和就业压力时,慎思明辨、制订计划、坚定执行、不断创新,提升研究生在就业、创业过程中的竞争优势。有研究表明,研究生心理资本与职业决策效能感、职业倾向、创新能力以及就业能力之间呈显著正相关关系,希望值的提升更有助于提升他们的职业竞争力。其次,拥有较高水平心理资本的研究生一般都具有自信、乐观、坚韧的特性,在面对困难的时候能够处之泰然,并能迅速调整情绪。而良好的情绪管理能力也能帮助研究生建立融洽的人际关系,有助于其就业后快速融入企业组织,在职场建立起属于自己的优势。

(四)希望对研究生科研能力的影响

研究生科研能力即研究生的专业素养,其核心内容是学习和掌握专业知识和专业技能,并提高学习质量和科研水平。希望因子对研究生科研能力的影响表现在:

1. 减少懈怠,提升活力

当前我国高校研究生中存在着不同程度的学习倦怠问题,这种现象不容忽视。有研究表明,研究生的希望因子与学习倦怠现象呈负相关,可以通过培育希望因子来预防和降低学习倦怠的影响,提高意志力、应对和克服困难,不断提升学业成就感。(江立成等,2005)研究生的主要学习任务是科研,而科研生活并不总是像我们想象中的那样多姿多彩,更多的是日复一日、枯燥无味的重复。面对实验失败、科研进度始终垫底、没有时间看文献、课题没思路等问题,有不少低希望值的研究生选择"开摆""摸鱼",出现学

业懈怠，使科研工作止步不前。而高希望值的研究生在遇到瓶颈和困难时，首先想到的不是放弃而是如何积极面对，寻求解决之法。希望有利于研究生自身潜能发挥，促进外部因素对他们的积极影响，减少消极影响，有效促进和提升自身心理活动的效果，从而更好地进行科研。

2. 强化动机，追求创新

富有希望的研究生个体更乐于追求自身内化的过程，催化他们追求自我实现的需求，满足其好奇心（马英等，2012），并敢于探索与实验，更加注重科研实验这一过程中给自己带来的新尝试和新技能，更加热衷于丰富自己、武装自己和强大自己。并且能够促使他们形成富有积极创新性的认知和思维，同时使得他们敢于尝试各种积极的实际行动。希望也能促使研究生个体更乐于追求创新，拥有更加强烈的学习动机，挑战更富有难度的任务，并急切地想将自身所掌握的科学知识和新思想应用于实际当中。

（五）希望对研究生身心健康的影响

希望有利于帮助研究生获得更强的免疫系统去对抗生理疾病、预防心理疾病。它鼓励个体相信当前的困难是可以改变的，增强研究生面对科研瓶颈和生活挫折的勇气。此外，高希望特质的个体抑郁和焦虑水平较低，他们能够积极地面对和处理各种问题。他们能够用幽默和自嘲来处理生活和科研中的困难或压力，对未来充满希望，拥有积极乐观的心态和健康的行为。

二、高希望特质研究生的特征

不同希望特质研究生的心理品质存在差异。高希望特质的个体，是那些相信自己有能力，也有办法去实现一定目标的个人。高希望特质个体通常能在拟定具体、清晰、真实、明确的目标的同时，还愿意付出努力完成目标；低希望特质个体只能拟定抽象、模糊、较少、不真实或容易实现的目标。高希望特质的研究生在实现目标过程中把遭遇的挫折和阻碍视为挑战，能创造出替代路径用来完成目标；低希望特质研究生在达成目标的进程中遭遇挫折和阻碍时，只会感受到沮丧，不会去创造替代方法来实现目标。高希望特质个体经常正面积极地评估自己并积极反馈；低希望特质个体经常消极地评估自我并消极反馈，进而认为自己没有能力完成目标。

（一）目标明确

高希望特质的研究生往往具有明确的目标，对自己的目标也有很清晰的规划，并且他们执行力很强，这种执行力体现在他们容易把较大的目标划分为小目标，并逐步实现小目标最终完成大目标的结果。比如在学习目标上，如果该学生有高希望特质，他会对自己的成绩有明确的规划，可能是取得奖学金，也有可能是考取博士学位等，这些目标都是逐步实现，达到其预期的效果。如果他们在实现这种目标上遇到了困难，他们会采取求助他人或者将该困难进一步分解的方式解决。当在实现目标的路上受到阻碍时，他们也能找到其他替代性或者重新创造的另外的途径。另外，高希望特质的研究生还对自己的人生有明确的目标，在什么时间段干什么事情，遇到事情该怎么处理都有自己清晰的分析与计划，这也使他们在人生的道路上走得更远更稳固。

（二）积极乐观

高希望特质的研究生往往拥有更加乐观的心理。首先，归因更积极。他们看待事物的角度不同，通常以积极的姿态和心理看待事物，他们倾向于把取得成就的原因放在自己或者主观事物的因素上，把失败的原因放在外部或者客观事物的因素上。其次，应对更积极。他们能积极对待自己所处的逆境和顺境。在逆境时他们往往接受现实，不选择逃避或是推卸，努力排除干扰，探索失败原因，认真学习，吸取教训，不断前行；处于顺境时他们也不会得意，而是继续挑战自我、重塑自我，挑战一些未来可能存在的风险。乐观的研究生往往具有感激之心，他们会感激曾经帮助过他们的老师和朋友。与此同时，他们会抓住环境中出现的机会，把握资源，开发自我，不断为自己创造更多可能的机会，对自己充满自信，并能实践中强化自信。最后，姿态更积极。乐观的研究生会不断挑战和经历新的事物，不断学习新的专业技能来增加自己的成功体验感；经常会为自己树立成功的学习榜样，学习他人成功的经验并不断模仿来增加自己成功的概率；有意识地使自己的心理状态达到唤醒状态，迅速调整自我情绪使自己顺心；积极接受外部对自己的认可来提升自信，提高评价水平。

（三）情绪控制力强

高希望特质的研究生通常对自我满意度较高，有积极的情绪、较为和谐的社会关系、较高的生活满意度以及社会对自己的认可。拥有更为积极的幽默感，对他人和自己都具有积极作用，拥有创造力和幸福感。从沉浸体验角度上来说，这部分研究生往往更加专注,他们如果完成了某项任务,也意味着他们获得了最终的奖励,他们会非常的开心。高希望特质的研究生会充满激情,全身心地投入到任务身上,觉得自己在做一些困难和极具价值的事情。情绪上有很好的控制力,使他们会表现得很稳重,做事情也会理智沉稳。他们具有较高的道德素养,拥有奉献精神,愿意帮助他人和为社会谋福利,不断实现自己对社会的价值,也具有较强的责任感。对于社会角色和工作来说,他们往往积极探索处理自己所面临的问题,并得出最佳方案。同时,好奇心也在不断驱使他们坚持不懈地学习,不断提高个人能力,敢于追求自己更高水平的发展。在人际关系方面,他们表现出对他人更友好的品质,如热情友好、谦虚和谐、乐于助人等。在处理人际关系时,往往对待他人和善、热情、友好,拥有乐于助人的品质。

(四)意志坚定

高希望特质的研究生,在遇到困难时选择解决困难,并积极采取多种方法解决困难,促使他们养成了"不达目的,誓不罢休"的态度。这也间接印证了他们意志坚定、态度专一的特质。

与此同时,他们通常会更具创意,更有效率。面对挑战,他们总是不拘泥于规则的束缚,不断尝试新的方法。他们不断尝试转换自己的思维方式,在脑中运行自己的想法是否可行。他们也愿意积极应对和主动参与任务,并让自己从新的角度看待问题和任务。

(五)迎难而上

高希望特质的研究生在追求目标和遇到困难时有着坚持不懈的精神品质,高效、追求效率,快速适应生活和学习环境,不断在挑战中历练自己,在挫折中使自己得到成长,不断进行自我反思和评估,在逆境中前行。在现实学习科研中乐于接受新奇且富有挑战性的任务。他们不会因为无法解决的问题而轻易气馁,并在激烈竞争中不断形成自我优势。

总而言之,高希望特质的研究生在各个方面都表现出一种不甘示弱、勇往直前的态度。在研究生学习阶段,当面对学术难题、挫折挑战以及未来规划时,他们有自信并且积极解决现实中的困难。他们可以客观冷静地思考自己的未来状况,坚持不懈并灵活地调整道路以追求理想和目标,并且有乐观的态度和积极的性格。在他们的认知风格中,倾向于有一种独立和创新的思维方式,对于成功有强烈的需求和动力,将实现自我价值作为终极目的。

三、研究生希望因子的发展现状

研究生教育是国家教育梯队的最高阶段，汇聚了全国最好的教育资源，旨在培养高素质、高水平、高水平式的研究人才，服务社会，促进社会进步。面对21世纪日益激烈的国际竞争，中国的研究生教育在满足公众需求的同时，应更加注重"质量"的提高。随着培养的逐渐深入，研究生在大规模培训过程中逐渐面临一些新问题，如希望值低、专业基础薄弱、创新不足、学术能力差、就业困难等。其中，提高研究生的希望值是解决这些问题的关键。

（一）研究生希望的总体水平正常

根据以往的研究结果，大部分研究生的希望因子值都在正常范围，只有个别研究生的希望值处于极低或极高的水平。这反映出研究生有很强的自我意识，能够积极看待自己的表现。其体现在三个方面：一是大部分研究生能够将积极事件归因于内部和稳定的原因，将消极事件归因于外部和暂时的原因；二是研究生群体总体上有明确的人生价值取向，对人生的价值和意义有清晰的认识，基本确立了人生观和价值观，主流是积极的；三是大部分研究生通常对未来的事件能够做出积极的预测，并相信未来会产生好的结果。

研究生希望因素水平还呈现出以下特点：一是硕士研究生在一、二年级时希望值出现平稳的状态，但在三年级时出现小幅度的上升趋势，这些变化可能与升学和就业有关系；二是博士研究生的希望值普遍高于硕士研究生，研究生的希望值普遍高于本科生及以下的学生，说明高素质教育对于个体的希望因子以及心理资本是具有建设意义的。

（二）当前研究生希望值提升面临的挑战

在当前的研究生培养工作中，以下因素会影响到对研究生希望因子的培养，从而影响到研究生高质量发展。

1. 目标不明确，对未来没有清晰规划

在当今社会就业的严峻压力下，研究生大多数人都面临着自我规划准确性不足的问题；部分研究生还存在无目的跟风现象，如跟风考公务员、跟风考博、跟风进国企等。而且，他们在遇到困难或难以做出选择时，会下意识地选择向他人寻求帮助或向他人学习，因为他们没有找到自己的准确定位或让自己满意的自我定位。一旦他们发现别人和自己有很多相似之处，就会尝试模仿，甚至把别人的自我定位当成自己的定位。这些现象与研究生希望的缺失具有一定联系。每个人都是独立的个体，家庭环境、社会经验、生活方式等方面的差异使我们每个人都与众不同。只有客观地评价自己、清楚地认识自己、明确自己的目标和追求、欣然接受自己，才能在当今社会环境中给自己一个清晰准确的定位和职业发展规划。

2. 科研意识和能力有待提高

近年来，随着对高校教育责任的重视，各高校均加强了研究生创新实践能力的培养，也加大了对研究生科研活动的投入和支持。然而，目前在研究生科研意识和能力方面仍存在以下问题：

（1）在科研活动的参与和投入方面不够深入。在个体意识层面，研究生中仍存在参与科研活动的目的不明晰、参与意愿不强烈的现象；在参与行动层面，存在"知易行难"、学用分离现象。

（2）在科研知识积累方面仍显薄弱。优秀的研究生应该是"具有扎实的理论知识、丰富的知识储备"的人才代表，并能够在自己的主观能动性下灵活运用和发挥研究的潜力。然而，目前部分研究生中存在科研知识积累缺乏的现象，而这会减弱他们全面看待和探索问题的能力，并无法拓展知识深度，从而使他们无法透过表面看清本质，专注于科学研究。

（3）在科研活动的主动性方面亟须加强。导师对于研究生指导只能是宏观的、原则性的或方法性的指导，不能面面俱到、事无巨细，因此研究生的学习应该是自发且主动的。现实情况是，我国绝大部分研究生在正式开始研究生学习阶段之前，一直接受的是应试教育，大多都是"老师教什么，我学什么"，而不是"我自己想学什么"。他们习惯于在老师的指导和要求下学习，养成了凡事以老师为准、以课本为准的思维习惯，渐渐在学习过程中丧失了自我思考、主动学习的意识。因此，部分研究生仍停留在渴望导师全面辅导、指定方向、手把手教的阶段，缺乏主动学习、科学把控学习进程、主动寻找学习资源、及时对结果进行评估和反馈的良好习惯。

3. 就业压力引发焦虑情绪

近年来，研究生的就业压力来自以下方面：一是研究生入学人数的增加，以及就业情况正处于"僧多粥少"的状态，都让已经面临就业压力的高年级研究生倍感压力；二是毕业答辩的现实压力和职业规划的模糊茫然，导致很多研究生的就业准备总是在毕业年级才仓促着手；三是招聘要求不断提高，而某些在读研究生重专业而忽视实践的学习模式使他们社会适应能力差，无法适应社会和市场需求。以上这些就业压力都使研究生容易产生焦虑情绪。

4. 学历功利化带来的消极影响

学历功利化指的是学习体验不是出于对知识的渴望和探索，而是为了文凭、名利。在学术动机功利主义的背景下，出现了一些现象，例如，一些研究生的目标越来越现实，甚至部分研究生有一种"如果我不挂科，一切都好"和"顺利毕业"的学习态度，一些高校也将奖学金标准降低到了如果不挂科就可拿到奖学金的底线。然而，对分数的低要求不仅造成了巨大的教学资源浪费，而且影响了研究生的知识能力的增进提升。

5. 导学关系的重要作用

导师对于研究生而言，既是严师又是慈父。导师会在科研上给予他们支持，在生活上给予他们温暖和帮助，同时，在相处的过程中也难免发生意见不一致、期待不契合等摩擦。研究发现，拥有高希望值的研究生在与导师、同学的相处中表现出积极正向的人际关系，他们能够处理好与导师及同学之间的关系，同时，良好的导学关系也有利于他们学业和科研的进步。

专栏4.2

学习力

"学习力"最早是由美国学者佛睿斯特提出的，他在1965年发表的《企业的新设计》一文中指出，学习力是一个人学习态度、学习能力和终身学习的总和。我国学者认为，学习力是由学习的动力、学习的毅力和学习的能力三个要素组成的。学习的动力体现了学习的目标，学习的毅力反映了学习者的意志，学习的能力指学习者掌握的知识及其在实践中的应用。学习动力来源于学习目标、兴趣、动机，目标越大、兴趣越浓，动力就愈大；学习毅力来源于学习精神、心理素质、智力、意志和价值观等，认识有多深，毅力有多强，学习就会有多持久，这是学习力的核心；学习能力取决于学习方法，主要包括阅读力、记忆力、理解力、判断力、学习效率等，是学习是否成效的关键。另外，学习力还包括创新能力，学习创新力来源于系统思考，包括观察力、分析力、评价力、应用力，是学习的最高境界。

学习力的几大构成要素是互相促进、有机联系的，学习力的发展过程就是个体及组织自我学习、自我变革、自我超越、自我发展的螺旋式上升的过程。有的学者描绘了个人学习力的三角形模型，即个人学习力由学习能力和学习态度两个方面构成，并以每个人的生理因子为基础。可见，学习力的概念涵盖了学习的动力、毅力、方法与策略、遗传基础等内容，其内涵是丰富的。

依据以上的定义，研究生的学习力是研究生的学习动力、学习持久力、学习的方法与策略、学习中的创新能力等方面的总和，它是动态的、发展的，不仅决定了研究生在校期间的学业成败，而且为其以后的职业生涯和终身学习奠定了基础。必须强调，作为一个特殊的群体，研究生的学习目标、任务、方法、过程、结果以及环境等方面都与本科生的学习具有本质区别，更有别于中小学生和其他群体的学习。因此，研究生的学习力具有自身的特征，这些特征体现在以下方面。首先，研究生学习的动力主要应来源于对专业学习与研究浓厚的内在兴趣，同时，外部的激励也是必要的。其次，研究生的学习属于高级的、复杂的学习，是艰苦的脑力劳动，主要依靠对学科、专业研究的内在兴趣推动。最后，研究生的学习不以考试为主要目标，衡量研究生学习效果最终的，也是最重要的方式是他们的学习结果，即论文，特别是学位论文。研究生大部分都是成年人，学校、导师对他们的管理相对放松，有利于他们发展自己的学习兴趣。也就是说，研究生较少在督促的压力下学习。另外，研究生的学习与研究紧密结合在一起，他们的学习近似于真实的学术实践活动，必须面对和解决实际问题，也正是这种与真实实践相结合的学习方式，使研究生能够体察、发展对专业知识学习的内在兴趣，而这种内在的兴趣保证了研究生学习行为的持久性。当然，并非所有的研究生都对专业学习感兴趣，外部的监督与管理也是必要的。近年来研究生教育管理部门对研究生的学位论文执行匿名抽检制度，就比较有力地提高了研究生学位论文的质量。

第三节　如何培养高希望特质的研究生

考研人数不断攀升，考公务员的人越来越多，工作也不好找……诸如此类的词条在网络时代比比皆是。当今社会充满了各种各样的竞争，用现下的热词讲就是"内卷"。几乎每个人都感到自己生活在无处不在的非理性、盲目竞争的压力之中。面对无法改变的现实压力，研究生要如何做才能在竞争如此激烈的社会中占据一席之地，这是值得我们思考的问题。

一、做好自我了解与评估，确定目标

研究生对自己的了解与评估是研究生学业和职业规划的直接要求，对研究生了解自我、确立目标具有重要意义。

（一）自我了解与评估的意义

进行清晰的职业规划并顺利找到自己的发展目标的前提是正确地、客观而全面地认识自我并探索自我。对于研究生来说，认识自己、规划学业、规划人生是极为重要和急迫的事情。如果无法充分认识自我，所有的努力便失去了指向的目标，有可能变成只是为了符合他人的期望和要求，与自己真实的内心诉求不符，难以感受真切的价值感和意义感。

美国学者马西娅将青年的职业生涯定向分为自主定向者、提早定向者、延迟未定者、茫然失措者四种形态。由于父母的保护和社会限制，提早定向者在就业选择时免去了过多的焦虑，但在进行职业准备时，他们可能处于对学习缺乏兴趣和动力的状态，脑子里会有计划辞职的想法。由于缺乏目标导向，那些不确定和困惑的茫然失措者在面临职业选择时可能会产生不安、焦虑情绪，这对于他们的就业或学习来说都是极为不利的。自主定向者比较能够对自己的选择负责任，学习的主动性和适应性较好。马西娅的研究结果表明，现代青年发展的重点已经向自我职业探索偏移。清晰的职业决策不仅有利于个人的长期发展，还可能对他们当前的生活状态产生积极影响。

（二）自我了解与评估的内容

自我了解与评估包括两方面：一是通过了解自己的兴趣、能力、需要、价值，从而对自我进行了解与评估并进行深层次的剖析；二是明确客观环境存在的机遇与危机，进一步推断未来可能的工作方向，科学、理智地对自己的职业生涯进行清晰规划。

具体而言，研究生进行自我了解与评估包括以下五个步骤，即职业生涯规划领域内常用的"5W"法：

（1）Who am I？（我是谁？）对自我身份、经历、理想、信念、社会关系等方面的认知。

（2）What will I do？（我想做什么？）对自我兴趣爱好、职业价值观、个性等方面的认知。

（3）What can I do？（我会做什么？）即根据自身所学已熟练掌握的专业知识以及技能等。

（4）What does the situation allow me to do？（环境支持我做什么？）主要是对于就业环境的分析。

（5）What is the plan of my life and career？（我对生活与职业规划是什么？）这其实就是个体初步对职业目标进行规划，通俗地来讲，就是应该在哪个领域的行业中从事与某方面相关的工作的职业定位。

（三）自我了解与评估的方法

1. 自省法

"从不进行自省的生活毫无疑问是没有任何价值的生活。"在生活中，我们应该多提升自己，学会自省，对自身存在的一些行为习惯、口头禅以及心理活动等进行分析。只有这样，才能更深入了解自己的情感、性格、能力、智力、意志、气质和身体状况，要从唯物主义理论出发，辩证审视自己的方方面面，发挥优点，摒弃缺点，在自身职业发展的道路上大放异彩。橱窗分析法是进行自我检查时最常用的方法（图4-4）。

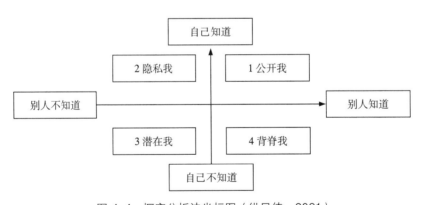

图4-4 橱窗分析法坐标图（纵凤侠，2021）

专栏4.3

橱窗分析法

所谓橱窗分析法，是一种借助直角坐标系不同象限来表示人的不同部分的分析方法。它以别人知道或不知道为横坐标，以自己知道或不知道为纵坐标。橱窗分析法也是进行自我认知的一种常用方法。

认识自我、了解自我是非常不易之事，所以有"做事难、做人难、了解自己就更难"的说法。心理学家们就曾把对个人的了解比作橱窗，为便于理解，他们把橱窗放在直角坐标系中加以分析。坐标系的横轴正向表示别人知道，横轴负向表示别人不知道；纵轴正向表示自己知道，纵轴负向表示自己不知道。

橱窗由四个我组成："公开我""隐私我""潜在我"及"背脊我"。在进行自我剖析时，重点要了解"潜在我"和"背脊我"两个部分。

橱窗1："公开我"：自己知道、别人也知道的部分，其特点是个人展现在外，无所隐藏。比如身高、年龄、学历、婚姻状况等。对较为陌生的人而言，这个区域可能很小，对较为亲近的人而言，这个区域可能很大。区域的大小视对方对你的了解程度而异。

橱窗2："隐私我"：自己知道、别人不知道的部分，其特点是属于个人私有秘密，不外显。比如自私、嫉妒等平常自己不愿袒露的缺点，以及心中的愿望、雄心、优点等不敢告诉别人的部分。因为这一部分的暴露，可能会使自己受到伤害或轻视，因此该区域的大小视个人对对方的信任程度而异。可以采取撰写自传或日记的方式来了解自我，可以了解我们自身成长的大致经历和自我计划情况等。

橱窗3："潜在我"：自己不知道、别人也不知道的部分，其特点是开发潜力巨大，但通常别人和自己都不容易发觉。这一区域的大小难以确定，可以通过人才测评来发现自己平时注意不到的潜力，也可以在学习和生活过程中，多做尝试来发现自己的潜力。

橱窗4："背脊我"：自己不知道、别人知道的部分，其特点是自己看不到，别人却看得清清楚楚。可以通过和家人、朋友等交流的方式，也可以借助录音、录像设备了解"背脊我"，要求个人需要有诚恳的态度和博大的胸怀，真心实意地去征询他人的意见和看法，有则改之，无则加勉，虚心接受他人的建议是缩小盲点区的有效途径。

科学家研究发现，每个人都有巨大的潜能，人类平常只发挥了极小部分的大脑功能。如果一个人能发挥一半的大脑功能，将轻易地学会40种语言、背诵整套百科全书、拿到12个博士学位。著名心理学家赫伯特·奥托（Herbert A. Otto）指出，一个人一生所发挥出来的能力，只占他全部能力的4%，也就是说一个人96%的能力还未开发。赫赫有名的控制论奠基人诺伯特·维纳说："可以完全有把握地说，每个人，即使他是做出了辉煌成就的人，在他的一生中利用他自己的大脑潜能还不到百亿分之一。"由此可见，认识、了解"潜在我"是自我认识的重点之一。

2. 测评法

职业测评属于心理测试的范畴，它的基本原理是通过假设一些问题情境，记录个体在应对这些情境时的反应，进一步推测他们的心理特点。科学的职业测评必须具有一定的信度和效度，要求特定的理论来奠定基础，运用问卷设计、抽样调查、统计分析、建立常模等程序来综合构建。

目前，成熟有效的职业测评问卷很多，例如，《霍兰德职业倾向问卷》《MBTI 十六型人格测试》等。研究生在职业测评中应该选择效度、信度以及权威性比较高的一些测量工具。另外，在进行测试时，应该尽量选择外界干扰少的环境并且遵循自己内心的想法，不要受外界客观环境的影响。

3. 咨询法

生涯辅导是心理咨询师的工作内容之一，是指依据一套有系统的辅导计划，通过辅导人员的协助，引导个人探究、评判并整合运用有关的知识、经验而开展的活动。（麦克丹尼尔斯，1978）"职业辅导之父"弗兰克·帕森斯（Frank Parsons）认为，在个人职业的选择过程中，有三个因素最为重要，也是"职业辅导的三大原则"，分别为：应聘者应该对应聘的工作岗位的性质以及工作环境有一定的了解，应该充分正视自己的兴趣爱好以及特长，二者应该相互协调。因此，在心理咨询师的帮助下，个体可以更加深入地了解自己的能力、兴趣、资源、限制及其他特质，进而选择适当的生活方式，增进个人幸福感。

二、做好生涯规划，明晰路径

做到了自我了解和评估，并确定朝向的目标之后，接下来要做的事情便是规划和明晰路径。研究生毕业后，绝大多数同学都要进入职场，走入社会，怎样才能实现自己的华丽转身，在人生的下一阶段成功亮相？很多同学都感到迷茫。

（一）为什么要做生涯规划

自媒体的飞速发展，抖音、B 站、小红书的兴起让"榜样"近在咫尺，他们活成了我们想要的样子。然而现实生活里，高昂的房价、拥堵的交通、严峻的就业形势等，又让我们觉得理想高不可攀。对于什么是好工作，大多数人倾向于认为是一份稳定、体面、报酬较高的工作。对于研究生群体来讲，大多数人认为已经多花了三年的时间和金钱投资自己，理应获得社会普遍认可的"更好的工作"，并希望能够真正结合专业所学、自身能力、性格特点、社会需求，找到职业生涯上的真爱。

职业生涯规划是什么？其实职业生涯这一名词也经过了长时间的演变，在 1970 年，生涯渗透到人们工作、学习以及生活的方方面面。从经济学角度出发，一个人的一生中会接触到很多职位，而生涯就是这些职业发展所演变出来的结果；从社会学角度出发，比如你既是爸爸的儿子、老师的学生，还是共产主义的接班人等，这一系列的角色其实就是生涯。发展到 1990 年时，生涯又被定义成"在一个人的生命长河中，由于个人机遇、所处的社会环境、心理等某些因素相互影响、作用所造就的职业的更迭换新。而职业的发展在个人生活中的方方面面都起到了很重要的作用。比如在个人所处的环境、家庭生活、自我概念等"。这种观点已经试图把工作和生活看成一个整体。工作不仅仅是赚钱的一种工具，它有更深远更重要的意义。

基于这样的理念，理查德·鲍威尔斯（Richard Powers）提出了"一个完整的人"的概念。他指出，拥有喜爱的工作，享受良好的学习和教育以及美好的休闲活动，这便是生活的意义。这种观点为我们合理安排自己的时间、获取生活的幸福提供了指引。

在这里就不得不提及唐纳德·E.舒伯（Donald E. Super）的生涯发展理论（图 4-5）。舒伯告诉我们以下几点：

（1）生涯是连续变化、发展的，经历成长、探索、建立、维持以及衰退五个阶段。中国老话常讲，在什么年龄做什么事。研究生阶段是作为学习者的关键阶段，应该紧抓在校时间完成专业知识的积累，为将来步入社会和职场做出积极的准备。在有限的时间面前，应有时不我待的紧迫感和紧张感，规划好研究生阶段的各项活动。

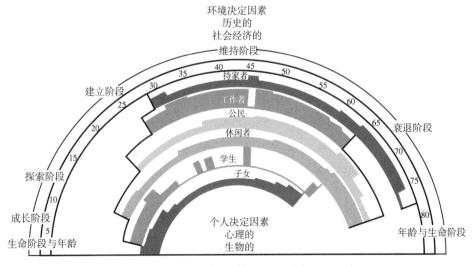

图 4-5　舒伯的生涯彩虹图（王默忠，2011）

（2）要有一个"大心脏"，敢于面对职业生涯中的重要抉择。每个人的职业生涯都是无可替代、独一无二的。适宜的生涯是慎重考虑、规划、制定和执行的结果。对于研究生来说，要学会主动进行生涯规划，提升自己的心理资本，打造一个"大心脏"，不随波逐流，勇敢面对和创造自己的人生。

（3）生涯其实是一系列角色的相互平衡。舒伯提到人生有子女、公民、学生、配偶等九种角色。这些角色在一起互相影响，因此才会形成我们独特的自我发展形态。

（4）生涯的厚度需要我们逐步进行拓宽，并且投入其中。生涯厚度即一个人在一生会体验不同的角色，而在每个角色投入的深度的差异。工作角色虽然不需要贯穿始终，但却是投入精力最多的一个角色。选择并投入一个领域，在持续努力下形成自我发展的核心竞争力，然后成为某个领域的专家才是真正拓展生涯厚度、取得卓越的途径。

进行生涯规划不仅是找工作，更是为自己找到一种适宜的生活方式。找工作是生涯规划中的一环，工作的真正目的在于帮助我们达成向往的生活。

专栏4.4

舒伯的生涯发展理论

美国生涯辅导理论大师舒伯的生涯发展理论，是现今生涯辅导重要的理论基础，不仅有力地指导着生涯辅导，而且对人的素质培养也具有重要的指导价值。舒伯认为人的生涯发展是由三个层面构成的：一是生涯发展的时间。生涯发展的阶段或时期，包括生长、探索、建立、维持及衰退五个发展阶段或时期。各阶段发展的年龄大约是生长期（0—14岁）、探索期（15—24岁）、建立期（25—44岁）、维持期（45—64岁）、衰退期（65岁以上）。二是生涯发展的广度。指一个人一生所要扮演的各种不同的角色，如儿童、学生、公民、休闲者、工作者等角色。三是生涯发展的深度。指个体扮演每一个角色所投入的程度。有的人在工作者角色上投入程度多一点，而有的人或许在家庭角色上多投入一点。生涯发展是一个持续不断的过程，但并非一成不变的，人的过去是现在的一部分，而现在又影响到未来。现在的行为与对未来的期望都会影响人的生涯发展，有时候在发展中可以改变过去的错误，生涯规划就落实在协助和促进个体生涯发展的过程之中。

其理论的主要观点有：

其一，生涯的概念。生涯一般是指个人通过从事工作所创造出的一个有目的的、延续一定时间的生活模式，主要强调的是与工作或职业相关的生活形态。而舒伯认为，生涯是生活中各种事件的演进方向和历程，它综合了个人一生中依序发展的各种职业与生活角色，由此表现出个人独特的自我发展形态，它具有方向性、时间性、空间性、独特性和主动性。

其二，自我的概念。是舒伯理论中的核心概念，指个人对自己的兴趣、能力、价值观及人格特征等方面的认识和主观评价。他认为一个人工作与生活满意与否，就在于个人能否在工作和生活中找到展现自我的机会；生涯发展的过程就是自我实现的过程，工作满意的程度与自我概念实现程度成正比。

其三，生涯彩虹图。舒伯将生涯发展的时空进行了形象描绘。将横跨人一生的生命历程称为生活广度，将人在这一历程中的各个发展阶段所出现的各种角色称为生活空间。以生活广度为横向层面，以生活空间为纵向层面，描绘出一幅人的生涯彩虹图，诠释了生涯发展阶段与角色间的相互影响和发展状况。

在彩虹图中，生活广度为时间的向度，划分为五个阶段：生长期（0—14岁）、探索期（15—24岁）、建立期（25—44岁）、维持期（45—64岁）、衰退期（65岁以上）。每个阶段都有其独特的职责、角色和发展任务，前一阶段发展任务的达成与否关系到后一阶段的发展。舒伯认为每个人都有一系列的角色，个人在不同时期扮演着不同的角色并对其有不同程度的认同和投入，而此种投入和重视程度则以每一道厚薄不一以及凸起不一的彩虹来表现。生涯彩虹图在同一画面上直观地展现了个人生命的长度（发展阶段）、宽度（角色）和深度（个人对角色的投入程度），展现了生命的意义所在。

其四，生涯成熟度。舒伯的生涯成熟度是指个人某一发展阶段面对及完成发展任务的准备程度。它包括两方面：一是指个人在整个职业生涯历程中达到社会预期的水准；二是以职业生涯各发展阶段的发展任务为标准所做的衡量。它代表着个人生涯发展的状况与职业选择的准确度。成熟度越高，也就越有好的准备状态来做适当的职业选择。

（二）如何进行生涯规划

生涯规划是在结合所处时代的政治、经济、社会发展等特点及个人所需扮演的社会角色的前提下，通过对个体的能力、素质、人格特征、职业兴趣等进行综合分析，确定出适合自己的职业生涯目标。总之，一个人的生涯规划，就是有计划、有掌控地成为理想中的自己的过程。在这个过程中，我们不断地选择、获取和失去，但毋庸置疑的是，只有规划了，我们才能成为更好的自己。

1. 研究生生涯规划要树立品牌意识

规划的目的不仅仅在于确定当下的选择，更重要的是要具备一个远景目标，是一种长远规划。一般情况下，研究生相较于本科生在学业知识水平、认知和思维的成熟度以及社会经验方面都有了较大提升。因此，在制订职业生涯规划上更要具备"远见"思维，其中最重要的是要有品牌规划意识，要成为自己的品牌经理，打造自己的"职业品牌"。

当提及自身品牌时，我们面对的首要问题就是如何树立，我们认为有以下两方面路径：

（1）我们要做的是迅速聚焦。相较于本科生，研究生在通过"试错"来确认自己的职业发展路径的时间变少了。对于大多数人来说，35岁是关键的一年，很多人可以在这个年龄锚定职业发展的甜蜜区，并开始为下一阶段的提升做好充足准备。因此，对于研究生来说，不管是选择在国家机关工作还是选择在国企、私企等各类企业就业，甚至是创业，都需要尽早确定目标，将自己的精力聚焦在某一个行业、领域。很多同学喜欢频繁跳槽，结果几年过去了还没有找到合适的岗位，而企业能够给予的机会变少了。就像是想要挖一口水井，确定地点之后一直挖下去总是可以挖出水来的，怕就怕挖了很多浅浅的土坑，且每一口井里都没有水。所以，研究生更要在学习阶段强化自己与社会的链接，通过各种途径收集了解行业情况，尽快锚定自己的发展方向。

（2）要学会树立和经营品牌。在近年来各类就业调查发现，个人发展通道已经超过薪酬、稳定等成为毕业生在求职择业时最看重的选项。可见，大部分毕业生已经树立了自我发展、自我实现的意识，认为工作不仅仅是提供工资收入，满足日常所需。但是现实情况是，很多同学只具备相应的想法，却没有开展相关行动，或者是不知道如何行动。由于求职准备不足，同学们最后只能屈服于现实，不得不签约一个并不满意的工作。其实，经营个人品牌和经营一个产品是一样的。老话常讲的"酒香不怕巷子深"早已不适合现代社会。同学们在确定自己发展方向后，就应该多研究学习行业企业情况，通过阅读公司年报、实习、生涯人物访谈等多种方式，在文化、态度、知识等各个层面融入这个行业。同时，在求职时，从简历打造、自我介绍、面试等个人呈现环节尽可能地展现出专业性。简而言之，就是从内而外地包装自己，竭尽所能地推销自己，尽早培养成功的职业生涯所需要的技能和习惯。

2. 研究生生涯规划的实施

求职择业是一个实践性很强的活动。盖瑞·彼得森、詹姆斯·桑普森与罗伯特·里尔登合著的《生涯发展与服务：一种认知的方法》一书中阐述了一种思考职业生涯发展的新思路，即认知信息加工方法。此方法为我们合理开展职业生涯规划提供了清晰的思路。

总而言之，职业生涯规划可以用另一种方式来表示——信息加工金字塔（图4-6）。我们将遵循这个金字塔的结构，由下而上来分析职业生涯规划的实施问题。

金字塔最底部是知识层面的信息，具体分为自我认知信息和职业认知信息。在自我认知阶段，同学们可通过心理特征、外在的形象以及社会自我这三个方面来对自己进行清晰、明确的认识。在求职阶段，同学们一定要意识到学校和职场是两个完全不同的场域，要有意识地营造出自己积极阳光、简洁干练的职业外在形象。在心理特征方面，注重心理资本的积累，可以通过霍兰德职业兴趣测验、MBTI职业性格测验、职业价值观测验、职业能力测验等量表了解自己的职业倾向，找到自己擅长的职业领域，增强心理动力系统和自我效能系统。在社会自我方面，同学们要注重发挥社会资本在求职择业时候的重要作用，我们的家庭关系、朋友关系、师生关系都可以成为助力求职择业的资源。在走入职场后，同学们也要有人脉管理的意识，主动经营和提升社会资本将有利于自己在更大的平台实现更好的发展。

图4-6　信息加工金字塔（王本贤，2009）

职业认知是让研究生们感到迷茫的重点。对他们而言，有一种迷茫叫"我根本不知道有什么选择"。在这个模块研究生需要从三个角度把握：

第一，专业与职业的关系。同学们基于各种原因考取研究生，一部分同学的专业是经过自己慎重考虑选择的，对于这部分同学来说，通过导师、业内发展的师兄师姐、行业大咖、领英等新媒体平台能够迅速收集掌握专业就业的一手资料，在未来的发展上困惑较少；另一部分同学在考研专业的选取上没有经过慎重考虑，或者出于考上的目的来选择专业和学校，在就业时存在的困扰就较多。实际上，高校专业设置并非对应一个固定的职业，而是一组职业群。同学们完全可以结合自己的职业兴趣在职业群中找到具体的职业类型。如果实在不喜欢在专业领域就业，也要在学好本专业的同时寻求在交叉领域的发展。

第二，就业环境和行业环境的变迁。整体上来说，就业环境和一国经济的发展息息相关。因此，研究生在求职择业时既要注重长远发展，也要考虑短期形势，做出及时有效的规划调整是可取的。在经济发展不好的年份就业，我们不得不适当降低自己的求职预期，在第一份工作的选择上，多一些理性和务实，养精蓄锐，在二次求职时蓄势而发。

同时，我们也要密切关注整个社会行业的发展变化，什么是朝阳行业，哪些是热门行业，事实上，朝阳有一天会变成夕阳，热门行业没有一天不在进行迭代更新。过去炙手可热的互联网行业在 2022 年也遭遇了滑铁卢，大量大厂员工面临裁员和职业转换。因此，接受高等教育的研究生同学一定要学会独立思考，以辩证、发展、客观的角度看待职业选择，职业的好坏没有统一的标准，没有好不好，只有适合不适合。

第三，组织情况。找寻一份职业，我们还需要了解组织的内部环境，包括组织类型、组织结构、组织文化等。比较普遍的组织类型可以分为五类：事业单位、政府组织、营利性组织和非营利性组织以及各类协会。同学们要学习了解组织规模、层级组织、结构、员工升迁流动、员工培训政策等，这些对个人工作的发展方向、发展路径以及实现个人生涯目标的时间都有重大影响。组织文化是一个企业倡导的为员工身体力行的价值观和行为准则，它使组织变得独特。比如说我们熟知的华为公司奉行狼性文化，在进行员工选拔的过程中，也会对员工开展相应的性格测评用以判断其是否符合企业文化要求。所以，我们应该对组织文化加强学习和了解，如果个人价值观与组织文化在某些方面相契合，这无疑使求职者在职业的选择上有了获胜的砝码。

在完成了基础的知识积累之后，我们的生涯规划就进入了决策环节。在这里就需要提及信息加工的 CASVE 循环（图 4-7）。其包括以下五阶段：沟通、分析、综合、评估、执行。

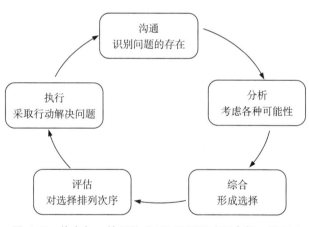

图 4-7　信息加工技能的 CASVE 循环（王本贤，2009）

在沟通阶段，我们收集到了许多信息，例如，职业的理想与现实之间存在差距。这些信息可能通过内部或外部交流途径传达给我们，也可能会使我们感到焦虑、不满、烦躁等。父母可能经常会询问我们关于职业规划的问题，学校的老师也经常会安排一些行业交流会、分享会，给我们传递一些关于职场的讯息。随着互联网的普及，我们也会在各种媒体上多多少少了解到对就业形势的解读、分析。这都是一种外界和我们的沟通，让我们意识到存在着的问题。

在分析阶段，有许多问题需要我们花时间去了解、观察、思考、研究，来进一步帮助我们了解差距，明确自己做出有效反应的能力，例如"想要解决这些问题，我需要了解自己以及环境的哪些方面，我需要做些什么？我的感受是为何而来？家庭会怎样看待我的选择？"等一系列问题。此外，我们还要把相关知识与各种因素结合起来，例如，把自我所具备的知识技能与职业选择结合起来，把个人和家庭的生活需要与职业选择结合起来。

在综合阶段，我们需要对上一阶段获得的信息进行综合加工，以制订可行有效的行动方案，用于缩小甚至消除差距，核心是确定解决问题的方法。通常在这个阶段我们会多做一些选择，用以比较和分析。比如说有些同学决定通过寒暑假实习来提前了解目标企业的情况等。

在评估阶段，首先需要从物质和精神两方面，对每种选择带给生涯决策者和他人的利弊影响进行评估，例如，如果最终选择创业，将会给自己和家人带来什么样的影响？其次，需要对综合阶段得出的选项进行排序。最后，规划决策者从以上选项中选择出一个可行性最大的方案实施。

在执行阶段的过程中，我们首先会考虑前一阶段的选择，再根据这一结果将计划进行完善，把想法化为具体行动，积极地解决现存的问题并不断地优化方案。

CASVE循环其实是一个需要循序渐进、往复循环的过程。在完成执行阶段之后，则又重新回到新一轮的沟通阶段，通过这一阶段来进一步评估自己的职业选择是否最优，能否使自己更加接近职业理想。

（三）给研究生职业生涯的几个建议

优秀的人，都是在正确的时间做正确的事，积累而成。踏入研究生的大门，就意味着距离走入社会仅有不到3年的时间。研究生的生涯目标不仅在于找到热爱的工作，更在于建立热爱的生活。以下是关于研究生生涯规划的几点建议：

1. 在读研期间储备职场能量

在所有生涯角色里职业生涯占据了大部分的时间，所以需要充分了解和规划职业生涯。职业生涯第一阶段是强势开局的阶段，也就是个体初入职场的第一个十年。在此阶段，研究生要加强专业知识的学习，用知识和能力来武装自己，不能输在起点。第二个阶段是聚焦长板的阶段，时间大概是十五年，在这个时期内要尽量找到擅长的和喜爱的，即职业的甜蜜区，努力展现自我，让自己成为某个领域的专家。第三个阶段就是收获和稳定发展的阶段，这时的个体已步入中年，甚至步入老年，但依然可以在自己擅长的职业上发光发热。在读研期间按部就班地完成学业并不是最好的安排，除了出色地完成学业、拥有解决专业问题的相关能力、获取相关专业证书等，研究生还要有意识地积累以下能力（表4-1），这些能力能够帮助我们适应职场的要求。同时，要注重社会资本的积累,要注重保持和家庭成员、同学、老师、导师、专家的长期联系,多向前辈和优秀的榜样学习,注重运用校友资源和网络资源,例如领英这样的人才数据库。有求职打算的研究生要尽早做好求职准备,如抓住实践的机会、完善自己的个人简历等。

表 4-1 职场能力培养指标(孙晓辉,2006)

一级指标	二级指标
可迁移能力	学习和创新能力
	团队合作能力
	人际交往能力
	组织协调能力
	口头表达能力
实践能力	社会实践
	实习经历
	解决实际问题
心理素质	抗挫折
	抗压力
	责任感
	敬业精神
	成就动机

2. 提升科研能力

相对于本科生而言,在研究生的学习生涯中,学校侧重于培养独立科研思维以及科研能力。有的研究生在毕业之后,选择读博深造,那么在读研究生期间,就更要注重这几点:培养自己的科研思维,这其中包括课题的设计、实验的设计等;增强独立思考的能力,能够独立解决实验中的难题;具备绝对的耐心,吃得了科研的"苦",耐得了科研的"寂寞"。同时,也要注重提高自身的希望值,这不仅有利于科研的顺利进行,也能使研究生对生活抱有积极的态度。

3. 打有准备之仗,做有准备之人

除了就业,以及读博深造外,还有一部分同学选择考公务员,或者考事业单位、进学校当老师等,有这些计划的同学,一定要提前做好准备,了解公务员、事业单位的报考条件,以及不同地区的政策是否有所不同、研究生报考公务员有何福利政策等,要做有准备之人，绝不打无准备之仗。

"条条大路通罗马"，毕业之后无论是进入职场，还是继续选择科研，或是考公务员，进事业单位，只要具备高希望值，到哪里都可以发光发热，实现自我人生价值。

三、培养科研精神，保持动力

习近平总书记曾多次谈到科学家精神，曾深刻指出，"科学家精神是科技工作者在长期科学实践中积累的宝贵精神财富"。而对于科研工作者来说，科学家精神就是科研精神。它指的是由科学性质所决定并贯穿于科学活动和科研工作之中的基本精神状态和思维方式，是体现在科学知识中的思想或理念。科研精神是科研工作者的灵魂，它为科研工作者提供不断前进的动力。近年来，高校也更加注重对科研人员以及研究生科研精神的培养。

（一）当代研究生科研精神体系的内涵

焕然一新的精神状态以及独特的思维方式是每一个科研人员都应该拥有的科研精神。而科研精神贯穿于科研工作的方方面面，如坚定不移的意志信念、严谨的学风、大胆创新的精神、勇于面对实验的失败、持续的修范能力等，个人科研活动的行为特征，观察和思考的新方法等。

1. 勇敢的探索精神

科研工作的这条路上充满了艰辛与磨难，每一项科学技术的发展与进步，都需要科技工作者拥有求知、好奇的探索精神。人类能够不断取得进步离不开对未知领域和未知知识的渴求，而研究生作为科研工作者的主力军，理应承担起这种探索精神的继承和发展。

2. 自主的担当精神

根据国内现状，近四分之三的高校在研究生一年级会安排学习与专业相关的基础课程，而在研究生三年级则需要同时兼顾毕业论文和找工作，留给研究生的科研时间并不充裕；加之大多数研究生就是按照老师的计划一步不差地完成论文，研究生能够独立自主地承担科研工作的机会也不多。所以，研究生需要培养自己独立思考的能力、发挥自己的主观能动性以及创新思维，在科研工作中逐渐进步。

3. 开拓的创新精神

创新是引领科研工作的核心要素，小到高校整体水平的提升、大到一个国家创新体系的不断完善，这些都与研究生的创新思维、能力密切相关。研究生应该在创新型研的道路上做到精益求精,只有这样,才能担任起科技兴国的重要责任,从根本上进行变革——中国制造到中国创造的跨越式发展。随着国家对教育的重视,创新、科技改革、科技创新等诸多名词出现在素质教育中,作为国家栋梁之材的研究生更应该担负起祖国赋予我们的殷切期待,在科研中学会创新。

4. 协作的团队精神

现如今某些科学技术研究工作需要各领域的专业人士相互协作才能完成。但有些人的团队意识不强,导致一些工作不能保质保量地完成,从而拖延工作的整体进度。这就显现出团队精神的重要性,它在研究生的科研工作中是不可或缺的,学校应该加强对此方面的知识宣传和氛围营造,导师也应该创造相应的条件来培养。

5. 奉献的道德精神

科学研究是在各行各业的支持下才得以顺利开展,而科学研究的最终目的是回馈社会。设想,如果当代研究生缺乏奉献的道德精神,那科研成果将会对社会的发展起不到积极的促进作用。所以,学校应该加强对奉献的道德精神的宣传、弘扬,让科研成果真真切切地服务于社会的各行各业,并且不断传承,将其发扬光大。

(二)研究生科研精神体系的培养

1. 环境舆论的引导作用

研究生生活在社会这个大家庭中,避免不了受环境舆论的影响,要发挥环境舆论的引导作用,来帮助研究生构建全面的精神体系。从国家层面来讲,可以利用官微官博、视频等方法宣扬积极向上、合作创新、勇于探索的精神面貌。从科学领域层面来讲,利用新闻、会议等一些正面形式,来批判科研工作中的不正之风、邪门歪道,宣传正确的科研精神。此外,从科研团队的层面来讲,利用讲座、座谈会等形式来引导研究生要树立正确的科研态度,一切从实际出发。

2. 学校导师的指导监督作用

导师在研究生的学术生涯中有着不可替代的作用,不仅需要在研究生的生活和学业上指点迷津,还要培养他们的科研精神。所以,导师应该充分利用与学生的组会、上课等时间,对研究生存在的问题进行指导,在研究生缺乏创新意识或者主观能动性时,适当地加以指导、引导,帮助他们在科研生涯中逐渐完善科研精神体系。

3. 研究生自律坚持的作用

环境舆论的引导和导师的督促也只是外部因素。如果研究生本身就缺乏努力的动力以及自律意识,那么,环境舆论的引导和导师的督促也无济于事。所以,研究生需要充分认识到科研精神体系的重要性,将目标明晰、独立创新、积极乐观、自律坚持的科研精神贯彻到底。

成长资源

● 心理测验

成人希望状态量表

成人希望素质量表

● 拓展阅读

霍兰德类型理论

第五章　培育乐观品质

"乐观"在心理资本中的定义是指对未发生事件的积极预期和对已发生事件的积极归因。积极期待本质上来说也是一种积极归因,即总是倾向于把积极的、良好的因素看作长久的、内在的、必然发生的,而把消极的、糟糕的因素视为暂时的、外在的、偶然遇到的。因此,我们会发现形成"乐观"品质的关键词是积极归因。如果个体能够对未发生的事情总抱有积极期待,对已发生的事情总持有积极归因,那么他便会拥有积极心态和掌握有效策略,成功应对发展成长过程中的任务和难题,从而增强心理资本。

培养积极的归因方式有助于帮助研究生获得灵活乐观的心理品质,而个体归因方式的建立受到多种因素的影响。因此,本章从归因的概念、归因风格对研究生群体的影响以及研究生如何建立积极归因方式三个方面进行论述。从"是什么"到"怎么做",帮助研究生全面了解归因方式以及培养积极归因思维的路径,为心理资本的培育打下坚实的基础。

第一节　积极归因

当人们经历了一些消极事件或是意料之外的事件后,总是会不自觉地反思、讨论事情为什么会发生。很显然,这些事情超出了人们所期望以及所控制的。而每个人都是"朴素的心理学家",都想要掌握更多的规律来解释意料之外、能力之外的事情。人们需要去了解外部世界的规律和原因,这样才能更好地利用规律去处理安排和控制自己的生活,甚至是改造世界。因此归因不仅是一种心理活动,更是一种人类的普遍需要。

然而，探索行为背后原因的过程并不像科学实验那样严谨，并且在很大程度上受到我们认知与个人经验的局限。可以说，归因反映的是个体对自己或他人行为的解释和认识，因此，归因所得到的因素只是每个个体的主观认知，不一定是真正的客观原因。例如，幼年的孩童在面对父母离婚时，可能会认为都是因为自己不乖、不听话才导致父母离婚。由于他来到这个世界的时间太短暂，经验太少，并且自我中心性很强，所以孩子们无法理解父母离婚的复杂原因，只得将此事归因在自己身上。在没有看到因果，就去盲目地总结因果，是最基本的错误归因方式。尽管归因得到的结果并不客观真实，但作为认知的一部分，这种解释又会影响到人们在日常生活中的各种情绪、动机以及后续的行为。

对于研究生群体来说，科研是不可轻视的部分，学业上的成败也是他们个人价值的一种体现。举例而言，当学生将失败归结为自身智力不足、能力低下，则容易自暴自弃，因为这是相对难以改变的内部因素；反之归结为努力不足，在后续的学习活动中就会为了得到更好的成绩而刻苦学习。因此讨论研究生群体如何解释自己学业上乃至人生的成功与失败的原因，可以有效地预测他们的情绪反应以及行为，并且对于改善他们的心理健康状况和增进积极行为等都具有重要意义。

一、归因理论

（一）归因理论

归因是一种认知活动，即通过感知、思维、推理等内部信息加工过程而推论造成行为或事件结果的原因。通俗来讲，归因理论描述了我们怎样解释人们的行为。一般来讲，对于一个行为原因的推测最简单的便是内因和外因两方面。顾名思义，一个行为的内因是指关于行为主体内部的因素，包括个体的性格、情绪、动机、心态、努力等。相对应的是与行为主体无关的、发生在行为主体外部的条件，被称作行为的外因，比如天气因素、同伴的影响，或是任务难度等原因。

1. 控制点理论

最先在心理学著作中提到"内—外"成分原因的学者是罗特（J. B. Rotter），他认为"内—外"部是一个连续体的两端，人们对于积极或消极的事件原因的预料和解释是不尽相同的。比如当获得奖学金时，有人把它看作是内部的原因，比如是自己的行为（努力学习）或品质（优秀）所引起的必然结果；也有人把它看作是外部的原因，比如运气好、奖学金政策调整等激发的。另外，罗特还在 1966 年首次提出了控制点的概念，即一个人感到自己的成败的位置在哪里——内部或外部。久而久之，就形成了两种归因风格，即内控者和外控者。

2. 海德的归因理论

弗里茨·海德（Fritz Heider）是归因理论的创始人。他基于罗特的控制点理论，将内部—外部的观点引入归因理论中。他认为人们在解释某件事或某行为时倾向于从个人因素和外部环境两个角度寻找原因。例如，当某个同学在一次考试时突然成绩大幅提高，那么有的人可能会解释这是由于他本身的努力和聪明（内部归因），还有的人可能认为这是由于这次考试的题目简单造成的（外部归因）。尽管我们知道世界上任何事情的发生都是由不同的、复杂的因素造成的，历史的进程也并不是由某个单一的因素推动着，内因（主体）和外因（情境）的区分并不清晰明了，二者之间是相互促进、相互影响的关系。例如我们不能片面地说朝代的更替是由某个历史人物决定的，也不能单一地否定历史人物的主观能动性，把一切都交给时代和命运的安排。再比如说你不想继续读书，我们可以认为你作为行为主体（内因）产生了不想读书的想法和行为，但也可以说是学校里的某些人和事（外因）影响了你，才导致你不想读书。虽然我们都明白这个道理，但是心理学家在研究中还是发现，在日常生活中人们对行为的解释不是归于外部环境就是归于主体内部。这样可以帮助人们节省认知资源，因为我们在谈论一件事时，不可能把所有的影响因素都考虑周全，相反我们会选择看起来最主要的那个因素并坚信它对行为和事件的决定性作用。

另外，海德还提出了归因过程中的不变性原则。海德认为，人们在对行为进行归因时，往往会去寻找某个特定原因与事件结果之间的必然联系。假如，无论是何种条件下，某个特定原因都会引发某件事情的结果；另外，当这个特定原因不存在时，也不会出现该结果，那么我们很容易将这一特定结果归因在这个原因上。举个例子，当你发现每次在重要考试前吃过苹果，你都能取得好的成绩；但是当你某次考前没吃苹果，结果考试成绩并不理想，那么你或许会自然而然地将吃苹果和取得好成绩联系起来。尽管你知道这其中并没有科学依据，当发生次数过多时，你也会将信将疑地认为定是某种"力量"或"规律"导致的。

3. 归因的对应推论理论

琼斯和戴维斯（1965）提出了归因的对应推论理论。他们认为，人们在归因时常常会通过某人的行为来判断他人的目的和意图。更具体地说，我们应该在什么条件下可以把行为和事件的原因归于他人的内在特质（人格、态度、情绪等）而不是外部环境。比如，当班上某个同学经常霸凌、欺负别人，那我们可以推断他是一个不好相处的人（内因）。因为霸凌行为并不在我们预期之内，也不是我们所提倡的。这种霸凌行为一定是他自己想做，而不是外部环境逼他的。也就是说，一些不寻常的、意料之外的事情可以让我们更加了解一个人，并认为这个行为更有可能是他的主观意愿促使的。那么到底在什么条件下，可以进行对应推论呢？想要把行为归因于行为主体的内在品质，需要两个条件。

第一是行为的非期望性与非顺从性。具体来讲，当个体采取了社会赞许的行为反应时，我们并不能确定他真正的想法，因为这种行为是社会所期望的。但是，当他的行为不符合社会期望时，观察者倾向于认为这一行为是个体真实的想法。比如，在考场上，监考老师发现某个同学作弊。作弊行为并不是大众所提倡的，那监考老师会将这种行为归因于该同学的人格，认为他是一个不诚实的人。

第二是行为的自由选择性。如果一个人的行为是在自由选择的场景下而不是在外界压力之下做出的，我们也可以把他的行为归因于他的内心真实想法。比如在奶茶店买奶茶就是一个自由选择的场景，我们会认为顾客一定是按照自己的喜好选择的。当然，如果买奶茶这一行为是受到胁迫的话，当我们缺乏这个信息时，则很难做出对应推论。

4. 凯利的三维归因理论

1967年，学者凯利提出了继海德的不变性原则之后的另一个原则——协变原则（也叫共变原则）。凯利认为事件原因并不是单一片面的，当人们意识到这一点时，便会试图寻找导致某一事件发生的各种因素之间的协变规律。因此，凯利依照协变原则提出了自己的三维归因理论。首先，人们在归因时不只考虑主体和外部环境，还会考虑到刺激物的作用。基于这三个角度，凯利认为人们在归因时会同时考虑三种信息。

第一是共同性信息。在面对同一事件时，其他行为主体也会做出相似的行为反应吗？

第二是一贯性信息。该行为主体是否经常做出类似的行为反应？

第三是独特性信息。是否该行为主体只对某个刺激做出类似的行为反应，而不对其他刺激有类似的反应？

举个例子来说，某位专业课老师发现A同学经常迟到，那么他会基于以上三点信息进行判断和解释：第一，当天是否大部分同学都迟到了？如果是，那会不会是上课时间或上课地点没有通知到位？或者是天气、交通等缘故导致大部分学生都迟到了？如果是这样，则可以将迟到归因于外部因素导致（共同性信息）。第二，A同学是否经常迟到？如果迟到是他一贯的作风，就可以归因于该同学不守时的内在特质而非外部原因（一贯性信息）。第三，A同学是否只在自己的课上经常迟到，那是否应该考虑A同学只是因为不喜欢自己的课堂（刺激物）才经常迟到的（独特性信息）。因此，我们可以看到，在一贯性信息较明显，且独特性信息和共同性信息较低时，可以将该行为事件解释为行为主体的内部原因。也就是说，对一个行为事件的原因解释需要通过这三个信息协变得出结论。

除了协变原则外，凯利继而提出折扣原则。他认为，"对某一结果而言，如果除已确定的某一特定原因外，存在其他看起来合理的原因，则前者的作用会被打折扣"。这条原则也印证了凯利并不主张归因时只考虑单一的因素。当外部因素（或内部因素）无法解释某人的行为时，那么内部原因（或外部原因）就会成为主要的影响因素，导致我们忽略另外的原因。比如，很多人发现自己在休息时本打算一会儿就去学习，然而当有人突然出现告诉你"你该去学习了"，这时，自己就产生了"叛逆心理"，学习的意愿甚至会完全消失。因为我们知道，最初学习是我们内部产生的想法，但是当这个行为是来自外部因素时，我们的内部意愿就好像被打折扣了。我们会认为，在外人眼里，自己就好像是被逼迫去学习而不是主动想去学习的。

5. 韦纳的成就归因理论

如今受到普遍认可并且应用更为广泛的是纳德·韦纳（B. Weiner）的归因模型。韦纳基于海德的归因理论，对其进行了深化。他认为除了内—外维度之外，还有稳定—不稳定以及可控—不可控两个维度在影响着人们的归因。而在不同的维度下，韦纳又提出了六个因素，分别是能力水平、努力程度、身心状况、任务难度、运气好坏以及外界环境。

表 5-1　三维度六因素模型（韦纳，1974）

六因素	三维度					
	内—外归因		稳定—不稳定归因		可控—不可控归因	
	内部归因	外部归因	稳定归因	不稳定归因	可控归因	不可控归因
能力水平	√		√			√
努力程度	√			√	√	
身心状况	√			√		√
任务难度		√	√			√
运气好坏		√		√		√
外界环境		√		√		√

相比于单一的内—外归因，韦纳认为稳定与否以及可控与否两个维度也格外重要。首先，稳定与否影响着人们对行为结果的预期和判断。当影响某个事件结果的特定因素是稳定的，那就有助于行为者对自己行为结果进行预测。如表 5-1 所示，运气好坏就是一

个不稳定的因素。如果你把每次的考试成绩都归结为运气的好与坏，那么在接下来的考试中，你无法预测你的结果，对未来是未知的。前面提到，人们有一种掌握世间规律去认识世界、改造世界的需要，当我们把所有事件发生的原因都归结于不稳定的因素时，这种需要就无法得到满足，会产生未知的恐慌与失落，更甚者还会产生习得性无助。

除了稳定与否之外，第三个维度——可控性归因也非常重要。也就是说，这个行为事件的原因是否为行为者所控。如果行为原因是可控的，那也就意味着事情结果可以通过人们的主观意愿以及努力去改变现状。比如，在癌症的诊治中，随着科学的进步我们已经知道其背后的病理原因，但是现代医术却依然无能为力。这种失控感也深深地影响着人们的情绪与心态。如果行为者将任何事都归结在不可控的因素上，比如，没有能力、家庭出身不好，社会就业激烈等，那么他很难产生主观意愿与努力去改变现状。从表 5-1 中我们可以看到，在六个因素中，唯独只有努力才是可控制的因素。无论成绩好与坏，当把结果解释为努力的高低时，行为者在以后才会表现出更加努力的行为。可以说，努力是我们唯一能做的事情。

总体来讲，首先，归因的内—外维度影响的是个体对成败的情绪体验。当成功时，归因于内部会产生积极情绪；反之失败时，归因于内部则会产生消极情绪。其次，归因的稳定性维度影响个体对未来成败的预期。最后，韦纳的可控性维度影响个体今后是否努力学习的行为。因此，韦纳的归因理论中最重要的是归因结果对个体以后行为动机的影响。

（二）积极归因

学习了上述归因理论之后，在生活中你会发现不同的人会呈现出不同的归因风格。而不同的归因风格又会影响到我们的生活态度和工作、学习行为。为此，区分哪种才是积极的归因方式有助于我们的生活和学习。

根据上述的理论总结，归因风格可以被分为乐观风格和悲观风格。乐观归因与上述的积极归因类似，习惯于将负性事件归因于外部的、不稳定的及具体的原因；而悲观归因则是把负性事件归因于内部的、稳定的和普遍的原因上。（杜学礼，2009）

1. 内部—外部维度

内部—外部归因也被社会心理学家称为个人归因和情境归因。从学生的角度看，个人归因就是将自己的学业成败等行为结果归结于自己的能力、平时的努力以及自己的心态等内在原因。相应地，情境归因就是学生将自己的行为结果都归结在考试难度、老师、运气、学校环境、室友同学等外在的、不可控的因素上。显而易见，情境归因更像是在推脱责任，将事件结果的所有原因都转移至外部，从而缓解了自己的压力和责任。但是，这在个人进步上无法起到有效的作用。相反，个人归因才更有利于我们去锁定行为结果的原因，并且采取可控的行为措施进行干预。这里值得一提的是，心理学家们发现在人们的认知中存在着一定的自利性偏差（又称自我服务偏见），即人们在面对成功的结果时，往往会做出个人归因，把事件成功的结果都归结于自身原因，而把事件失败的结果都归结到外界因素上。比如打游戏赢了就认为是自己很厉害，输了就怪队友、怪网速。在学习上也是如此，比如考试中获得理想的成绩，便将其归结于自己的努力和能力；而成绩退步，则将原因归结在考试题目太难、运气不好、考场有噪声等外部因素。因此，在研究生的学习生涯中，首先要注意的便是内部—外部归因的问题。我们在生活中会遇到许多事情，尤其是在面对学业和考试的失利时，要做更多的个人归因而非情境归因，要从自身能力、努力、心态等角度去判断失败原因，这样才更有利于解决问题，促使个体进一步的成长。相应地，对学业上的成功做个人归因，也有助于我们提高自信心以及自我效能感，在接下来的任务中可以更加努力。

2. 可控—不可控维度

内部归因也包含着内部可控和内部不可控因素。通过表 5-1 我们知道，唯有努力是唯一可控的因素。如果学生单纯地将所有事件结果归结于自身能力，那么成功时或许会自傲，失败时或许会堕落。并且相较归因于外部因素来说，若失败是由于能力低下导致，更会让个体产生挫败感和沮丧感，难以重拾信心。因此，积极良好的归因风格是，无论面对成功还是失败，都应该养成归因于内部可控—努力维度的归因风格和倾向。但这也不是一成不变的。比如，在缺乏信心时，将成功归因于能力也会帮助个体重拾信心。因此，如何灵活地自我调节，调整自己对自我学业、人际以及个体的认知是关键。

3. 习得性无助的影响

尽管上文提倡大家尽量做个人归因，但是在这个过程中我们会发现，当屡次遭遇失败后优先做个人归因，又会导致另外一种心态的发生，即习得性无助。习得性无助是指在经历过消极体验、受挫之后，再次面临类似的情境时，个体所产生的一种无能为力的心理状态以及行为表现。如果一个人发现自己的行为无论如何都不可能达到自己的目标时，就会产生这种类似自暴自弃、破罐子破摔的心理状态。可能表现为认知缺失、做事情没有动机、情绪失调等。当我们把某件无法控制的消极事件归因在自己身上，就会对生活和人生失去控制感，变得无助。比如人生中的生老病死、好友的离去、自然灾害等，都是我们无法控制的事情。若是将这些事情的发生都归结在个人因素上，反而会产生习得性无助。

举例来说，一名研究生在分析实验结果时发现并不满意，于是认为"每一次的实验失败代表着我没有其他人那么聪明，都是由于我的能力不行才无法正确复制前人的研究。就算我完全复制了前人的研究，自己没有创新也是一无是处的。在这一次次的失败中只能证明我根本不适合做科研"，这便是对个人归因的消极方面。因此，在生活和学习中，不要将个人归因完全充斥在消极事件中才能避免习得性无助，建立更加积极的自我概念。

二、归因风格的形成

归因风格是指一种认知层面的人格特征，反映了个体如何习惯性地解释他们所遇到的积极或消极事件。它代表着一种习惯化了的思考方式，也可以理解为个体在过去经验和当下动机的作用下，对不同行为事件以一种习惯性的方式做出原因推断的倾向性。

与人格特征类似，每个人都有不同的归因风格。归因风格可以被分为乐观风格和悲观风格。乐观归因与上述的积极归因类似，习惯于将负性事件归因于外部的、不稳定的及具体的原因；而悲观归因则是把负性事件归因于内部的、稳定的和普遍的原因（杜学礼，2009）。另外，罗特的控制点理论认为，人们可以分为外控者和内控者。由于这二者对行为事件理解的控制点位置不同，所以对待事物的态度和行为方式也不同。内控者相信自己的能力，认为自己在行为事件中发挥着重要的作用，因此在面对困难时能够付出更多的努力；而外控者忽视了自己的主观能动性，看不到自己与行为结果之间的关系，更倾向于推卸责任，不去寻找解决问题的办法，而是企图等待他人的帮助或碰运气。

那到底是什么会塑造人们的归因风格？是什么导致每个人的归因方式之间存在着差异呢？了解对归因过程产生影响的因素，可以帮助我们更好地调整改善自己的归因风格。总体来看，这些因素可以大致包括性别差异、社会阶层差异、文化环境、社会常模信息、家庭教养方式和教师反馈。

1. 性别差异

在对研究生学业成败归因特点的一项研究中，发现归因风格存在着很大的性别差异。张艳（2009）的研究结果发现，与女性相比，男性研究生会更倾向于做出内部归因。男生更倾向于将学业结果归结于自己的能力和努力。成功，便是自己能力强或努力刻苦；失败，则是自己努力不足导致。这是东方文化对不同性别的要求，以及家庭教养方式的性别差异导致的。中国传统文化要求男性有担当，能够肩负家国责任，并且在性别中处于支配地位。这也就导致父母在教养孩子时，对待男孩子要求他们坚强、勇敢，展现出强者的姿态。因此在行为成败中，他们更倾向于在自己身上找原因，并认为外部因素并不会阻碍他们成功。相反，对于一部分人来说，他们在看待女性的成功时，容易将其归因于外部因素，比如运气好、长得漂亮，而不是自身能力强等。

2. 社会阶层差异

相较于高社会经济地位个体来讲，由于低阶层的个体没有过多的能力面对生活中的重大危险事件和风险，在一定程度上缺乏抗风险能力，因此对于人生会产生较低的控制感。（克劳斯，2009）具体来讲，贫穷使人们在不公平现象中无能为力，在人生的十字路口中没有选择，在权贵面前抬不起头。因为较低的控制感，会导致底层社会的个体更倾向于用外部因素来解释事件。当被问及"为什么这个社会有穷人（或富人）？"时，低收入者更倾向于关注环境因素，而不是个体主观因素。比如，他们会将原因归结为政策、经济环境、缺乏教育等。而相较于此，高收入的个体则更关注自身的能力和特质。

社会阶层和性别是个体难以更改的因素。基于此，我们应当理解自己当下的归因风格是如何形成的，这样才能更好地改变和进步。除此之外，还有其他可改变的因素。比如，有研究发现心理素质水平与积极归因之间存在很强的相关关系。心理素质水平较高的个体更容易形成积极的归因方式。这些有关自我的因素，都可以在日常生活中通过训练而提升。

3. 文化环境

在面对失败后果时，处于不同文化背景中的学生会选择不同的归因方式。孙煜明（1991）通过分析对比来自中国、日本、韩国以及南亚、美洲和欧洲等国家或地区的大学生的归因风格，发现有很明显的文化环境差异。结果发现，欧洲和美洲的大学生更看重个人的能力，而南亚和中国学生则最看重努力和运气，前者面对失败后更多的归因为自我能力欠缺，而后者较容易归因为运气不好。

4. 社会常模信息

社会常模信息可以帮助我们将行为者的行为在大部分人的行为中进行比较。比如，考研成绩公布时，你身边的人都上岸了，而只有你没上岸，你便不会将你的失败归因在题目太难上，而是认为是自己不够努力等个人原因导致的。

当个体的行为与他人不一致时，个体更倾向于进行个人归因；而个体行为与他人行为一致时，个体则会进行任务难度的归因。比如，所有人都没上岸，包括你，那么你可以心安理得地认为今年题目太难了，并不是自己的问题；当所有人都上岸时，你也许会认为是考题简单的缘故。

因此，在复杂的社会关系中，相互比较是人们不可避免的心理活动，同样也影响着归因风格。

5. 家庭教养方式

有研究发现，家庭教养方式会大大影响青少年的归因风格。研究通过简式家庭教养方式问卷和归因风格问卷，对高职学生进行了检测。结果发现，青少年的归因方式与父母的温暖度呈正相关。

父母对子女越温暖，其归因方式也就越积极。然而，父母对孩子的过度保护，会导致孩子产生消极归因。因为父母帮助孩子安排好了所有事情，会导致孩子产生一种任人摆布的想法和习惯，"总有人为我安排，所以任何事不需要我努力"。这种教养方式限制了孩子的自由，虽然可以在一定程度上保护孩子，但是这类孩子在遇到困难和挫折时很难进行独立的思考，还会将失败归结于别人，比如父母。因此，在良好家庭教养方式中长大的孩子才更容易形成乐观积极的归因风格，体验到更多的积极情绪。

6. 教师反馈

作为教学的主导者，教师的行为也会成为学生对自我行为进行归因的重要线索。相信辅导过小孩子做作业的人都会发现，小孩在做出一个行为（比如，写下一个计算步骤或单词）后就会盯着你的脸看，这个行为就是在观察教师的表情和反馈。学生面对学业失败时，得到教师类似于"如果你努力学，我相信你能完成得更好"这样的鼓励，学生会将失败归因于自己的不努力，在之后的学习中会通过改善自己的行为而取得更好的成绩。反之，当教师批评他"你怎么这么粗心，这么笨"，学生就会将其归因于自己的能力不足，严重时会影响学生的自信心。

另外，与教师对学生的期望不一致的表扬会对学生产生不良影响。也就是我们常说的"阴阳怪气"和"反话"，随着归因风格的发展，表扬的负面效果越来越明显。如何把握好赏罚的尺度，需要教师把握。

除了言语之外，教师的情绪、面部表情也可以作为学生观察的线索。格雷厄姆的实验验证了这个观点。该实验选取六年级学生作为被试，测试内容为超过其能力范围的字谜游戏，结果均失败。接着，主试对被试做出诸如同情、愤怒、不表达任何情绪等情绪反应，随后要求被试报告关于自己失败的归因。实验结果表明，当主试做出同情反应时，被试极可能归因为"低能力"，而做出愤怒反应时，容易归因为"不努力"。

如何避免受到外界的影响，甚至是利用外界的因素去体验积极情绪，避免消极情绪对自己的影响是很重要的。

三、归因风格对个体的影响

韦纳认为，归因是一个持续的并非独立的过程，并不只是停留在找出原因后的"到此为止"，而是会继续在认知、情绪、行为等方面对个体产生影响，即个体对下次成功的期望及情感反应（情绪）受到归因的影响，继而体现在后续行为上。下面，我们主要从归因风格对个体情绪和行为的影响来进行具体论述。

（一）情绪

对于个体来说，无论是消极或积极的事件，都会伴随一定的情绪反应，无论这种情绪是外显的还是内隐的。情绪与归因风格的关系有以下三点：

1. 归因风格会影响情绪、情感

情感反应可分为"依赖结果"和"依赖原因"两类。前者只依赖于行为的结果产生情感反应，与导致结果的原因无关。如成功时的高兴、失败时的沮丧，均为此种类型情感反应。后者依赖于个体对原因的认识。例如，解答一道非常难的题目会感到喜悦，但如果题目难度小、题目简单，即使解答出来也未必喜悦，过于简单而无法为个体能力提供任何强有力的证明。我们可以发现，不同的归因风格会影响人们的"依赖于原因的情感反应"。

2. 不同的归因风格会影响特定的情绪反应

基于韦纳（2012）的三维归因理论，学者们认为每个原因维度都会引发不同的情绪体验。

（1）内部—外部维度归因与自尊情感相联系。面对成功，个体如果归因为努力、能力等内部因素，则易体验到自豪、自信、满意等情感；反之，失败时的内部归因会让个体体验到自卑、羞耻、挫折等情感。总之，内部归因会影响个体关于自我价值、自我评价等方面的情感体验，而将成败归因为外部因素的外部归因方式则不会产生相关方面的情感体验。

（2）稳定性维度与情感反应。希望、惧怕、焦虑等情感共同指向对未来的期望，而稳定维度与此类情感体验相关联。个体内心对未来的希望可以通过将成功归因为自己的能力等稳定因素而获得；相反，如果将失败归因于相关因素，则会体会到失望、灰心丧气，害怕下次还会失败。对成功进行稳定归因的学生，他们很少表述对学习的焦虑、紧张；失败时进行稳定归因的学生对学习活动感到焦虑，担心失败的结果再次出现。

总而言之，成功时的稳定归因会带来希望，而不稳定归因会带来紧张、害怕；失败时的稳定归因会伴随着焦虑、担忧、自暴自弃，反而此时使用不稳定归因会让个体对下次成功抱有希望。

（3）可控性维度与情感反应。大体而言，前述两种归因维度产生的自尊、焦虑、希望等情感体验同自我知觉、自我评价、自我判断等有关，指向自身，可控性维度与情感反应的关系比较复杂。

可控性维度的归因指向个体与他人之间的关系，即个体对他人行为进行不同的归因而产生不同的情感体验。假设父母、教师将孩子成绩差归因为可控的因素，如能力够却不好好学习，则会体验强烈的气愤、恼火；但如果归因为不可控的原因，则会产生同情的感觉。就像对待能力普通却拼命努力的学生，即使成绩无法达到理想值，他人也会同情、谅解，而不是对其愤怒。

当事件结果与他人有关时，如果将自身失败归因于他人可控的原因，则产生愤怒等情绪；反之，则不会有相关情绪。因此，可见可控性维度往往与感激、愤怒、抱怨等情感联系。

如果归因事件结果仅指向自身，则与可控维度相关联的多为自卑、自责等情感体验。比如，当个体认为自身可控性因素导致失败，会体会到内疚、自责。若归因为类似于太笨、能力不足等内部不可控因素，则体验羞愧和自卑。自卑和自责存在细微差别：个体因自身本可控却没有控制而自责，而为自身的无力控制而自卑。

（二）行为

1. 情感反应对行为的影响

行为于情感反应的基础上产生。当个体认为成功得益于朋友的帮助，产生感激之情的同时也会对该朋友示好。相反，如果失败被归咎于某个人的不肯帮忙，在随之而来的憎恨情感推动作用下，会选择远离此人。

韦纳的"借笔记"的实验，分别给被试呈现两种实验情境。一种是："有个同学平时上课并不认真且笔记不详细，上周因为陪同女友去海滨游玩而缺课，考试前希望同你借笔记。"另一种是："有个同学因身患眼疾，一周前去治疗直至现在仍旧未好，需要用纱布蒙着眼睛，考试前希望同你借笔记。"随后，要求每个被试回答下列问题：①你对这个同学感到气愤、讨厌吗？②你同情他吗？③你愿意把笔记借给他吗？④你认为他缺课的原因可以自己控制吗？

研究结果表明，原因的可控性、被试的情感、行为选择之间存在明显相关关系。"眼病"的不可控同"出游"的可控相比较分别引起同情和愤怒及随后是否借出笔记的行为。

总之，特定的归因会导致特定的情绪反应，而特定的情绪反应又会引发特定的行为。

2. 成功预期对行为的影响

行为明显受到对成功的预期这一因素影响。对下次成功的不同预期，导致个体选择完全不同的行为，要么自暴自弃，不再付出任何努力，要么努力去实现成功。如前所述，归因的稳定性是影响成功预期最重要的因素，即将成功归因为稳定因素会预期相同结果，反之会预期不同结果。基于此事实，面对失败时建议个体采取努力归因而非能力归因。长期将失败归因为如能力这种内部、稳定的原因，个体极易体验到自尊心受挫，失去成功的希望，长期则导致"习得性无助"形成。

第二节 归因风格对研究生群体的影响

在上一节中，我们了解了归因的理论、归因风格以及积极正确的归因方式。归因风格是个体长期以来形成的对某件事情进行解释的习惯倾向，因此也被称为解释风格。研究生作为一个独特的群体，其归因方式也会受到一些独特因素的影响，并且影响着生活的各个方面。

随着研究生人数愈来愈多，他们所面临的竞争压力也越来越大。在面对生活、学业以及人际关系问题时，研究生或许会感到难以应对、举步维艰，甚至出现了各种心理问题。有调查发现，学业压力和就业压力是研究生面对的主要压力，在所有压力源中分别占据了 54.19% 和 51.6%。纵观当代，不同于 20 世纪 90 年代末本科教育属于稀缺资源，如今研究生教育已大大普及。对于学校的心理工作来讲，找出研究生群体中存在的不良归因及其独特的原因和后果，可以帮助我们找到方法，引导研究生对于所遇到的压力事件进行更好的解释与自我调节。这在一定程度上可以改善研究生的心理健康状况，使研究生得到自我的完善和身心的成长。

国内关于针对研究生群体的归因研究，结果高度一致。具体来讲，研究生群体普遍具有积极乐观的内控型归因风格，并且在几个常见的归因维度中，努力的得分更高，其次是能力、运气和情境。可以发现研究生群体更偏向于进行内控归因。与其他群体相比，研究生群体具有一定的特点。比如，与已经工作了的同龄人相比，研究生正在接受高等教育，虽然没有生计的压力，但由于还未就业，常常怀有一定的迷茫感。同时，与其他学生相比，研究生的年龄更加成熟，自我认知也更为完善，社会阅历较高。在这个阶段的个体，生理和心理发展都趋于成熟，在对事件结果进行归因时，对外在因素的关注逐渐减弱，更加关注有关自身的内部因素。

然而，尽管如此，如今研究生群体所面临的心理问题仍逐渐浮出水面。其中归因风格的个体差异依然会影响研究生对待生活中所发生的事件的解释与认知，从而影响后续的行为。以下从研究生的学业、人际关系以及自我认知三个方面阐述其归因风格的形成以及影响。

一、归因风格与学业因素

对于研究生来讲，学习是他们的主要任务，因此学业压力也属于他们生活中压力来源的重心。通过对当前研究文献的梳理，我们发现有以下几个受到归因风格严重影响的学业因素。

（一）归因风格与学业

关于倦怠的研究，研究者最早关注的是职业倦怠方面。马里萨（1981）等认为职业倦怠是指个体在工作环境中，由于缺乏应对长期而持续的工作压力，所产生的一种心理倾向，主要包括情绪衰竭、个人成就感低落以及去个性化三个方面。在有关倦怠的研究中，学者们发现学生群体中同样存在着"职业倦怠"，即学习倦怠。梅耶尔（1985）定义学业倦怠为学生因长期课业压力和负担，产生耗竭，从而逐步失去对课业及活动的热情，疏远同学，态度冷漠，对学业持负面心态的现象。而情绪衰竭正是联结归因风格和学业倦怠的媒介。邹志伟（2012）在针对学生在学习过程中出现的疲倦现象进行研究时提出，学习倦怠中最主要的就是认知层面的疲倦，包括四个维度，即认知功能弱化、认知意志薄弱、认知情绪消极以及认知行为退缩。总体来说，可以发现学生在面对来自学业的长期压力时，会出现情绪衰竭、精力涣散、退缩行为以及无意义、低成就感的状态。

归因风格与学业倦怠之间是具有相关关系的。这是由于归因方式往往会通过影响学生学习的期望以及情绪情感变化，从而影响后续的学习行为。而学业倦怠正是包含着情绪、低动机以及逃避行为等，在极大程度上受到归因方式的影响。

研究发现，在面对成功时，消极的外控型归因与学业倦怠呈显著的正相关关系。（胡燕妮，2016）相反，对于自身学业失败的解释越关注情境因素，越不容易产生学业倦怠。

同时，过于关注失败结果的内部因素会引起习得性无助，引发消极情绪，导致个体对生活和学习产生失控感，同样也会降低自信和成就。

因此，当个体在学习的过程中，发现自己存在情绪衰竭、拖延行为以及低成就时，请尝试调整自己的归因倾向。在面对成功时，多采用内控归因；在面对失败时，多采用外部归因对事件进行解释。这样才可以在一定程度上维护自己的积极情绪以及自信心，避免倦怠。

（二）学习成就动机

成就动机是个体心理动力的重要组成部分。美国心理学教授麦克利兰以成就动机为研究对象，提出成就动机是指个体从事自认为是重要或有价值的工作时，力求达到完美、追求成功的一种内在需要或驱力。不同强度的成就动机能够让个体在工作任务中产生不同强度的情感反应，进而影响任务的完成。针对国内硕士研究生的研究发现，研究生群体的成就动机大致处于中等水平，总体上有着较高的取得成功的需要。（李培，2013）

上一节提到，归因方式会直接影响到个体的情绪。而情绪和情感是个体的一种态度和体验，以需要和动力为中介而产生。人们有需要就会有动力，比如饥饿感会促进个体做出觅食行为。当你的需要得到满足时，便会产生积极的愉悦情绪，反之则会产生消极的情绪体验。同样的，如果在学习的过程中，我们付出了努力却得不到好的成绩，追求成功的动机和需求没有得到满足，就会产生消极的情绪和体验，继而影响后续的学习行为。在这个过程中，归因风格——如何对学习成绩做出解释起到了至关重要的作用。在针对大学生群体的研究中，发现积极的归因风格与成就动机之间存在着显著的正相关关系。（闫凤霞，2015）

有关学业的成败经验也会影响人们的归因倾向。如果一个人在学业中多次遭遇失败或挫折，那么他就会关注自身的内部稳定因素（能力），渐渐地，原本积极的归因风格可能被改变。这种被改变了的消极的归因风格又会影响后续的成就动机。可以说，归因风格和成就动机二者之间的影响是相辅相成、密不可分的。而最终，这类影响均会体现在研究生在学业过程中的行为表现中。

（三）专业满意度

研究生群体除了面对学业压力之外还面临着严峻的就业压力，在对自身和未来迷茫的同时，当然还伴随着对本专业的模糊态度。有些研究生可能仅仅出于热爱或者兴趣，但并没有了解到专业未来的职业规划问题。因此，当学生本人对自己所学专业有了清晰的了解之后，才能有效地调整认知，明确努力方向，为将来的职业发展做好准备，缓解就业压力。

与工作满意度和顾客满意度类似，学者们也开始针对学生群体研究他们的满意度问题。专业满意度属于学生满意度的一个重要组成部分。袭开国等人（2013）将学生作为专业教育的消费者，比较自身在专业学习中的收获与期望后的心理感受称为专业满意度。当专业的现实情况可以满足个体的期望时，便会产生积极的专业满意度；反之，则会降低专业满意度。在刚入学的时候，学生们对待专业的前沿发展、学校的师资、科研条件等都还抱有理想的期待，随着时间的推移，在准备毕业时，同时面临着毕业论文和就业的压力，发现现实的情况以及自身的条件并不能满足期望，就会导致毕业生具有较低的专业满意度。

有研究针对学校满意度和个体归因风格进行分析，结果发现，相较于外归因者，内归因者对自己学校有更高的满意度（许布纳等，2004），其中，专业、学校都是一种情境因素。具有内控型归因风格的个体在面对生活中的成败时，并不会过多地关注外界因素，因此也不会产生较低的学校满意度。类似地，在对硕士研究生专业满意度与归因风格关系的研究中发现，学生的专业满意度与其能力、努力归因呈显著的正相关关系，并且与情境归因（运气、任务难度等）呈负相关关系。（刘倩倩，2014）某些倾向于做情境归因的学生，在面对失败时首先想到的是抱怨外部的因素，认为自己的专业前景不好、学校科研条件不好等。而这些因素又是一时无法改变的，此类学生便会产生消极情绪。

尽管在生活中确实存在着一些情境因素导致我们没有办法得到期望中的成绩，但是一味关注情境因素只会导致研究生忽视自身的主观能动性，放任自己一蹶不振。当你渐渐了解了所读专业的"真实面目"后，可以适当地找朋友发泄和抱怨，但是在这之后请把目光聚焦在自己身上，想想自己能做什么。或者去找一些自己擅长的事情做，可以重拾信心。

总而言之，在面对学业成功时进行内部、稳定以及可控的归因（努力）更有利于提高个体的信心和成就感，而归因于内部不可控的能力维度则有可能导致个体骄傲自满，在之后的学习中掉以轻心。相应地，在面对学业失败时，如果关注内部稳定的归因，在下次学习中才会更加努力，如果只关注内部的能力维度，则会导致习得性无助，降低自我成就感以及后续的成就动机。另外，在面对失败时适当地关注情境因素可以避免我们陷入自责，影响自我认知。

因此，作为研究生，在面对自己的学业时，如何对学业成绩进行解释不仅体现了个体如何进行自我认知以及对学习结果的期望，同时也会影响后续的学习、就业等现实行为。

(四)就业焦虑

在解决了专业满意度的问题之后,毕业季的研究生大多也受到了就业焦虑的影响。毕竟,有一部分研究生很可能就是为了逃避就业压力才选择读研。就业压力是面对就业无法应对的特定心理反应,源自当面对此种情况时个体主观预测到模糊的威胁性与自我内部的价值观发生冲突后自我认知评价对当前现状做出的主观解释。可以看到概念中包含三个关键点:个体对就业现状的主观预测和主观解释,主观认知与个体期望之间的落差,在面对这种落差时的无措感、失控感。

也就是说,如何看待自己毕业后的求职现状、如何对其进行解释、如何看待落差感以及如何看待自己的能力对就业焦虑有着重要影响作用。日常生活中,个人能力、背景、运气等因素属于可控性较低的归因,尤其是在失败情境下如此归因会加大个体产生习得性无助的风险,失去对生活的掌控感。其中,能力虽为内控且稳定的因素,但因个体成长经历、教育、环境的不同,对它的掌控感也存在差距。处于毕业季的研究生面临学业和就业双重压力,短时间内个体能力无法发生质变,因此,当个体求职受挫后,将失败经历归因为能力不足时,叠加了背景、运气等因素带来的不可控性。同时,能力属于个体内部因素,承认能力不足造成的失败在一定程度会引发自尊心和自我效能感受损,增加就业焦虑。

二、归因风格与人际因素

学生群体从高中步入大学后,大多都要面临处理更为复杂且密切的人际关系。有研究表明大学生的心理健康问题主要源于人际交往方面(赵冰洁等,2004),而研究生同样如此。具体来看,研究生的人际关系主要包括与导师之间的师生关系,与同学、室友之间的关系,甚至还包括与校外其他社会成员、家庭成员之间所构成的人际关系,比如与父母家人、恋人之间的关系等。这些人际关系都会对研究生的生活以及归因产生影响。

在人际交往的过程中,由于主观或客观的原因,个体可能会建立积极良好的人际关系,也有可能遭遇到消极紧张的人际冲突等。那么对于个体来说,如何对自己的社交行为以及人际关系的好坏进行解释变得格外重要,这个概念也被称作人际归因。

1. 人际归因对人际交往的影响

人际归因是个体认知过程的重要组成之一,影响着个体的交往评价与交往行为,且个体在社交活动中如何对他人及自我进行认知，直接决定个体是否会选择进一步交往。（胡胜利，2004）个体不同的归因风格也会迁移到个体对人际关系的解释中去。比如，当某人与他人建立了一段良好积极的人际关系时，内控型归因风格的个体会认为这是由于自己的努力或自己的人格魅力才导致能够维持这段积极良好的人际关系。而那些倾向于做出外部归因风格的个体则可能把双方良好的关系归因于外部因素，比如"我们关系很好只是因为我比较走运，遇到了有相似兴趣的人""我和他谈恋爱可以这么幸福，只不过是运气好，还没有出现拆散我们的人或事"。相应地，在面对一段挫败的、消极的人际关系时，认为"我们吵架都是因为偶然事件，没什么好说的""他不喜欢我只是因为他这个人很高傲，我没有错"等。可以发现，无论是面对积极或是消极的人际关系，单纯地归因于外部、他人或情境因素，同样是无法帮助我们进行有效自省，建立正确的自我认知。

2. 研究生群体的人际归因

（1）人际归因对研究生导学关系的影响。与本科生不同的是，研究生在学校的学习是导师负责制。研究生与导师之间的关系尤为密切，许多事项包括布置学习任务、上课、开组会等，都需要和导师进行互动。因此，作为研究生学习生涯最重要的人际关系，导师的行为和反馈会影响学生的归因，而学生的归因倾向又会塑造与老师之间的人际关系。如前所述，导师对学生学业表现的解释直接影响学生对该方面的认知和归因。导师作为研究领域的佼佼者，所说的话、所给予的反馈在学生心中具有一定的权威性。从学生的角度看，如果自己在学业上遭遇失败时，导师不仅不生气还反过来安慰学生，学生就会认为是自己的能力不够。可见，尽管导师对学生学业失败的原因没有明确的反馈，但其行为表现和情绪表达都会以较为隐蔽的方式影响学生对自我的认知和学业归因。

（2）人际归因对研究生其他人际关系的影响。研究生在学习期间除了面对导师之外，还要学会处理与同学、室友以及其他社会成员之间的人际关系。在人际归因方面，有研究发现硕士研究生在人际交往时会产生一定程度的自我服务偏差，将积极、成功的一段人际关系归因于自己内部因素，而将失败的、消极的人际关系归因于外部的、他人或情境因素。（刘敏，2019）这种自我服务偏差其实说明了有些研究生在对待人际关系时，常常抱有一种消极、被动的态度和解释。出现这一情况的原因有以下两点：

一是由于当代年轻人大多是独生子女，学生群体在学校里也没有功利性社交的必要性。因此，在处理自己的人际关系或社交活动时，往往持"佛系"的态度，选择和自己有相似兴趣，或能聊到一起的人建立积极的人际关系。相反的，在面对一段失败的人际关系时，也并没有动机和需要去修复这段关系，因此更倾向于做出外部归因，降低责任感、保护自尊等。

二是在研究生这个阶段,个体已经拥有一些从大学或高中开始就维系好的良性的人际关系,他们更多关注的是学习、科研等主要任务。因此相对于学习,研究生对于十分亲密的人际关系需求和渴望并不高,在处理人际关系时,并不抱有很强的期望和动机,因此也更倾向于做出外部归因。

三、归因风格与自我因素

前两个部分从研究生入学后所面临的两大压力源——学业成就和人际关系,来探寻归因风格对研究生群体的独特影响。抛开这些群体特殊性的因素之外,归因风格对个体如何看待和评价自己有着重要的塑造作用。马什和沙沃森(1985)认为,个体自我概念的形成与个体对自身经历的归因有着重要关系。尤其是那些倾向于做内部归因的个体,在对过往经历进行解释和评价时,会极大程度地影响对自我的评价和知觉。相较于低自我概念的个体来说,高自我概念的个体更倾向于对事件结果进行内部归因,从而塑造对自我的评价和知觉。(郭德俊,1994)

(一)自我概念

自我概念最先由美国心理学家威廉·詹姆斯(William James)在1890年提出,代表个体对自身相对稳定的认识。(邓香兰等,2008)他首次提出并区分"主体我"和"客体我"的概念,继而阐释"客体我"由物质我、心理我和社会我三部分组成,为日后自我概念相关理论的提出奠定基石。(殷佳琳,2005)

随后国外学者将自我概念定义为个人自我知觉的组织系统和看待自身的方式,是个体关于自身生理、心理和社会结构方面的整体觉知,包括个人能力、人格特征、外貌、兴趣爱好、情感、思想等内容。该觉知受到个体成长经历、对环境的认识、外界重要他人的评价和强化以及自身归因风格的影响。(樊永兵等,2011;刘彦楼,2009)

罗杰斯将自我概念区分为理想自我和现实自我,在此基础之上,我国学者提出自己的见解。有学者认为自我概念是一个多维度、多层次的复杂结构,具有评价性且有别于他人,包括对自身能力、认知方式、性格、兴趣、身体及健康状态、权利与义务、价值需求、行为、习惯等的看法和观点,以及个体对自身与他人和环境关系的认知等。或认为自我概念是个体对自身心理特征、生理特征和社会属性等各方面的稳定认识,该认识通过自我观察,分析内外环境的变化和社会评价等多种途径获得。(陈浩,2015)

1. 自我概念的构成

根据《田纳西自我概念量表》，自我概念包含九个维度：生理自我（性别、外貌和健康等）、心理自我（个人能力与自我价值）、家庭自我（个体对自己作为家庭成员的责任与价值的看法）、道德伦理自我（个体对品质优劣、道德观的看法）、社会自我（个体对自己在社会中的责任与价值的看法）、自我认同（个体对自我状态的感知以及接纳程度）、自我满意（个体对自我所处境况的满意程度）、自我行动（个体在接纳自我或拒绝自我后所产生的外部表现和行为）、自我批评（个体通过外界和他人反应而获得的对自身缺点的认知和批评）。

可以看出，个体可以从生理、心理、家庭、道德、社会、自评等各个维度来认识和衡量其自我概念。

2. 自我概念与归因风格的关系

有关硕士毕业生归因风格与自我概念关系的研究结果发现，能力与努力维度的得分与自我概念的总体得分呈正相关水平；相反，情境和运气维度则与自我概念呈显著的负相关关系。（陈浩，2015）具体来说，归因风格越积极，越偏向于能力、努力等归因，个体对自我的认知和评价也就越积极。

研究表明，个体自我概念的形成与个体对自身经历的归因有重要关系，高自我概念的个体相较于低自我概念的个体，更倾向于对成功进行内部归因，并利用成就结果进行积极的自我强化。（马什等，1985）归因方式影响自我满意及自我概念，对个体自我评价和自尊有着深远的影响。（陈舜蓬等，2010）长期持消极归因方式的个体容易维持负性的自我概念，陷入自我批评当中，而积极归因方式有助于形成正性的自我概念。（刘彦楼，2009）

玛格丽特提出，内部归因方式占主导的人具有较高的自尊心、较高的自我概念和较低的焦虑水平。（胡艳军，2009）关于归因风格、自我和谐同心理幸福感的关系研究表明，积极归因促进自我灵活性，减少自我刻板性。（陈浩，2015）

3. 研究生自我概念的特点

个体在与他人进行社交互动时，通过他人的评价和反馈来审视自己，并形成相应的自我评价。这个"他人"往往被称为"重要他人"。比如上一部分提到的研究生期间，导师、同门就是在读书期间的重要他人，对个体会产生不可忽视的影响。除了"重要他人"之外，自我概念还会随着认知能力的发展而不断进步，特别重要的是，发展了自尊和自信——自我概念中的两个重要成分。

（1）自尊与归因风格的关系。在有关自尊和归因风格相关的研究中，陈舜蓬（2010）

认为，自尊水平反映了个体对于自我价值和是否接纳自己的总体感受。无论是面对成功还是失败，高自尊水平的学生倾向于做出可控归因。高自尊水平的个体更容易把事件结果归结为自己是否努力，而低自尊水平的个体则会归因于能力差、运气不好等不可控的因素。

（2）自信与归因风格的关系。自我概念的第二个组成成分——自信，与自我效能感的概念类似。班杜拉（1977）提出自我效能感是人们对自身完成既定行为目标所需的行动过程的组织和执行能力的判断。研究生的归因风格越积极，自我效能感也就越高、越有自信。能力是一个人自信心的重要来源，在面对困难的事情时，自己是否有能力不仅会影响个体的动机，还会影响自我评价。

所以，研究生将事件成功原因归结为自己的能力时，有利于提高自己的自信心与自我效能感，在之后见到类似的事情时才不会害怕。同时，努力可以强化个体的动机，通过一段时间的努力，就算知道自己的能力可能并不理想，但为了不辜负自己的付出，仍然有动力去参与活动、尝试完成困难任务。然而，在面对失败时，归因于能力不足，则可能导致对未来的行为失去预测和控制感，增加失败的机会，降低自我效能感。因此，只有积极的归因方式才能建立更强的自尊和自信，从而提升对自我的认知与评价。

（二）人格特征

除了自我概念之外，一个人的人格特征也会受到归因风格的影响。在日常生活中，人格往往会被分为外向型和内向型；在心理学研究中，有关人格的概念和维度十分丰富，相关的理论也很多。在与归因风格相关的研究中，一般使用《艾森克人格问卷（EPQ）》进行人格测量。艾森克人格理论把许多人格特质归结到外倾型、神经质和精神质这三个基本维度中，分别用外倾、神经质以及精神质构成人格结构。

（1）外倾型：个体的人格特质属于外向性格还是内向性格，包括活泼、好动、自信、寻求刺激、无忧无虑等水平。

（2）神经质：则代表着一个人气质、人格以及情绪的稳定性，包含容易焦虑、容易抑郁、内疚、自尊心低、喜怒无常等水平。

（3）精神质：表示冲动、负面的特点，包括攻击性、冷淡、缺乏同理心，但同时又具有发散性的创造力。

大学生人格特质中与归因方式存在相关关系的为神经质和稳定性，前者呈负相关，后者为正相关。神经质维度代表着情绪的稳定与否，情绪稳定性越高，人际归因也就越倾向归因于外部环境。石瑜婷（2010）关于大学生归因方式、人格特征与内疚关系的研究发现，神经质人格特质对于大学生的归因风格有显著影响。在结果中，情绪是否稳定与外部归因有着显著的正相关作用。申屠珍（2020）的研究结果发现在精神质人格特征中，当消极的归因方式导致个体情绪低落时，可以通过对人格特质行为、能力归因方式等对其进行正向引导。

外倾型与内控型归因之间存在着显著正相关，说明性格外向的个体更加认同努力的归因方式。而内向的个体则更多的属于外部归因风格。

大五人格与归因风格之间也存在一定的关系，结果发现外向型、开放型的个体倾向于发展多变、稳定的人际关系，喜欢与外界沟通。在遇到事物时，无论成败都更容易获得正向积极的反馈和解释。（程方满等，2022）

还有研究（王纯等，2005）使用卡特尔的 16 项人格问卷（16-PF）对人格和归因风格的关系进行探究，结果发现低兴奋性、高敏感性、忧虑性、紧张性、焦虑、感情用事以及心理健康的个性因素分低的大学生倾向于消极的归因方式。另外，在东方文化中宿命归因的影响下，高怀疑性、忧虑性、焦虑、专业成就低、新环境适应能力低的大学生倾向于以宿命归因事件。

除此之外，关于研究生人格特征与归因方式的研究结果说明，具有低稳定性、低有恒性、高怀疑性、高忧虑性、高自律性、高紧张性等人格特征的研究生倾向于外部归因，更容易将学业成就和人际关系好坏归因于情境和运气的好坏等外在控制因素；而具有低聪慧性、高世故性等人格特征的研究生倾向于内部归因，更容易归因于能力和努力等内在控制因素（罗希，2012）。

第三节　建立积极的归因方式，培养乐观品质

不同的归因方式会对个体的认知、情感、行为产生不同的影响，积极归因具有促进作用，而消极归因产生阻碍作用。对于研究生来说，建立积极归因方式有利于其更乐观、中立地看待事物，维护心身健康、产生积极情绪，促发正向积极的行为，帮助研究生形成积极乐观精神，提升心理资本，用更加主动、乐观的态度完成学业，从容面对人生的不同阶段。归因方式的形成受到来自家庭、社会、自身等各方面因素的影响。本节从情绪调节与管理、自我认识、人际关系、学术情感和目标四个方面阐述如何建立积极的归

因方式,以期帮助研究生从不同的方面促进自身积极归因风格的形成。

一、积极的情绪调节与管理

情绪是以个体的愿望和需要为中介,对客观事物的态度体验及相应的行为反应。情绪由生理唤醒、主观体验、外部表现三部分组成,对个体的生活和行为产生影响,良好的情绪产生积极的促进作用,而消极的情绪则会起到破坏、瓦解的作用。

情绪是个体复杂的内心活动,因个体差异而存在情绪体验上的极大差异性,当个体的情绪反应与生活环境发生矛盾或冲突时,个体就需要对自己的情绪进行调节。(张宝,2013)

(一)情绪调节策略

关于情绪调节策略的定义不同,学者提出不同的界定。总而言之,情绪调节的主体是个体,个体通过一系列复杂的心理过程对情绪的内在活动和外部行为进行监控、评估、修正和调节。(关曦,2007;科尔,2004)情绪调节具有适应功能,是目标指向的,要求个体的情绪反应具有应变性、灵活性和适度性,是个体有目的、有意图的努力和做法,达到情绪平衡,从而能够促进个体有组织、建设性、快速有效地适应社会情境的变化和人际关系需求的重要手段。(汤普森,1991;孟昭兰,2005)

关于情绪调节的策略和技巧,学者们提出了多种途径的建议:

1. 认知重评和表达抑制

格罗斯和罗伯特提出了认知重评和表达抑制两种最常用和最有价值的情绪调节策略。格罗斯认为情绪调节是指"个体对具有什么样的情绪、情绪什么时候发生、如何进行情绪体验与表达施加影响的过程"。(格罗斯,2002)简单来说,情绪调节就是个体对情绪发生、体验与表达施加影响的过程,涉及情绪的潜伏期、发生时间、持续时间、行为表达、心理体验、生理反应等。

2. 九种情绪调节技巧

伯金(2007)提出了九种情绪调节技巧:情绪意识、识别或命名情绪、适当解释情绪的躯体感觉、理解情绪冲动、在压力情境中振作精神、积极调整消极情绪、接纳情绪、忍受情绪、为实现目标而面对压力情境(胡云君,2010)。

3. 八种情绪调节策略

李梅等(2005)的研究提出了八种情绪调节策略:情感求助(向外界寻求情绪上的

支持）、情绪表露（通过情绪的表现和宣泄进行调节）、情绪替代（通过想象或回忆曾有的积极情绪体验来调节情绪）、认知应对（对诱发事件或情境进行积极认知来调节情绪）、放松（以轻松自然的方式来应对）、压抑（压制自身的情绪体验）、哭泣（通过哭泣来应对特殊情境）和回避（回避引发情绪的情境）。

总的来说，学者们对于情绪调节都主张关注和表达情绪、认知和了解情绪、调整和改善消极情绪、寻求和实现积极情绪。

（二）运用情绪调节策略形成积极归因方式

研究表明，归因方式倾向内归因的个体经常使用针对自身的情绪调节策略，如自我责难、接受、沉思、积极重新关注、重新关注计划、灾难化等，而外归因的个体容易使用针对他人、情境的情绪调节策略，易责难他人而不是选择自我责难。（姜若椿，2016）众所周知，当个体情绪低落，被负面情绪裹挟时容易得出责难自己或他人的消极归因结果，而处于积极情绪状态时则恰恰相反。对当代研究生而言，积极的情绪调整与管理，保持平和心态和正性情绪有利于对自身、他人、情境做出合理、客观的归因，不过分指责自己或他人、情境，促进自身身心健康发展，维护良好的人际关系。

不论是积极正性或消极负性情绪都没有对错之分，情绪管理的误区之一是要消灭负性情绪。其实每种情绪的存在都有其意义，情绪本身是无法被消灭和远离的，只能通过疏导和调节，保持情绪健康，从而对个体的归因方式产生积极影响，帮助个体形成积极乐观品质。因此，如何进行正确、科学的情绪调节，发挥情绪调节对归因方式的积极影响，是我们接下来要讨论的问题。有效的情绪调节可以分为以下五个步骤：

1. 认识情绪

情绪是个体自然的反应，面对不同的人、事、物产生不同的情绪恰恰反映了个体的差异性感受。认识情绪除了了解当下的情绪体验、状态，同时也要意识到情绪的存在，不同情绪间的细微差别，如上文所述伯金提出的情绪意识、识别或命名情绪是认识情绪有效的方法之一。即使是消极情绪，并不代表这种情绪不应该存在，正是这些丰富多彩的情绪构成了饱满的情绪体验。

2. 寻找原因

在认识情绪的基础上找出产生情绪的原因。每个人不同的过往经验、气质特征、认知特点等会造成个体即使面对相同的事件也会有不同的情绪体验。找到自身情绪产生的根源，客观评价，适当解释情绪引起的躯体感受。理解情绪冲动，能够帮助个体有效识别、理解自身情绪体验，有利于改变之后强烈异常的情绪反应。

3. 转移注意力

当个体遇到让自己一时半会儿难以处理的事件或情绪时，行之有效的办法是先转移注意力，暂时脱离当下带给自身强烈冲击的情绪体验，可以转向有趣的事物或者周围亲友身上。这样做的目的一方面可以避免个体陷入自己的情绪中无法摆脱，另一方面可以寻求外界的支持，帮助理性分析。

4. 认知重评

在情绪的调节策略中，认知重评策略要优于表达抑制策略。罗斯的情绪调节过程模型表明，认知重评策略是一种在情绪产生早期，通过改变对引起情绪事件的理解，从而复盘该事件对个体的意义而减低情感反应的先行关注策略。认知重评降低情绪体验引起的生理反应，减弱交感神经，加强副交感神经。而且认知重评不会干扰认知活动的完成，能更有效地调节负性情绪，更有利于个体的身心健康。

5. 建立支持系统

个体的情感支持系统包括亲人、朋友、同学、老师等不同的人群。人的社会属性决定了个体无法完全孤立地独自一人生存、生活。当情绪感到困惑无法自行调整时，可以将自己的所遇倾诉给自己的支持系统，这并不是懦弱或无助的表现。相反，旁观者清，支持系统不仅是情感支持，同时提出相应的理性意见的参考，也是经验的重组与总结。

二、健康稳定的人际关系

人际关系是一种人与人之间的直接心理关系，通过交往和相互作用而形成，反映个体或群体满足其社会需要的心理状态，它的发展变化决定于双方社会需要满足的程度。（陈凤梅，2006）人际关系种类划分广泛，从关系性质方面可分为不同等级的建设性人际关系，如协调、友好、亲热等，或不同等级的冲突性人际关系，如不协调、紧张、敌对。从人际交往范围可分为个体与个体间的关系、个体与群体间的关系、群体与群体间的关系等。

（一）研究生阶段健康人际关系的重要性

每个人一生中会经历多种多样的人际关系，而研究生阶段的人际关系是众多关系中的重要组成部分，存在于学习、工作、生活的全过程。该阶段人际关系可分为横向和纵向两种：前者指平行的人际关系，主要是研究生与同学、其他社会成员、学校工作人员间的交往关系；后者或称为上下关系，主要包括同各级领导、老师等人际交往，对研生而言最重要的是同导师之间的关系（陈凤梅，2006）。

健康的人际间交往呈现出乐于交往、善于交往、善于赞赏他人优点、有积极肯定的自我表现、有幽默感等表现。在与他人真心、友好、宽容的相处过程中，既能够具有良好的自我感受和自制力，充分发挥自身长处，保持独立自主，也能够赞赏别人的优点和长处；能够尊重别人，并乐意听取别人的意见，取他人之长；再加上幽默感的"润滑剂"作用，人际交往给自身带来许多乐趣的同时，生活也会因此变得充实和丰富多彩。健康的人际关系对于研究生群体具有重要意义。

1. 帮助研究生融入群体

通过与导师、同学之间的交往，帮助研究生迅速融入新的群体，建立团体内部的行为准则和规范，形成共同的态度、认知、目标。相互间信息的交流以及感情的沟通对研究生们的成长具有不可忽视的作用。

2. 调节研究生行为

进入团体的个体成为整个团体的一员，其行为必然会受到团体准则的规范。个体需要有意识地部分调节自己的行为，获得和谐人际关系，提高积极性和创造性；反之则会增加个体的心理压力，产生群体内耗，从而抑制个体积极性的发挥。

3. 促进研究生心理健康

中国医学心理学的开拓者之一丁瓒教授曾说："人类心理的适应，最主要的就是对人际关系的适应，所以人类心理的病态，主要是由于人与人之间关系的失调而来的。"融洽、和谐的人际关系会使人心情舒畅，人际关系紧张必然会导致心理失衡，严重者还可能会发生心理障碍，甚至是心理疾病。

（二）健康人际关系促进积极归因方式

归因方式会影响人际关系，同时，健康并稳定的人际关系塑造的安全和积极环境有利于个体产生积极归因。有研究表明，当两人是朋友或者陌生人时，个体会倾向于将问题原因归于行为者的外部因素；与此相反，如果两人是竞争对手，则更倾向于归因为行为者的内部因素。（李晓巍等，2006）

这一结论比较符合个体通常的认知。首先，当二者关系良好时，出于对朋友信任的心理习惯，站在朋友立场，尤其是当客观环境确实存在导致问题发生因素的时候，主观上个体会让外部归因占据主导地位，甚至掩盖朋友自身的问题。其次，当对方只是一个陌生人时，由于信息的缺乏，会将对方视为弱者，从而形成保护弱者的想法，选择倾向于对方的归因方式。最后，当二者是竞争关系时，往往存在某种利益的争夺，使得关系中存在不和谐的敌意氛围。在这种氛围掩映之下，个体更多关注对方内部的负面因素，淡化了客观环境中可能存在的其他因素。

因此，如果个体长期人际关系不良，很难体会到不同的归因方式，从而进行灵活的归因，而且长此以往地沉浸于只关注他人内在负面归因而忽略客观事实的状态中，就不利于个体建立良好的归因模式。那么，如何建立健康、良好的人际关系，从而帮助研究生形成积极的归因方式，培育乐观品质呢？

1. 交往中遵循平等尊重、诚实守信、宽人律己、互惠互利的原则

每个人都是独立的个体，拥有相互平等的人格，尊重并平等对待他人是获得他人尊重的基础。我国儒家思想一直将"信、雅、达"作为君子为人处世的重要标准，"言必信，行必果"是待人接物的首位。严于律己、宽以待人，面对人际交往中的矛盾，总是能够迎刃而解。人际交往过程中的社会交换原则告诉我们，大多数人并不喜欢一味地付出或被付出，只有互惠互利的关系才能长久。一些可以操作的小建议给大家作为参考。

（1）对待生活充满正能量。一个对生活积极乐观的人，能够不自觉地去感染别人，让别人产生好感。大多数的人都愿意与正能量满满的人进行沟通交流。

（2）适当的赞美。大多数人都喜欢听赞美的语言，但赞美要实事求是，不要过于浮夸，适当地赞美小优点或者小细节即可。

（3）充分认识自己。在与他人打交道之前，要充分认识自己的优缺点，这样才能够更好地展示自己，更全面地去了解他人。

（4）学会倾听和表达。倾听是沟通的基础，认真的倾听会让对方感受到尊重、被重视，学会倾听的同时也学习用更合适的方式表达自己的感受。

2. 塑造良好的个人形象，增进个人魅力

在同他人交往过程中，个人的形象、魅力直接影响与他人之间的关系。建立良好个人形象需从点滴做起，"勿以善小而不为，勿以恶小而为之"。内在人际魅力是个体与他人交往过程中需要充分发挥的所有部分，即一个人综合素质在社交生活中的体现，体现在仪表、谈吐、外在形象、学识等多方面。初次见面良好的社交形象会给对方留下深刻的印象，而随着交往的深入，学识更占主导地位。研究生要从多方面提升自己，拓展自身内涵。

保持良好心态及稳定的情绪是人际交往过程中的基础。人们更愿意同情绪、心态稳定的人交往，而社交恐惧、胆怯、羞怯、自卑、冷漠、孤独、封闭、猜疑、自傲、嫉妒等不良心理都会对人际关系的建立产生损害。因此，研究生为了以更积极的心态进行人际交往，就要加强自我训练，提高自身心理素质。

3. 善用社交技巧

（1）换位思考。"己所不欲，勿施于人""你要别人怎样对待你，你就得怎样对待别人""得到朋友的最好办法是使自己成为别人的朋友"等语句告诉我们，与他人交往的过程中要善于换位思考，善于发现他人的价值，对人宽容，与朋友相处时应存大同、求小异。

（2）主动交往。在社会交往中，应主动积极交往，接纳他人，在人际关系中要有自信。害怕遭到拒绝而不去主动交往，会错失一些建立良好人际关系的机会，特别是当面临人际危机时，主动解释，消除误解，对于再次建立良好人际关系非常重要。

（3）帮助别人。以互帮互助为开端的人际关系，更容易确立良好的第一印象，同时，也可以迅速缩短人际心理距离，促进迅速建立良好人际关系。良好人际关系虽然是两人之间的双人舞，但我们每一个人都要主动地去跳，寻找到属于两人之间的和谐舞步才能跳出美妙的韵律和节奏。从自身做起，获得健康且稳定的人际关系将会对身心健康产生深远影响。

三、明确且清晰的自我概念

通过前文论述可见，自我概念同归因方式之间相互影响，因此明确且清晰的自我概念有利于个体知晓自身归因方式的同时也促进积极归因方式的形成。从古至今，不论是希腊德尔斐神庙上镌刻的神谕"认识你自己"，还是将此神谕作为自己的哲学理念不断宣传的苏格拉底，抑或我国老子提出的"知人者智，自知者明"，以及我们常讲的"人贵有自知之明"等内容均指出"认识你自己"这一命题是人们孜孜不倦的追求，能够认识、了解他人固然重要，但清晰地认识自己更为关键。因此，明晰自我概念可以从以下几方面入手：

（一）自我观察

关于自我概念的理论指出，自我概念是个体对自身生理、心理、社会自我的全方位认识，包括身高、外貌长相、体态、性格、人格特质、与他人关系等方面。个体认识自我的过程会伴随强烈的情感体验，如在成长环境和社会大环境共同作用影响下的由身材高矮胖瘦、长相是否貌美等引发的自豪、自信或自卑情绪体验，有的时候甚至会严重影响到个体的正常生活、学习。在自我认识、自我情感体验过程中，研究生要客观评价自己的能力、相貌、家庭条件等方面，有目的、自觉地调整和控制自己的行为、想法，接受不能改变的客观事实，在能够改变的部分善于剖析自我，明晰自己的想法、情绪、期待、欲望、行为特点等，以便更好、更全面、更深刻地从内到外认识自我。

（二）他人评价

以铜为鉴，可正衣冠；以古为鉴，可知兴替；以人为鉴，可明得失。"旁观者清"这个词是我们所熟知的，他人评价是个体明晰自我概念过程中重要的参考依据。虚心听取他人评价的同时也要保持客观、冷静的分析，以便能从多角度认识自我。乔瑟夫和哈里在20世纪50年代提出乔哈里视窗，这既是一种关于沟通的技巧和理论，也被称为"自我意识的发现—反馈模型"，其中盲区即指别人知道但自己并不知晓的自己身上的部分，例如性格上的弱点或者坏的习惯、某些处事方式、别人对自己的一些感受等。只有不断地缩小盲区才能够拓宽对自己的认识。对研究生而言，加强同导师、同学、家人甚至是恋人之间的交流，均有助于提高对自我的认识。

（三）社会比较

不论是自我观察还是他人评价，即使再客观也存在一定的主观投射，会被个体所处立场、角色、价值观等所限制。除此之外，我们可以通过合理的社会比较更客观地认识自己。现实生活中个体定义自身的社会特征（如能力、智力）时，并不只是根据纯粹客观的标准而更多的是通过与周围他人间的比较得出。费斯廷格把这一现象称为社会比较。社会比较中适当的背景因素是必要条件，是得出有意义的比较结果的必要前提。

平行比较指同自身能力、观点相似的他人间的比较，与比自己强的人做比较是上行比较，同比自己差的人比较是下行比较。这三种比较方式取得的效果是正性或负性取决于所对照的群体，我们可以根据自己的实际需要，通过合理的比较获得客观的自我评价，同时积极正向地调整心态。除了与他人比较之外，也可以同自己的过去、未来进行比较，更全面地正确认识自己。

（四）社会实践

在各种活动中，根据不同的活动过程及结果具体分析自己的表现及成果，更加客观地认识自己。在与他人的合作过程中了解自己的人际沟通能力、组织管理能力等不同方面。社会实践不仅提高个体的能力，也是照见自我的一面反光镜。

（五）反思总结

在以上四个步骤的基础上，要经常反思和总结自己。曾子曰"吾日三省吾身"，经常性地反思和总结，合理地自我批评与鼓励，及时归纳和总结自己的优点与不足，拓宽自我觉察的范围，加深觉醒的深度，更好地把握生理自我、心理自我和社会自我。

认识、了解自我需要漫长的过程、坚定的意志，甚至偶尔也夹杂着痛苦，但清晰的自我概念对个体各方面的发展均有促进意义。即使"路漫漫其修远兮"，仍旧坚持"吾将上下而求索"的精神，终其一生不断地探索、认识自我。

四、合理的学业成就目标

相关研究显示（蒋洁，2011；雷雳，2001），与学业成绩好的学生相比，成绩差的学生倾向于将学业失败解释为不可控的外部归因，而较少解释为内部归因。研究生虽然不再完全以分数论，但合理的学业成就目标有利于读研期间学生们灵活的归因方式的建立。

（一）学业成就目标

学业成就是指经过学习和训练后所获得的学业方面的知识技能、态度和能力，是学生学习状况和水平的集中体现。（朱丽芳，2006）对当代研究生而言，学业成就不仅单指学会了多少知识、技能，更强调的是学习能力的发展。

在明确学业成就概念之后，结合当代研究生实际情况和个人能力水平，学校、导师要帮助研究生构建合理的学业成就目标。研究生要对自身有清晰的认识和把握，在能力可达到的范围内努力发展自身。

（二）合理的学业成就目标对积极归因的促进

归因是个体把行为和结果进行优劣推断，进而推出造成结果的内在原因的过程，是一种普遍需要。关于学习的归因，仅指个体对自己（或他人）的学习行为活动因果关系的认识。换句话说，就是学生对自己学业成败所进行的因果解释和推论。积极的归因有助于调动学生学习的积极性，从而使学习效率得以提高。这在现代教学中具有十分重要的意义。合理的学业成就目标对积极归因的促进主要表现在以下两个方面：

第一，合理的学业成就目标可以以一种"智慧"的方式引导学生向"努力"这个方向上进行归因，即将学业上的成功与失败都与努力联系起来。成功了，是努力的结果；失败了,是努力不够造成的。每次考试之后都要对结果进行归因,如果将成功或失败归结为努力以外的其他原因,就要有意识地加以改变,朝着努力的方向归因,逐渐地就会形成积极的归因模式。

第二,合理的学业成就目标可以有效避免"不切实际的期待引发的沮丧感"。"吃不到葡萄只会说葡萄酸"对于大多数人来说,是一种很默契的归因方式,进而以后对"葡萄"会有下意识的抗拒思维:这次的葡萄我能吃到吗?如果继续吃不到是自身的问题还是葡萄的问题等。同样的道理,不合理的学业成就目标只会让我们陷入"自我怀疑的怪圈";反之,合理的学业成就目标则不会出现这种情况。换句话说,合理的学业成就目标是一种合理的激励方式,只会让我们"归因有道"。

(三)建立合理学业成就目标

帮助学生建立积极的学术情感与目标,树立良好的学习动机,那么积极的归因风格也就自然而然地形成了。定什么任务,定什么目标,就决定了你能学到什么。因此,建立合理的学业成就目标可以从以下几方面入手:

1. 精准定位,充分分析自身现状

研究生可以从自己有哪些优势和不足、在各个学科中的潜能如何等方面,根据自己的实际情况评估自己,在学术学习中找到自己的兴趣,寻找、设置与自身能力相匹配的高价值、高控制的学业成就目标。不同年级的研究生学业成就目标存在差异:相较于专业课学习,一、二年级的研究生更注重参与学校社团活动;三年级的研究生面临考博和就业的压力,更加看重专业课知识的学习和各项成绩的提高。因此,精准定位十分关键,面对日益增加的科研压力,研究生在提高自身学术能力与水平的同时,要清晰评估自我的学术科研能力,找准定位,提早规划,设定合理的目标。科研是一条漫长且艰辛的道路,需要长久的坚持和耐力,如果长期抱有不合理的目标,对自己的能力盲目自信,经历不断的挫折与打击后,个体易产生诸多消极情绪,影响身心健康。

2. 聚焦自身能力,不过分在乎社会评价

在学习的过程中要具有一定程度的自主性和独立性,减少依赖他人。这样可以帮助学生锻炼自我调节的能力,减少外部归因,提高学习的自信心,并充分享受学习、享受知识的乐趣。相关研究表明,更关心自身学习、掌握、能力提升的学生,归因时更倾向于认为今后的学习生活受到自身努力的全面影响,随之产生兴奋感、自豪感、自信感,这些积极情绪在一定程度上可以促进良好学习行为和交往行为的发生。(宋爱芬,2014)

3. 允许目标有"阶梯性"

一个合理的学业成就目标一定是要有阶梯的。第一层阶梯什么样，第二层阶梯什么样，要有不同，也要有递进。全球著名战略咨询公司麦肯锡，他们的专家把这种方法称为"先摘好摘的果子"，由易到难不是偷懒，反而是一种明智的选择。而这在一定程度上也有利于提升学生的自我效能感，让自己先看到一点点成果，才能进一步扩大战果。

综上所述，不难看出，建立积极的归因方式需要从各个方面展开，而积极归因方式是获得积极心态，之后积极面对生活中种种事件的基础，也是培养研究生心理资本的重要环节之一。生活总是充满各种各样的跌宕起伏，以平和、积极的心态去拥抱经历过的一切，面对还未到来的未来，是当下这个略显浮躁的社会中，研究生需要向内修炼的重要部分。

成长资源

●班级主题活动

一、活动主题：走进归因的世界

二、活动目标：

归因方式因人而异，不同的归因方式对个体的认知、情感会产生不同的影响，通过活动理解个体间归因方式的差异性，明白归因方式的重要性，从现在开始学习构建积极归因方式。

三、活动时间、地点、对象

活动地点：×××教室

活动时间：××××年××月××日（周×）

活动对象：××学院××专业××班学生

活动时长：90～120分钟

四、活动形式：带领者引导、学生参与活动谈论并发表观点、带领者总结。

五、活动所需材料：彩色卡纸若干、笔、两幅大象画。

六、活动内容：

活动名称	活动内容	活动目的
最佳拍档	●在活动开始前准备好多种颜色的卡纸，带领者拿出不同颜色的卡纸，让成员随机抽取一张卡纸，并告诉他们可以剪成不同的形状，每种颜色的卡纸数量为两张，每两个成员会抽到相同颜色的卡纸，拥有相同颜色卡纸的成员互相成为拍档 ●"最佳拍档"将卡纸放到桌子中间，卡纸上备注了自己的姓名，拍档之间互相自我介绍（介绍来自哪里、爱好等内容），再互相分享"为什么要将卡纸剪成这个形状？"，两人的交流时间控制在5分钟左右 ●每一个两人组合轮流在团体中向其他成员及带领者互相介绍对方，使团体中的每一人都互相认识，促进成员间互相熟悉	加深成员间的相互了解，构建和谐良好的团体内部氛围
盲人摸象	●带领者在教室内不同位置摆放两幅大象画，设置适当障碍物，最佳拍档两人一组随机分布在教室内任意角落，一人蒙上眼睛，另一人指挥方向，引领拍档去摸其中一幅画的象鼻，成功后角色转换摸另一幅画的象鼻，比一比哪一组最快 ●分享交流体验，说说成功/失败的原因	热身暖场，引出主题
走进归因世界	●案例分析：小剑在班上学习成绩处于中下水平，常常记完知识点就忘记，完成作业时往往想起什么就做什么。临近期末考试，他本想用空余时间好好努力复习备考，但朋友们总是拉他去玩，他想着玩一下也没关系，每次空余时间都去玩了。到了考试当天，他很紧张，以至于到了考场才发现自己准考证不见了，急忙找老师开证明，可是进到考场大家已经开始答题了，他内心很慌，难以集中注意力思考题目，时不时又听到窗外打闹的声音。最终考试成绩出来，他在班里倒退了15名 ——提问：你认为导致小剑成绩下降最主要的原因是什么？ ●将学生的回答分为四类，即能力、努力、情境、运气。介绍四种不同归因方式的含义和特点	理解什么是归因以及归因方式分类，不同的归因方式会对个人行为产生不同的影响
我是小辩手	●在活动三的情境中，持能力/努力归因的为正方，持情境/运气归因的为反方，正反方就"采用此种归因方式会对后续活动产生什么样的影响"展开辩论，其间可以跳槽到对方阵营 ●对比能力/努力归因—情境/运气归因对后续活动造成的不同影响，感悟能力/努力归因的重要性	通过正反对比，感悟能力/努力归因的重要性

续表

活动名称	活动内容	活动目的
讨论与总结	● 自由分享生活情境，并按照自己的方式进行归因，听取不同人的不同归因方式 ● 分享感受和感悟 ● 带领者总结今日活动	结束活动，分享收获，加深活动目标

● **心理测验**

多维度——多向归因量表（MMCS）

第六章　增强心理韧性

心理韧性作为心理资本的核心要素之一，对个体的心理资本水平起到调控和保障作用，能够帮助个体迅速从压力和挫折情境中走出来并聚焦于中心任务，挖掘和发挥内在的积极力量，保障个体工作任务和发展成长的进行和完成。因此，增强心理韧性，是培育研究生心理资本的重要一环。本章从心理韧性的基本概念、内容、作用等方面出发阐述影响心理韧性的相关因素，最终叙述增强心理韧性的途径和方式。通过这三个方面可以让同学们更加清晰、深刻地认识什么是心理韧性，如何在日后的道路中发展心理韧性，从而为培育心理资本构建基础，找到适合的方向和方法。

第一节　心理韧性概述

心理韧性是指个体在应对突发的危机事件、严重的创伤或承受巨大压力时所表现的个性化特质和具备的能力。（安，2018；布拉萨，2018）相关研究表明，面对上述事件和情况时，心理韧性是个体应对、适应并保持积极情绪和处理问题能力的重要因素，甚至在某些程度上会影响个体的免疫能力。（傅义宁，2011）本节主要叙述心理韧性的概念、结构、作用以及研究生心理韧性品质的特点。

一、心理韧性的概念与发展

心理韧性中的韧性本是物理学概念，指物体受到外力挤压时的回弹力。随后的研究中引申为个体面对严重威胁仍旧能够适应与发展良好的现象。国内对其翻译包括"心理韧性""复原力""心理弹性""逆抗力"等。心理韧性的概念尚无完全统一的标准结论，有学者将其定义为：心理韧性是个体在面对内外压力困境时，通过激发自身潜在认知、能力或心理特质从而可以有效利用内外资源积极修补、调适机制的过程，最终指向获取朝向正向目标的能力、历程或结果的目的。（康纳、戴维森，2003）。

（一）心理韧性的三种定义

自20世纪70年代末路特（Rutter）关于儿童母爱剥夺的系列实验研究开始，国外学者对心理韧性的定义各有偏重，大致分为结果性定义、品质性定义和过程性定义三种（韩黎，2014）。

1. 结果性定义

路特（1987）认为，在个体经历消极情境后仍可保持良好发展的情况可称为心理韧性。结果性定义强调个体在经历异常情境后的积极发展状态和结果，指向的是结果层面，但该定义并未给出个体在面对相关情境时如何解决问题的详细过程。

2. 品质性定义

品质性定义又称"能力性定义"，研究者们将个体的品质作为心理韧性定义的侧重点。康纳和戴维森对心理韧性概念的解释主要强调个体的能力差异，即不同个体面对逆境或压力时会产生不同的反应和心理状况，对压力事件的反应、应对因自身能力的差异而受到不同程度的影响。（康纳等，2003）同时，其他学者如艾米·维尔纳、诺曼·加梅兹均认为心理韧性是个体在面临消极情境时能够主动进行自我调节，展现出良好的适应性，承受或脱离这种情境后较少受到其影响，并能够快速恢复以适应复杂环境的能力。

3. 过程性定义

该定义认为个体在适应过程中发展出来的能力即为心理韧性。理查德森等人（1990）认为，心理韧性是危险性因素和保护性因素共同作用的动态心理过程。过程性定义综合了前两种定义的内容，对心理韧性的概念界定也更为全面，持此观点的研究者认为心理韧性是动态发展的过程，是个体在与环境的交互关系中动态交流、发展的过程。心理韧性不再是一个结果或者品格，而是流动的状态，是个体本身、个体心理状况、环境之间相互作用的动态呈现。

目前，多学科、多交叉领域的研究使心理韧性的定义存在多种不同侧重点。即便如此，研究者们仍达成两点共识：第一，心理韧性反映的是智慧、灵动、坚强、稳定且普遍的人格特质（博南诺，2012）；第二，心理韧性是动态发展的个体应对困境的能力，通过自身已经拥有的内外在资源灵活应对压力、危机的过程获得自信、自尊、经验等,从而提高心理韧性水平。(恩伯里,2013)同时,学者对心理韧性的两个特点也保持一致观点:个体经历创伤或逆境、个体成功应对或适应良好。(盖瑞,2011)

(二)心理韧性的应用和发展

一开始心理韧性研究过程中所选取的对象主要是儿童和青少年,随着研究的逐步发展,其研究对象的范围逐步扩大,对于不同人群心理韧性的研究逐渐进入研究者的视野。心理韧性研究方向的不断扩展得益于积极心理学的发展成熟,研究重点从创伤后出现的病理现象转向可能出现的积极心理反应,深入探索性研究也在不断增加。由此可以看出,心理韧性正是近年来国内学者研究的热点问题和全新概念,是结合应激心理学、发展心理学、积极心理学等不同学科内容的最新研究成果之一。(马斯顿,2007)

1. 心理韧性在国外的研究发展

相较国内对于心理韧性的研究在近几年开始兴起,国外对此的研究已有50多年的历史,关于心理韧性的概念、作用机制、理论模型也在不断地发展建构并完善。心理韧性的研究主要经历三个阶段:兴起阶段、快速发展阶段、深化发展阶段。(胡寒春,2009)

(1)兴起阶段。也可称为基础阶段,开端于20世纪50至80年代,对于心理韧性的研究最终开始于对现象学的研究,随后相关研究突破传统观念视角,从单纯的危险性因素转而对个体内在积极心理因素的观察、研究,最终发现且被广泛认可的有助于帮助个体战胜逆境的积极因素为:乐观、希望、自控力、高自尊、自我效能、社会支持系统等。(胡寒春,2009)

(2)快速发展阶段。从20世纪80至90年代开始,在上一阶段研究成果的基础之上,心理韧性研究进入第二阶段,即系统研究阶段,虽然保护性因素被越来越多地发现,但这些因素如何起作用的过程仍旧困扰着研究者们。因此,在此阶段研究重点转向建构保护性因素之间作用过程模型。学者从保护性因素的不同角度解释心理韧性的过程,继而提出补偿模型、保护模型及挑战模型。(诺曼·加梅齐,1984)

(3)深化发展阶段。从20世纪90年代至今,研究进入干预研究阶段,进行多水平分析以及适应于变化的动态学研究成为目前的研究特点,研究趋势主要为通过设计,现场实验检验心理韧性理论,进一步完善心理韧性干预理论,从而促进干预的效果,提出开发心理韧性的有效路径。(胡寒春,2009)在积极心理学发展浪潮的推动下,研究者发现个体心理韧性的发现、维护与培养不受自身年龄和心理条件的限制。

2. 心理韧性在我国的研究发展

心理韧性的相关概念和研究最早并不是由国内学者提出，但是相关内容却很早就出现在古人的智慧记载中。

比如，在浩如烟海的典籍尤其是中医学相关典籍中，虽并未出现心理韧性一词，但在《黄帝内经》中就已经出现对韧性这一现象的相关描述。在《黄帝内经》中黄帝提出为什么同样的病在不同的人身上会呈现不一样的表现的问题，少俞举了树木的例子，由于吸收阳光雨露的不同，导致树有阴阳面，两面的坚实程度也大不相同，这就好比树木对于不同的季节有不同的反应，人对疾病的感受性也不一致。对树木而言坚硬的部分在大风中容易折断，这也是古人对韧性这一现象最初的观察。同样，《黄帝内经》中也指出个体对疾病感受性的不同，中医讲述人致病的最主要原因是"虚"，即身心方面的易感性。不仅个体的易感性会导致面对疾病呈现出不同表现，古人对外界的影响因素也做出了相应的观察和比较。古人提出，"乘年之衰，逢月之空，失时之和"三个条件，只要满足，人就容易得病；而只要"逢年之盛，遇月之满，得时之和"，即使患病，病的程度也较轻，容易痊愈。（叶增杰，2018）

通过以上古籍记载的内容不难看出，早在2000多年前我们的祖先就已经通过对自然界和人体的观察发现每个人对于不同的身心疾病的反应、感受性不同，就如同现代科学所叙述的心理韧性概念中抵御和恢复的能力，也可称为当今心理韧性相关概念的早期原型。（叶增杰，2018）

近年来，心理韧性的概念迅速而广泛地进入了我国学者的视野，企业管理、教育、医疗、体育、社会保障等各个领域的研究中都出现了对"心理韧性"的聚焦关注和热烈探讨。研究范围涉及心理韧性与情绪调节、学生学业、网络成瘾、医院病人心理健康、工作压力、自我调适等之间的关系；研究对象包括儿童、初高中生、大学生、疾病患者、经历过创伤事件的人群、各类职工等，范围分布广泛，研究内容丰富（周妍等，2013；周宵等，2015；叶增杰，2013）。学者们认为，心理韧性作为一个积极心理品质，对于个体的抗逆抗压、身心健康、潜能发挥和发展成就等具有重要意义和开发培育价值。

国内外对心理韧性的研究都经历了不同的阶段，从中可以发现研究不再仅局限于某个结果或某类特殊人群，而是以动态发展的眼光看待心理韧性，从更广泛、更深入的角度对心理韧性进行研究。

二、心理韧性的结构与模型

研究者们一致认为心理韧性是一个具有多维度的复杂结构,并提出了不同的心理韧性作用模型,试图更清晰地认识和描述心理韧性的发生、发展机制。

(一)心理韧性的结构

心理韧性结构的复杂性使它在各种心理测量中常与心理一致感、自我效能感、自我升华、坚强等心理学概念存在重叠的部分。(伦德曼,2010)但总而言之,研究者认同心理韧性由两大因素构成(韩黎,2014),即个体内部保护性因素和外部保护性因素。

1. 内部保护性因素

内部保护性因素就如同心理韧性整体结构本身,也是复杂、多维的。因此,内部保护性因素被分为生理因素和心理因素两部分。比如,外在的身体吸引力也被学者认为是能够增强心理韧性的因素之一。而心理因素包括个体积极的气质、内控性、高自尊、对未来的乐观展望、忠诚的宗教信仰、人格、能力等特征。(墨菲,1987)

2. 外部保护性因素

早期关于儿童、青少年心理韧性的研究发现,家庭、学校环境和社会支持水平同儿童心理韧性之间存在高度相关关系。(路特,1990)研究表明,家庭因素包括温暖、友爱、情感上相互支持等良好的家庭氛围,以及高强度的家庭凝聚力、善于关怀青少年的父母等;从学校方面而言的积极保护性因素包括良好的师生、同伴关系,在校愉悦或成功的经历;社会支持因素包括成熟和优良的社区环境、良好的公共医疗保健和公共服务体系。

(二)心理韧性的作用机制模型

在对内、外部保护性因素的探索基础上,不同的学者针对心理韧性提出了不同的作用机制模型,用以描述保护性因素通过何种方式减少或弥补危险因素对个体的不利影响。主要包括以下几种典型的发展模型:

1. 心理韧性的早期模型

加梅齐等人于1984年率先提出关于心理韧性的补偿模型、保护模型、挑战模型,不同模型建构的保护性因素作用不同。补偿模型认为保护性因素和危险性因素在个体心理韧性发展过程中是相互独立的两个因素。前者起到积极正向的作用,后者产生消极负向的作用。保护模型认为两因素之间相互影响。当个体处于危险情境时,保护性因素起到支持和调节作用,帮助个体抵御危险性因素的消极影响。同时,在压力事件中如果危险性因素水平不断提高,保护性因素的积极作用会逐渐被削弱。挑战模型认为危险性因素在个体发展过程中并不全都是消极作用和影响,如果危险性因素数量和持续时长在个体的承受范围内,反而会激发个体的抗压潜能。因此,该模型认为过高或过低水平的危险性因素均不利于个体的发展,甚至可能会阻碍发展,只有中等水平才更有利于个体的能力发展。(周宏儒,2021)

上述概念中提到的危险性因素最早出现于流行病学研究(路特,1990),指能够造成不良适应结果出现可能性的生物的、环境的以及心理社会方面的各种因素。影响个体发展的危险性因素在相关研究中被分为遗传和环境因素两大类,如不良的教养方式、破裂的家庭等都属于危险性因素。(李冬梅,2007)

关于保护性因素,奥塞尔(1999)定义为缓和个体脆弱性或环境危险影响的因素。波尔克(1997)则将其分为四类:一是包括能力、人格特质等的特质因素;二是个体的各类关系因素;三是个体的认知评价能力、对问题的分析处理能力和能够主动面对情境的能力的情境因素;四是体现在个人信念中的哲理因素。

随后,1990年路特在对前人研究进行整理总结的基础上提出了心理韧性的发展机制,包括四个部分:首先,通过避免或降低同危险性因素之间的接触从而减少其对个体的影响,同时改变个体对其的认识;其次,如果个体长期受危险性因素的影响而产生一系列消极反应,要尽量减少这种影响;再次,提高自尊和自我效能感能够有效地避免个体心理韧性发展过程中的不良影响;最后,为个体创造能够获得成功体验并产生希望的机会。

2. 心理韧性的中期模型

主要包括库普弗的整合模型、理查德森的过程性模型(或称为"破坏—重整"模型)和动态模型。(韩黎,2014;周宏儒,2021)

(1)心理韧性的整合模型。库普弗(1999)基于社会生态模型提出心理韧性的整合模型,该模型认为心理韧性形成于个体内部特征同外部环境中存在的保护性和危险性因素之间交互发展的过程。该模型中的心理韧性框架由三个部分组成:

第一,外部环境特征主要指上述提到的保护性和危险性因素。危险性因素指导致不良后果发生可能性提高的各种因素,如具有破坏性或功能失调的经历、压力和倦怠、不良的健康状况、低教育水平等。(马斯特等,2002)保护性因素则相反,如马斯特(2001)认为良好的家庭教育、循规蹈矩的同龄人和社区集体效能等对提高心理韧性有促进作用。

第二,个体内部心理韧性因素,如认知能力、气质、积极的自我知觉和生活信念、自我调节、忠诚、幽默感、感染力或吸引力等。(马斯特等,2002)沃林(2005)则提出洞察力、独立性、人际关系、主动性、创新性和品德等因素。同时,戈尔曼(2005)指出能够不断发现和挖掘自身潜力的人拥有从失败中恢复过来的更大可能性。

第三,中介作用的动态机制以及个体心理韧性的重组和发展。同时,路特(1993)提出心理韧性形成过程中保护性因素在不同程度上发挥作用同危险性因素的数量和水平相关,随着保护性因子数量的增加,危险性因子的不良影响会得到有效缓冲。该模型充分阐释了心理韧性形成过程中个体与环境之间的相互作用,特别是从该模型开始,对心理韧性形成的内部中介过程有了较为清晰的描述,呈现出整合的趋势。整合模型的理论过程具体如图6-1所示:

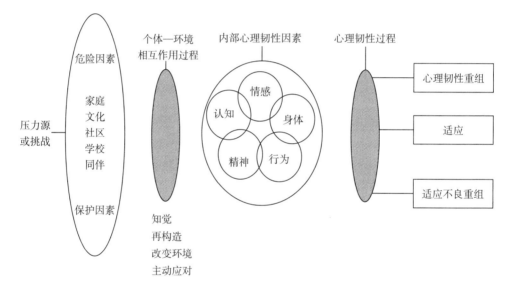

图6-1 库普弗的整合模型(周宏儒,2021)

(2)心理韧性的过程模型。理查德森(2002)提出心理韧性形成的过程模型,或称为"破坏—重整"模型,从其他角度再次描述心理韧性如何形成。该模型细致描述个体获得心理韧性的过程,并指出获得心理韧性品质的过程不仅是有意识的,也可能是无意识的。

该模型认为心理韧性是个体生理和心理面对负面事件、压力的时候,因为内外部各种保护性因素和危险性因素交互作用而呈现出的一种平衡状态,在这种暂时的平衡状态下个体表现出对环境的适应性。然后,系统性的失调是否会再次发生取决于危险性事件和保护性因素间的相互作用。个体的弹性品质和对事件的弹性重整过程有利于其在生活中获得积极的认知。

通过过程模型不难看出,心理韧性的核心是保持个体身心动态平衡,包括生理、心理及精神三个方面。在压力事件或困难情境面前,个体能够充分调动自身资源,保持以上三个方面动态平衡,且在整个事件过程中不断进行调试,从而促进已有心理韧性特征朝着新的水平发展,而新获得的平衡状态有可能低于或高于原有水平。

理查德森认为在个体原有身心平衡状态下,刺激事件的发生激发各种保护性因素的产生,会导致四种结果:一是心理韧性水平提高,在动态过程中心理韧性重组获得高于原有水平的新平衡;二是维持原有水平的心理韧性,平衡状态未发生太大变化,称为回归性重组;三是产生低于原有水平的心理韧性,重建平衡的过程中发生心理韧性的缺失性重组;四是最坏的结果,即不良重组,经历逆境后个体无法恢复,心理韧性水平降低的同时甚至会用错误的认知应对当前的不利因素。具体过程如下图所示:

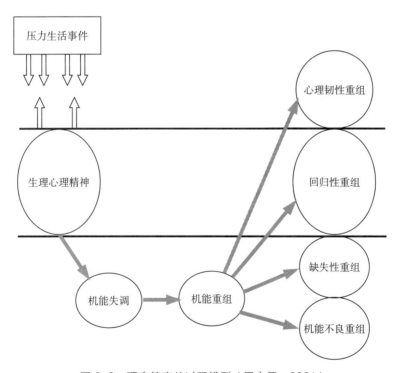

图 6-2 理查德森的过程模型(周宏儒,2021)

(3)心理韧性的动态模型。2003 年,美国的一些研究机构联合提出心理韧性的动态模型。(弗里堡,2003)此模型认为个人的天赋、潜能和自身积极的力量会影响心理韧性结构的重组和水平变化,将心理韧性作为每个个体本身具有的、潜在的心理能力。该模型同马斯洛需求理论相结合得出，在个体成长过程中，朋友、亲人、学校或社会群体等保护性因素带来的对不同层次心理需求的满足促使个体心理韧性品质发展，如团队合作、共感移情、自尊、自信，提升问题解决的能力等。反过来在面对逆境、挫折、压力时，已有的心理韧性品质又能使个体获得更高的耐受力和解决问题的能力。

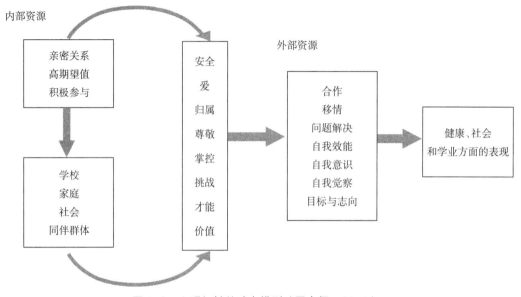

图 6-3　心理韧性的动态模型（周宏儒，2021）

从上述心理韧性的结构和各种模型理论中不难看出，心理韧性的发展是一个保护性因素和危险性因素相互作用动态变化的过程和结果。整个过程中个体的内在品质和外在环境都会对心理韧性的形成产生不同程度的影响。

专栏 6.1

韧性的层次模型

亨特和钱德勒（1999）曾做过一个关于韧性的访谈研究，研究对象为职业高中经常出现行为问题的学生。在总结自己的经历时，这些学生将韧性的表现归纳为三个方面：不与他人交往，因为周围的人都不可信任；孤僻，因为没有社会支持或者社会支持系统不健全；情感冷漠，因为情感上的痛苦难以承受，莫如无动于衷。据此亨特提出了韧性的层次模型。他认为，最低层次的韧性对个体来说只具有生存的意义，人们通过暴力、高危行为以及社会和情感回避来保护自我。中间层次的韧性对个体具有防御意义，他们通过拒绝与别人交往，以此来抵制外界不良刺激的影响。最高级层次的韧性才具有健康、成长的含义，他们能够积极地调动个人资源、自尊、自信，保持适当的人际距离，善于人际交往以获得更多的社会支持，灵活地处理生活压力。处于前两个层面的人以自我保护为特征，但是这样的韧性存在潜在的隐患，在成年之后可能会出现心理社会适应不良甚至心理障碍。

三、心理韧性的作用

众所周知，心理韧性是个体成长过程中的重要保护性资源，帮助个体抵御压力事件和不良因素的影响，是个体健康发展必不可少的心理品质之一。随着研究的深入，心理韧性并不只存在于处于逆境的人身上，一般个体在平时都有着潜在的心理韧性。（白婷婷，2021）因此，心理韧性对于个体而言，不但是一种抗逆保护因子，更是一种促进个体发展成长的心理能量。

（一）心理韧性对个体发展的促进作用

大量研究表明，心理韧性对个体有着重要的不容忽视的作用。

1. 增进个体积极认知和行为

积极期待能够促使个体形成乐观精神，对自己所面临的学习、工作及人际关系等都抱有正向的期待、积极的认知和归因、积极的态度和主动的行动，更善于应对困难和推动发展。研究发现，从个体本身而言，拥有较高水平的心理韧性会提高对未来的积极期望（朱美侠等，2016）；并且，具有较高心理韧性的人群更容易使用积极的应对策略面对所遇到的各种情境，而较少使用回避性策略（伯顿，2010）。

2. 保障个体成功应对困境

积极、灵活的应对方式和认知策略会促使个体在面对挑战性情境时更多地识别出其中的重要意义，结合以往处理创伤性事件的经验和获得的心理韧性品质，有助于激发个体面对全新的情况进行积极的主动建构，走出创伤，并实现从创伤性事件中的成长。（周宵等，2015；安媛媛等，2011）

图加德（2004）和弗雷德里克森（2007）等人的相关研究表明，心理韧性水平高的人会通过运用积极情绪的帮助从消极情绪中恢复。从理查德森"破坏—重整"模型的理论角度来看，同样处于压力状态下，积极的情绪体验会激励个体产生新奇的、创造性的想法，提出合理的解决办法并付诸行动，反之消极情绪会阻碍个体这样做。在不断反复地探索和实践过程中，个体建立起有效应对方式，帮助自身抵御和缓解负面情绪，逐步消除消极的身心体验，从而减少痛苦感觉，恢复思考问题的视野的可能性更大，也会在这一过程中扩充个体的积极体验，促进心理韧性的发展，更有能力面对随后的逆境。（弗里堡等，2006）

3. 帮助个体激活发展潜能

心理韧性水平高的人除更多地具备上述能力外，也能够更好地理解自己和他们的情绪，更有效地管理自身情绪，发展出共情力、同理心等心理品质。同时，具备更强、更坚韧、更主动的学习动力和能力，面对不同的情境会及时、灵活地调整行为以适应变化的环境，即使身处逆境也能够鼓励自己坚持下去，从而获得愈多的机会和可能实现既定的目标。（曼斯菲尔德，2012；哈弗，2014）

（二）心理韧性对学生成长的重要功能

近年来，关于初高中生、本科生、研究生等的学生群体的心理韧性研究也愈来愈多，学者们研究了心理韧性对于学生学习、生活、人际、心理健康等方方面面的重要意义和有效功能。

1. 促进学校适应和提升学业水平

对学生而言，心理韧性的水平能够预测学校适应及学业水平。（张光珍等，2017）心理韧性较高的同学通常选择积极、合适的内归因方式，能够看到自己所付出的努力和拥有的能力在学业和人际关系中所起的不可替代的作用。因此，他们往往将自己在学校、人际关系等方面的成功归因于自己的努力和能力，而不是完全来自他人或环境，从而会付出更多的努力，获得来自老师和同学们的支持，提高学业成绩的同时获得良好的人际关系，为自己营造出更具适应性的外部环境。（王海涛等，2017）

2. 降低消极和问题行为

研究发现，心理韧性能够预测个体的安全感（韩继明等，2012）、降低网络依赖（张文燕等，2016）、负向预测学龄期儿童的行为问题。当学生在生活、学业、成长过程中遇到缺失、困难、挑战等问题时，如果没有较强的心理韧性带来的安全感，心理处于脆弱、冲突、无力、分裂等无力的应对状态中的话，受其心理发展阶段和人生经验缺乏的影响，学生会在这种应对乏力的状态下产生退缩、消极、逃避、愤怒、逆反等负性压力应激反应。而帮助学生应对压力情境的最长效的方式就是增加其心理韧性，使学生增加积极归因、积极期待和积极行为，从而帮助学生调整和改变消极问题行为。

3. 激发并形成积极心理品质

心理韧性能够帮助个体应对挑战，而以往挫折和困境等挑战的成功应对经历，能够增进个体的自我效能感、乐观期待和积极行为，使个体相信自己有能力应对困难，并且有潜力获得更好发展，从而形成积极乐观的心理品质。针对大学生和研究生的研究表明，心理韧性对大学生的影响包括两方面：一方面影响对挫折的承受力，另一方面是通过积极情绪对其产生间接影响。（周妍等，2013）同时，心理韧性水平越强的学生，遭遇困境越容易激发积极心理品质，保持乐观心态，寻找解决问题的有效方法和途径，从而降低挫折带来的消极心理影响。（臧运洪等，2016）

4. 提升学生心理健康水平

心理韧性对学生心理健康水平的促进表现在以下几个方面：

（1）应对应激事件和心理疾病的消极影响。心理韧性能够有效地缓冲应激事件对心理健康的消极影响，直接预测心理健康水平并通过个体主观幸福感对心理健康水平起间接促进作用。（宋广文等，2014）相关研究表明（宣之璇，2017），心理韧性在核心自我评价抑郁、焦虑之间起部分中介作用。大学生核心自我评价就会直接影响其抑郁、焦虑水平，核心自我评级程度越高，抑郁、焦虑程度越低，反之亦然。

（2）减少心理危机。对于大学生来说，关于心理韧性对大学生抑郁、焦虑情绪、自杀意念等影响的相关研究表明，心理韧性的水平影响大学生的自杀意念（李艳兰，2014）、预测自杀风险和心理症状（杨雪岭等，2013）。高水平的心理韧性有助于降低抑郁水平（王秀希等，2010；韩黎等，2014）、缓解就业焦虑（吴佳，2016）和学业压力（安蓉等，2017），减少生活中压力事件对个体造成的负性影响（王秀希等，2010；韩黎等，2014）。面对心理危机事件层出不穷的现状，提高大学生心理韧性水平可以有效地预防心理危机事件的发生，起到积极的预防作用。（张运红，2016）

（3）提升满意度和幸福感。研究发现，通过相关训练提升大学生、研究生的心理韧性水平，对其躯体化症状、人际关系敏感、焦虑、抑郁、敌对、恐怖等情绪及其他各种不良情绪的体验均有所缓解（杨艳，2015）；进而提高其心理健康水平，提升对生活的满意度和幸福感（李强等，2017）。进一步研究发现，大学生核心自我评价通过心理韧性对抑郁、焦虑水平的影响发挥间接效应。如果个体有着积极的核心自我评价，则会充分相信和认可自己的能力、价值，这样的个体更加成熟、自信。遭遇挫折和逆境时，通常能充分利用内外部资源以及来自家庭、同学、学校、人际关系等各个方面的支持进行有效应对，减少应激事件负性影响。较少体验到抑郁和焦虑情绪，从而降低抑郁和焦虑水平，增强自信心、生活满意度和幸福感，提升心理健康水平。

综上所述，心理韧性对学生心理健康和个体成长的积极作用是显而易见的。当前社会，研究生面临着巨大的学业、就业、人际关系、能力培养等各方面的压力，提高研究生的心理韧性水平，对于其有效构建积极心理品质、体验乐观情绪、抵御消极情绪的负面影响等有着举足轻重的意义，是契合当代研究生能力培养要求的重要举措。

专栏6.2

维克多·弗兰克尔的故事

20世纪30年代，维克多·弗兰克尔在维也纳当精神科医生。1942年，他和妻子、病人被纳粹关入特莱西恩施塔特集中营。随后他的妻子被送往贝尔根·贝尔森集中营，他和他的病人则被送入奥斯维辛。弗兰克尔再也没有提过他的妻子。他是家族中唯一的幸存者，经受了常人难以想象的创伤和压力，但他仍然坚强地活了下来。他在著作《活出生命的意义》一书中讲述了自己在纳粹死亡集中营里的亲身经历。他认为，那些心存希望、为生命做好准备的人，最有可能从集中营的阴霾中发现生命的意义。他认为生命的意义在每个人、每一天、每一刻都是不同的，因为重要的不是生命之意义的普遍性，而是在特定时刻每个人特殊的生命意义。换言之，生命对每个人都提出了问题，他必须通过自己对生命的理解来回答生命的提问。

四、研究生心理韧性品质的特点

心理韧性并不是某种稳定的无法改变的人格特质，而是个体可以积极主动地采取相应的训练措施培养、发展与提升的能力，是一个动态发展的过程。个体完全能够有意识地通过训练和发展以达到提高自身心理韧性水平的目标。

心理韧性是一种普遍存在于个体内心的自我保护本能，在面对逆境的过程中能够自然而然地表现出来，帮助个体克服困难、逆境和挫折，努力生活，积极追求自我实现。因此，心理韧性在人生不同的发展阶段有着不同的适应性意义，其内涵会因为此阶段面对的主要发展任务、挫折、目标、人际关系、环境等原因发生一些变化。（杨欣等，2009）

1. 以高质量发展为目标

面对日渐增强的生活、学习、工作压力和研究生教育培养需求，心理韧性是支撑研究生积极努力生活、完成科研学习、实现高质量发展的重要心理品质和能力。

随着21世纪的不断发展,我国进入高等教育大众化阶段,其中研究生教育迅速发展。(田学真,2013)研究生扩招导致教育规模快速扩大,如何与研究生培养质量的提高协调发展成为我国当前研究生教育所面临的重要课题。研究生培养质量是整个研究生教育的核心,不仅包括科研创新、学习等方面的能力,还包括培养出更加适应社会发展、能够在自己所工作的领域勇于奋进、不断探索求真的精神和能力。(张建林,2008)心理韧性是研究生心理健康发展的重要组成部分,促进心理韧性在生活和学习过程中不断发展,有利于充分挖掘研究生的内在优点与潜能,完善自身适应系统,从而为研究生生活、学习以及未来的职业发展提供强有力的内在支持系统。

2. 具有变化性、差异性和多维性

研究生的年龄发展阶段、面临的发展压力和任务等都决定了研究生心理韧性的内涵是复杂的,具有过程变化性、个体差异性和表现多维性。

(1)变化性。变化性是指心理韧性的动态形式,表明它可以随着环境的变化而变化,并在这种变化中达到对环境的动态调控和适应。

(2)差异性。差异性是指不同个体之间的心理韧性是不同的,呈现出强度、平衡性及灵活等方面的差异性,虽然先天存在不同的生物性差异,但后天环境、教育、训练带来的影响更加深刻。从某种意义上讲,随着个体心理不断成熟导致社会化水平的提高,适应社会的能力日趋完善,其心理韧性也在这个过程中不断发展、增强。(许渭生,2000)

(3)多维性。多维性是指研究生的心理韧性具体表现在不同的方面,如科研学业、情感适应、社会适应性等。当然,研究生的心理韧性是一个多维度的概念,面对学习与生活里不同领域中所遇到难题会呈现出不一致、发展不平衡的心理韧性水平。有可能在学业领域显示出高心理韧性的研究生却难以适应社会层面对自身心理韧性水平提出的要求,有的人或许会在其他方面有着高心理韧性水平却难以面对感情上的任何波动。(韦慧,2010)

因此,正确且全面理解研究生心理韧性的内涵,有助于采取有效的、针对性的措施发展与提升心理韧性水平,实现研究生的全面健康发展。

3. 是研究生发展成长的必备要素

心理韧性对研究生发展成长的必要性影响表现在两个方面:

(1)帮助研究生应对挑战和挫折。研究生阶段作为个体发展的青春晚期或成年早期时段,是脱离校园走向社会,承担成年人家庭、社会等责任的关键时期,也是人生心理变化最激烈、最明显的时期。这一时期研究生的心理发展从大学时期的不平衡趋向平衡、情绪不稳定趋向稳定,同时开始直面生活中的各种压力、逆境或挫折。研究发现,存在人际困扰问题的学生检出率为41.01%,较严重的有15.7%(刘力勇等,2008),有3.22%

的学生心理承受能力较差。(李敏等,2007)但并非每一个学生在经历应激事件后都会产生心理问题,也存在逐渐恢复并适应良好的学生,这归功于"心理韧性"。

(2)发展完善研究生积极心理品质。研究生作为当今时代的高素质人才,必须具备健康的人格品质、坚定的政治信仰、高尚的道德修养、敬业与奉献的集体精神、强烈的进取与探究欲望、顽强的毅力、持久的忍耐力与有效的抗挫能力等积极心理品质。研究表明,心理韧性与个体人格特征、自我效能感、成就动机、归因方式、自尊水平、负性生活事件、社会支持、心理健康水平等因素存在显著相关关系。(赵抒,2016)因此,对研究生而言,提升或培育自身心理韧性,能够帮助其完善人格品质,形成自尊、自信、自我效能感、乐观性等积极心理品质。

4. 培养载体和路径具有多样性

心理韧性并不是孤立存在的,研究生心理韧性的形成与其面临的外在环境和自身内在因素等方方面面都有关系。因此,从这个思路上来说,培养和提升研究生心理韧性的载体和路径也同样具有多样性和丰富性。要提升研究生心理韧性水平,就要从训练和提升以下相关能力入手。

(1)提高认知水平。个体认知状态对其生活学习、社会交往和工作实践有着重要的影响,反映个体智力水平间的差异,是心理韧性品质中的基本要素。例如,基于认知产生的情绪是个体的一种态度体验,会影响到个体后期的活动方向及行为结果,积极情绪对生活的各个方面起促进作用,有助于自信心、自我效能感,也是衡量个体心理健康及其心理韧性水平的主要标准之一。

(2)提高人际沟通和解决问题的能力。个体解决问题的能力、人际沟通能力等各方面的能力素质也影响着心理韧性的发展程度。(许渭生,2000)因此,平时积极参与团体活动,加强社会实践,促进各方面的能力的发展对研究生而言极其重要,这些团体和实践活动能够对研究生的认知水平、情绪状态、心理调节与角色适应等方面起到更好的锻炼和提升作用,对心理韧性的发展大有裨益。

(3)提高创新能力。创造力水平是对当代高素质人才提出的更高要求,而高质量人才培养是新时代高校研究生教育培养的目标要求。研究发现,心理韧性水平的差异集中反映在创造力能力的差异上,创新意识、创造能力使个体的心理韧性恒定和持久地保持在较高的动力和适应性水平上,产生较强的心理韧性。

综上所述,个体内在因素是培育研究生心理韧性的关键与基础。研究生需从自身做起,努力提高内在各方面的能力及心理素质,做好应对的准备,正确认识、客观评价和积极应对生活、学习过程中遇到的种种不如意、挫折与困难,锻炼和提升心理韧性。高校需要充分关注和提升研究生心理韧性相关的素质和能力教育、培养和锻炼，帮助研究生提升心理韧性，充分、灵活地应对当前和未来可能发生的各种消极、压力事件和发展挑战。鉴于心理韧性内涵丰富、涉及面广泛、养成高心理韧性并非朝夕之事，研究生个体和学校教育者可结合具体需求和学生特点，长期、有序、有计划地开展相关的训练和培养。

第二节　心理韧性的影响因素

心理韧性的发展是保护性因素与危险性因素相互作用影响的结果，但主要是保护性因素影响的结果。（曾守锤等，2003）这些保护性因素可能来自个体本身所具有的特质，也可能是外部因素。研究者们对心理韧性的影响因素进行了大量且深入的研究，结果表明个人、家庭、社会三方面所组成的保护性因素构成的动力系统能够有效促进心理韧性的发展。（马艳，2017）同时，危险性因素也会通过个人、家庭、社会以及社区因素作用于个体本身。本节将从家庭环境、个人、社会因素三个方面分别论述其对心理韧性发展的影响。

一、家庭环境因素

个体成长的一生都离不开家庭，尤其是青少年的心理健康和发展成长与养育质量、亲子关系、家庭氛围等家庭环境息息相关，原生家庭对于个体的影响关键且深远。

（一）家庭环境因素的构成

家庭环境是一个涉及多个方面、范围的因素，是与家庭有关的能够影响个体成长的所有因素。从物理、心理来源来看，可以将家庭环境因素分为两个部分：一是家庭的社会生活背景，包括家庭结构即常讲的家庭完整性、家庭经济情况、父母受教育程度、家庭所在地等；二是家庭的心理环境背景，包括家庭功能的相关变量即家庭氛围、家庭互动、亲子关系和沟通、家庭成员间的影响力和父母教养方式等。（孙佳慧，2018）

从构成因素的性质可以分为两类因素：

1. 保护性因素

卡普拉（1996）、纽曼和布莱克本（2002）分别提出家庭环境影响心理韧性的因素或者称为保护性因素为：亲密的家庭、亲子关系或者与父母至少一人保持亲密关系、温馨的家庭氛围、父母的支持、积极参与家庭活动等。

2. 危险性因素

家庭中的危险性因素也称家庭处境不利。当个体所在的家庭完全性遭到破坏，家庭的社会地位及经济水平较低，父母受教育程度不高时称为个体家庭处境不利。也有学者将个体在家庭、经济、文化水平、生活、社会等方面处于相对困难的生存与发展状态称为处境不利。（哈德罗等，2017）处于此种环境下的个体身心发展容易受到阻碍，相应的权益保护不足以及竞争能力处于相对困难甚至不利处境的发展状态。（申继亮，2009）国外学者把可能对个体发展造成消极影响或者增大失败概率的不利因素统称为处境不利。（阳志平等，2016）处于这种环境下的个体家庭结构、父母教育理念以及经济条件都很难在短时间内发生质的转变，同时可能存在的家庭结构及内部关系不融洽也不利于个体的身心发展，自然也会影响个体心理韧性发展至较高水平。（王金凤，2020）

（二）决定家庭功能发挥的重要因素

为家庭每一个成员提供衣食住行方面物质需要的同时，积极促进家庭成员的身心健康成长和社会化过程、应对家庭的突发事件是家庭的主要功能。家庭功能是衡量一个家庭运行状态的重要指标，对家庭成员的身心发展有着深远的影响。（董松华，2015）家庭教养方式、亲子依恋关系是决定家庭功能发挥的两个重要因素。

1. 家庭教养方式

家庭教养方式或者说父母教养方式是家庭环境中的重要组成部分，在个体一生的成长道路中，家庭始终占据着不可替代的地位，对个体的身心发展都有着不可磨灭的影响。众多研究表明，父母对孩子的教养方式是影响子女心理韧性发展水平的重要因素之一。

（1）家庭教养方式的概念。目前学界关于家庭教养方式的概念并未完全统一，主要定义为稳定的父母同子女之间的互动模式，即使在不同环境下仍旧具有一定的不变性，包括父母对子女的养育态度及想法、情绪表达、情感体验以及沟通方式、行为方式等内容。（周宏儒，2021）其实关于家庭养育方式中同孩子互动的主要对象在不同的概念中范围界定并不完全一致。比如，我国学者顾明远（1990）指出关于家庭养育方式的狭义定义中的互动双方仅指父母同子女之间，而其广义定义则认为除此之外还包括其他家庭成员之间的互动。

就如同对心理韧性的定义，关于对家庭养育方式的定义，研究者们虽然存在一定的分歧，但其本质核心仍旧是一样的，总结起来包括相对稳定性、抚养和教育子女两方面内容，以及态度、情感、行为三方面要素。

（2）家庭教养方式的分类。早年美国学者西蒙兹（Symonds）从"接受—拒绝"和"支配—服从"两个维度研究父母养育方式对子女的影响。此后，大多数研究者在该研究的基础上开展进一步研究，如施艾弗（1959）把家庭教养方式分为"爱—敌意""自主—控制"两个维度，有学者从父母对子女的情感温度和控制程度角度进行划分，将家庭教养方式划分为"情感温暖—敌意"和"依恋—干涉"两个维度进行研究。（付越，2018）

鲍姆林德（1971）的研究提出新的分类标准，把家庭教养方式扩展成权威型、专制型和宽容型三种模式。随后，麦考比和马丁（1983）的研究奠定了现阶段心理学界关于家庭教养方式统一认可的分类方式。他们以要求性（监督、控制和成熟要求）和反应性（情感温暖，参与、接受）这两个维度为基础，把家庭教养方式划分为权威型、专制型、溺爱型和忽视型四种类型，具体如图6-4所示。

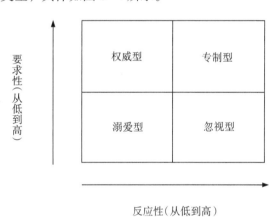

图6-4　家庭教养方式分类（麦考比、马丁，1983）

（3）家庭教养方式与心理韧性。心理学家路特的研究表明，在溺爱型或专制型家庭教养方式环境下成长起来的个体，其心理韧性水平要低于在权威型教养方式下成长的个体。韦尔纳（1992）的研究发现，父母通过包容、支持、接纳等积极民主的教养方式对待子女，该类子女在日常生活、学习、工作中将会表现出更高的心理韧性水平。

国内相关研究也表明，家庭教养方式中的情感温暖、理解、尊重、适当的保护等因素对子女心理韧性发展有着积极的促进作用；反之，拒绝否认、严厉惩罚、缺乏监管、体罚、监管矛盾等因素不利于心理韧性的发展。家庭环境能够预测个体心理韧性发展水平，改善不良家庭环境有利于提高个体心理韧性。（刘庆等，2016；张运红，2012）由此可以看出，父母对子女的信任鼓励、情感支持能够成为子女获得较高心理韧性水平的重要助力，而父母过分专制、溺爱或者忽视都会造成不利影响。

2. 亲子依恋关系

不同的家庭教养方式体现出父母与子女之间的不同互动模式，从而发展出不同类型的亲子关系和依恋水平。依恋理论最早由英国心理学家鲍尔比在1969年提出，他将婴儿依恋行为视为进化过程中个体为了自身免受伤害的生存策略，是形成于婴儿与早期照料者之间的强烈情感联结。（陈燕，2019）

聚焦于亲子依恋关系对个体心理韧性的影响的研究表明，二者之间存在显著相关关系，心理韧性水平较高的个体同父母间的接触较多，主观认为亲子关系良好。亲子关系不仅影响个体的心理韧性水平发展，也会影响个体心理健康水平。良好的亲子关系可以促进个体的自我认同，增强个体自我调节的能力，如果个体在成长过程中无法感受到家庭、亲子关系所带来的安全感，难以同父母之间建立信任感，容易造成心理危机状态，尤其是在自我概念尚未发展成熟的阶段，个体极易产生情感、行为问题，心理韧性水平难以达到一定高度。（崔丽娟等，2010；陈汝梅等，2017）

二、个人因素

早在1996年，卡普拉就提出关于心理韧性的个人保护因素包括：个人特质，如独特的气质、良好的人际交往及沟通能力；自我效能感佳，能够对未来充满信心；个体能够恰当地评价外部环境；具有独立、自主且乐观的人生态度，对人和事物热情、保持好奇心、信任；共情能力；个人某方面突出的能力；与他人的边界感，保持适当的距离等。随后，纽曼和布莱克本（2002）提出影响心理韧性的个人因素包括：热情开朗的性格、较小的年纪、高智商、共情能力、幽默感、社会交往等。

因此，对心理韧性产生影响的个人因素可以归纳为：人格特质、情绪智力、自我概念、自尊、自我效能感、自我评价、应对方式等。

1. 人格特质

"人格"一词是由希腊语中的"persona"演变而来，原指古希腊演员在表演过程中为了展现不同人物角色、性格变化而佩戴的面具。心理学概念中使用面具的内涵，并将其定义为人格。西方学者对人格有着不同的定义，如奥尔波特（1937）认为人格是"个体内在心理物理系统中的动力组织"。卡特尔（1968）则将其定义为"个体内在的一种倾向性，可以预测个体在指定情境中的行为表现"。艾森克（1970）认为"人格是由遗传和环境这两个因素决定的外在和潜在的行为总和"。（朱鑫钰，2020）国内学者目前使用较为广泛的关于人格的定义是彭聃龄（2012）提出的"人格是构成一个人思想、情感及行为的特有统合模式"。

不同心理流派对人格做出不同的解释，其中人格特质流派的相关理论，包括奥尔波特的特质理论，将人格分为同一种文化形态下个体所共有的共同特质和个体独特的个人特质，其中包括首要特质、中心特质和次要特质。卡特尔特质理论，分为个人特质和共同特质、表面特质和根源特质两个层次，并编制《卡特尔16种人格因素问卷》（16PF），其中包括16种人格因子。艾森克将人格分为外倾型、神经质和精神质，分别用E、N、P代表这三个维度，编制《艾森克人格问卷》（EPQ）。以及美国心理学家麦克雷和科斯塔提出的大五人格理论，包括外倾性、开放性、责任心、宜人性和神经质五个因素。

积极的人格特质是心理韧性重要的保护机制。研究表明，积极的人格特质如自律性、乐群性、宜人性、开放性、外倾性等都有利于个体心理韧性的发展，而消极的人格特质如忧虑性、紧张性、神经质、精神质则相反。

拥有更多积极人格特质的个体善于妥善处理人际关系，在遇到负性事件时，不仅能保持良好的心态，对自己和未来充满信心，还能主动解决问题的同时借助他人的帮助走出困境。相反，消极情绪的个体更难以控制自己的情绪，易冲动，非理性、客观地看待问题，且同他人之间的关系较淡漠、疏离，甚至抱有敌意，更易采取抱怨、宣泄或极端的方式解决问题。克里姆斯特拉等人（2014）将低情绪性、高外向性、宜人性、谨慎性和开放性归为适应性人格，此类人群适应性强，心理韧性水平较高。

2. 情绪智力

情绪智力的概念最早由萨洛维（Salovey）和梅耶尔（Mayer）在1989—1990年间提出，并将其定义为："一种社会智力的组成部分，是个体利用情绪信息来调控、辨别自己和他人的感觉和情绪，从而指导个体自身的思维和行为的能力。"随后，国内学者将情绪智力定义为个体通过感知、体验、表达、评价、调节和控制等一系列行为加工、处理情绪及情绪信息，解决情绪性问题的能力。（许远理等，2011）

1995年，戈尔曼发表《情绪智力》，大众开始熟知"情绪智力"是一种能够识别自己和他人情绪，激励自己，并在人际关系交往中管理好自己情绪的能力。巴昂《情绪智力手册》中定义情绪智力是个体在生活中获得成功的重要影响因素，是个体情绪、人格和人际关系能力的总和。面对环境需求、压力时，情绪智力对个体应对方式存在影响。

萨洛维和梅耶尔认为情绪智力包括情绪感知能力、情绪对思维的促进能力、情绪理解能力和情绪管理能力四个部分。2002年，帕尔默等人在萨洛维的理论基础上提出情绪智力包含六个维度，分别为：

（1）情绪自我意识，即对于缺乏情绪自我意识的个体而言，面对不断叠加的压力会体验到更多的情绪困扰。

（2）情绪他人意识，即能够识别、理解他人的感受和情绪，与他人发展良好的社会人际关系，获得他人的支持。

（3）情绪表达，即个体能够通过合适的方式、渠道抒发、缓解情绪。

（4）情绪自我控制，即能够在必要时刻或压力状态下合理地控制自己的情绪，情绪自我控制水平低的个体容易产生反社会性行为。

（5）情绪自我管理，指即使个体面对消极的情绪也能够主动诱发更为积极的情绪解决问题，促进自身身心健康发展。（西阿若奇等，2000）

（6）情绪他人管理，指个人通过激发他人的积极情绪从而使自己获得更多的社会支持，在面对压力事件时，也能够主动地向外寻求他人帮助。（西阿若奇等，2001）

目前影响力较大的情绪智力理论有三个：萨洛维—梅耶尔模型、戈尔曼模型和巴昂模型。这三个模型分别从对自我和他人情绪的识别、情绪管理、处理人际关系、压力管理等方面对情绪智力进行了详细的阐述与说明。（王娟，2009）

从关于情绪智力的相关研究中不难发现，情绪智力与心理韧性之间有着极强的相关性。有学者研究认为情绪智力在心理韧性之前，对心理韧性产生直接影响，并且在环境中表现为对环境的充分适应。研究表明（阿姆斯特朗，2011）心理韧性水平同情绪智力之间存在相关关系，前者水平越高则后者得分也会高，反之得分较低。综上所述，情绪智力的核心之一是能够识别和有效调节自身情绪的能力，而心理韧性可以通过对不良情绪的调节和控制得到增强、提高。

3. 自我概念

其实人的一生都在追寻"我是谁"的哲学问题，形成关于自我的概念，更清晰地认识自己。自我概念就是指个体在和他人、环境的互动过程中主观形成的关于自身综合状况的认知，涉及自我认同、自我满意、自我行动等多方面的整体知觉。（龙昕，2017）自我概念有自我维护、自我肯定、自我实现的功能。自我概念一旦形成，在个体自我结构遭受冲击的时刻，会尽最大力量维持自我本身的结构和稳定。自我概念不仅起到维护的作用，也会发展出一个肯定且能有效地应对实际生活要求的自我。同时，促进个体自我潜能的发展，实现理想中期望的样子。（郭部洲，2011）

自我概念同心理韧性之间相互作用、共同影响，自我概念的自我维护作用使个体在面临压力事件时能够调动自身的保护性因素维持自我结构和功能，拥有完善、积极的自我概念的个体能够从自身方面产生更多的保护性因素，而这类因素恰好是促进心理韧性发展的重要组成部分。反过来，良好的心理韧性有助于个体进行自我评价，更好地适应环境，从而形成积极的自我评价，建立正向的自我概念。

4. 自我评价和应对方式

除此之外，自我效能感、自尊也会对心理韧性发展产生影响。自我效能感是指个体在面对某项挑战之前对自身是否具有完成该项挑战的能力所进行的评估、预判，或知觉、信念。自尊是个体基于自我评价产生和形成的一种自重、自爱、自我尊重，并要求受到他人、集体和社会尊重的情感体验。

研究发现，自我效能感、自尊均和心理韧性存在正相关关系，高自我效能感、高自尊对心理韧性的发生有着积极的促进作用，降低消极自我评价，减少情绪困扰，而且培养自尊有助于提高心理韧性。（周海明等，2012）自我效能感影响个体面对逆境时对自身和自身能力的评价、应对逆境的适应性和面对失败的坚持性。（班杜拉，2001）自我全面、整合的发展使个体本身一方面就成为心理韧性的积极因素，另一方面通过发挥主观能动性寻求外界帮助，再次内化为发展的动力。

个体面对突发事件时所采取的应对方式也在心理韧性的发展过程中起着重要的作用和影响，心理韧性有赖于积极应对方式的使用；反之则会有损心理韧性发展。（蒋玉红，2013）

积极完善的人格特质，不断发展的情绪智力，清晰理性的自我概念，对自己更多的信心和高自尊水平以及积极有效的应对方式等，都是个体心理韧性发展的重要保护性因素。在研究生教育和培养过程中，注重保护、培养、促进和发展这些方面的能力水平，有利于提高研究生的心理韧性水平。

三、社会环境因素

从社会环境的角度而言，对心理韧性发展起影响作用的因素有社会支持和生活事件两个方面，一个是人文的、主观的、可控的，一个是客观的、不可控的。

（一）社会支持

社会支持来自家庭、学校、朋友等方面。其中，学校保护因素包括教师的帮助与支持，良好的同伴关系和学习环境；社区保护因素包括邻里朋友的支持，对儿童或其家庭提供一定资源；其他外界支持包括个体的社交网络、学校的成功经验等。（卡普拉，1996）

1. 社会支持的概念

20世纪70年代关于精神病学的相关研究中产生了对社会支持的研究,最早社会支持概念由卡塞尔和柯布提出,社会支持包括两部分含义:从功能上讲,社会支持是个体从已拥有的社会关系中得到的精神和物质上的支持;从操作上讲,社会支持是个体所拥有的社会关系的表征。(张丽霞,2012)

有人将社会支持称为个体对他人所给予的情感支持的认知和评价。巴雷拉(1986)定义社会支持为个体的一种信念和期望,指向他人提供的支持。

具体而言,社会支持包括社会各方面如父母、亲戚、朋友、老师、重要他人等给予个体的精神或物质方面帮助与支持的外在系统,它是身处社会生活中主观感受到的来自他人的尊重、关爱、接纳、帮助,也涵盖着个体对此援助的自我判断和评价,是积极社会关系的重要体现。因此,良好的社会支持有利于个体身心健康和对环境、社会的适应,尤其是当个体处于压力状态下社会支持有缓冲作用,而缺乏或者不良社会支持容易导致个体出现各类身心、行为等问题。可见,良好的社会支持是心理韧性的重要保护性因素。

2. 社会支持的分类

关于社会支持的分类可以从不同的角度划分:

(1)从性质角度可分为主、客观支持。不同于主观支持与个体感受密切相关,客观支持是客观存在的社会团体、关系集合、物质支持。主观支持是自我感受和体验到的情感支持,尤其是个体在遭遇困境时主观感受到能够利用的社会支持。

(2)从社会支持的来源角度,可分为家庭、朋友及其他支持。研究表明家庭和朋友是最终的社会支持来源。(周基利,2000)

(3)从社会支持的方式或功能的角度,科恩和威尔斯(1995)将社会支持分为情感性支持、信息支持、社会成员身份及工具性支持。情感支持包括情感方面的支持、鼓励、关心和接纳;信息支持指针对问题给出的具体的建设性意见、理解等;社会成员身份指来自他人的陪伴、交流;工具性支持也称具体性支持,即直接提供具体的工具(人力、物力、财力)或方法来帮助个体解决问题。

最后,按照社会支持产生的效果可分为积极支持和消极支持。积极支持指个体获得积极情感方面支持后所表现出来的积极行为,而消极支持则相反。

3. 社会支持与心理韧性

社会支持能够为个体心理发展带来相关满足,而这种满足又能够促进个体同心理韧性有关的一系列特质发展。研究证实,社会支持与心理韧性间存在显著正相关关系(李志凯，2009）；社会支持对心理韧性发展有正向预测作用（姚海娟等，2014；安容瑾，2009）；良好的社会支持能够减少压力事件的消极影响和负面情绪的冲击，培养个体采用积极的应对方式，有效提高个体心理韧性水平。不良社会支持或缺乏社会支持，会让个体直接暴露于应激事件、情绪面前，无法找到可利用的外界资源，使其很难向他人寻求帮助，难以培养积极的心理韧性品质，且形成恶性循环。

（二）生活事件

除了社会支持，个体在成长过程中发生和遇到的生活事件，也对其心理韧性的形成具有影响作用。

1. 生活事件的概念

生活事件是指在生活中遭遇的各类促使个体生活发生变动的事件，如升学、找工作、谈恋爱、结婚、家庭变故、感情破裂、学业失败等，具有急性产生、持续时间短等特点，是可能引起身心健康损伤的主要刺激源。（陈敏婧，2016）关于生活事件的概念来自应激的研究，应激的来源简称应激源，实际生活中各类事情都有可能成为个体的应激源，造成身心应激状态。应激源种类主要分为：重要生活事件或突发情境；生活小困扰，如各种生活琐事；长期社会事件，如战争、地震；由个体心理因素引起的压力。（李婷，2012）

2. 研究生面临的主要生活事件

对于研究生所处的年龄阶段，面临的生活事件主要有以下几个方面：

（1）学业问题。对于研究生而言，最主要的学业任务是科研，不同于高中、大学的培养模式和学业要求，研究生阶段的培养更多的是指向创新型科研人才，学业压力不同于以往的同时科研压力也在不断增加。随着国家对于研究生毕业要求的提高和收紧，能否顺利毕业也成为悬在研究生头上的一柄利剑，这也是目前研究生压力的主要来源。

（2）恋爱问题。研究生的年纪刚好处于成年早期，根据埃里克森人格发展八阶段理论可知，成年早期最主要的任务是寻找亲密关系，避免孤独感，形成爱的品质。这个阶段的研究生不仅要处理科研学业任务，还要学会如何同另一半建立亲密关系，处理关系破裂带来的冲击，为构建、进入家庭生活做好准备。

（3）工作问题。在研究生阶段个体仍旧需要考虑的是继续选择读博士还是结束学业找工作，属于关系到人生方向的重要抉择之一。在做抉择、找工作的过程中需要衡量、平衡各个方面，遇到的各种问题也会成为压力事件源，对研究生的身心健康发出挑战。

（4）感受差异。不同的生活事件对不同的人来说，主观感觉也是不同的。强烈的情绪感受也会成为个体的生活事件之一。

（5）一般问题。生活当中遇到的各类琐碎、一般事件看似微不足道却会积少成多，甚至严重影响个体的身心健康。看似具体的一件件事情、一个个问题，其实是最为普遍的生活事件。

3. 生活事件与心理韧性

从心理韧性的内涵来看，其产生和发展与外部环境的刺激密不可分。生活事件作为常见的应激源是典型的外部刺激之一，已有研究表明生活事件同心理韧性之间存在负性相关（徐贤明等，2012），即经历越多生活事件的个体心理韧性水平越低。生活事件带来的压力体验对个体而言并非都是负面影响，也有研究表明，面对生活事件，个体自身积极的人格特质、社会支持、应对方式甚至会激发心理韧性水平的提高。（李婷，2012）

除了生活事件之外，前面所提到的因素都是心理韧性的保护性因素。有学者对心理韧性的保护性因素进行了归纳，见表6-1：

表6-1 心理韧性的保护性因素（曾守锤等，2003）

保护性因素	内　容
个人因素	自信、自尊、悦纳自我 自我效能感 有效的情绪控制 正确的人生观、积极的生活态度 言语诙谐、幽默、气质独特、亲和力
家庭因素	父母感情优良、良好的亲子关系 教养方式民主 与家庭内部成员关系融洽 父母文化水平高 重视子女教育 家庭经济良好
社区因素	居住环境质量高且环境安全 社区公共措施齐全
社会因素	学校条件好 完善的儿童保护政策 重视教育 社会支持（亲朋好友、社会组织、政府物质的供给和情感支持）

家庭、个体、社会是影响个体心理韧性发展水平的主要方面，涉及不同的因素。因此，分别提高这三方面因素对个体的支持会最大可能地拓宽心理韧性保护性因素，促进个体心理韧性全方位、更完善地发展，从而达到一定的韧性水平，从容面对生活中出现的各类困难和逆境。

第三节 增强研究生的心理韧性

上述两节内容让我们了解了心理韧性的概念、发展史、模型以及影响心理韧性的因素。每个人在成长的道路上总会遇到这样那样的艰难困苦和挫折挑战，但并不是所有人都会被挫折所打倒，心理韧性水平高的人总能够很好地应对那些糟糕的情境，从而解决困难、完成任务，身心得到良好发展。相反，心理韧性水平低的人难以直面挫折，容易产生各种心理问题，身心得不到良性发展。因此，培养和增强研究生心理韧性具有重要的意义，尤其是在对研究生的培养提出了"高层次人才"目标的新时代背景下和研究生心理问题屡屡发生的现实挑战下，从社会、学校、家庭、个人等不同层面加强研究生心理韧性的培养，促进其身心健康发展，对于研究生克服困难、迎接挑战，完成学业、胜任工作，经营家庭、取得成就，以及健康身心、完善自己等具有重要的意义。这也是目前教育者关注的热点问题之一。

一、社会支持

社会环境决定了个体生存、生活、学习和成长的外部系统，对社会环境的了解和改善，促进环境中的正向影响和积极作用，能够促进心理韧性保护性因素的增加，为研究生心理韧性培养提供社会支持。

（一）社会环境的分类

布朗芬布伦纳（1979）提出发展生态环境理论，该理论认为环境是影响人类发展的主要因素，并将影响个体发展的环境分为微观系统、中间系统、外层系统和宏观系统四个部分，同时提出历史系统。

1. 四个系统及其关系

微观系统是个体参与的直接环境（包括角色关系和活动），就是我们常说的家庭、学校、同伴等，是环境系统结构中的最里层；中间系统指的是微观系统群体之间的联系或相互关系，相较于微观系统间较弱的联系，较强的支持性关系更能最大化推动个体发展的实现，反之则会产生不良后果；外层是外层系统，指个体未直接参与却对其发展产生影响的社会系统，如父母的工作环境或者学校的整体计划等。

最外圈的宏观系统是指个体发展所处的大文化或亚文化环境，是微观系统、中间系统和外层系统嵌套于其中的文化、亚文化和社会阶层背景。宏观系统实际上是一个广阔的意识形态，通过影响个体所在的家庭、学校、社区和其他直接或间接影响个体的机构中获得的经验。例如，为降低儿童的虐待率，宏观系统要提倡以非暴力方式解决人际冲突、反对体罚儿童的文化，处于这种宏观系统中的微观家庭，此类事件发生的概率会被大大降低。

2. 一个维度及其作用

布朗芬布伦纳的模型还包括了时间维度，或称历史系统，是个体或环境随时间的变化影响着发展的方向。强调个体的变化或者发展，环境变化带来的影响也取决于时间变量——个体的年龄。对于研究生而言，他们已经处于人格、生理、心理相对成熟的阶段，对自我的认知、人生的规划等开始逐步建立并清晰，在该阶段即使遇到一些困难也能够通过内外在资源更好地应对。环境对他们心理韧性发展的影响更加隐蔽，呈现出一种潜移默化、润物细无声的特征。

（二）改善社会支持的路径

本节所论述的社会支持相当于上述发展生态环境系统论中的宏观系统所涵盖的内容，从社会文化、政策制度、大众习俗观念等方面营造一个更加轻松、兼容并包的氛围，促进个体心理韧性的提高和增强。

1. 政策制度

心理韧性作为心理健康的重要组成部分，要促进研究生心理韧性发展，从整体层面而言，离不开政策制度保证以及组织保障。

（1）从国家和政府层面。应加强组织领导作用，推动相关机构建立，促进家庭、学校、医院、社区全方位联合心理健康服务机制的建立，制定规章制度保障、指导、支持上述四方开展工作；在利用已有社会支持主体的基础上挖掘更多潜在支持力量；落实各方开展工作所需人员、经费、场地、设施等软硬件条件；完善监督管理和评估机制体制，定期开展相关督导工作。

（2）从学校层面。应通过制定文件、制度、方案、评估指标等，推动学校、院系、班级、团队等多层面，导师、教师、管理者、研究生个体自身等多角色，全员关注和联动；通过教学、管理、文体活动、社会实践等载体，形成促进研究生心理韧性的环境和氛围。

2. 促进家校联合

家庭作为个体的重要成长环境，对研究生的成长和发展肩负极其重要的责任与义务，家庭支持是促进研究生心理健康和提高心理韧性的重要资源。

（1）从政府层面。政府从宏观层面指定政策不应该将家庭支持排除在外，要出台相关制度、政策，敦促学校开展家校联盟，要求家长参与育人育才工作，让家长更加深入、全面地了解学生在校的具体情况，并为家长提供相关的培训和辅导，加强父母对学生心理韧性培养的重视和科学认知，也能真正促进个体心理韧性品质的养成。2021年10月国家出台了《中华人民共和国家庭教育促进法》，其中明确提出了广大家长需全面学习家庭教育支持、增强家庭教育本领、完善家庭养育支持政策。

（2）从学校层面。要制定家校合作方案，强化家校沟通，加强家长心理健康知识宣传教育，经常化家校信息沟通。通过加大对家长的宣传、教育、动员、沟通，加强家校联合，提高家庭对学生心理健康和心理韧性发展的科学认知和干预主动性。

3. 营造舆论及文化氛围

随着信息时代的迅速发展，信息量爆炸，信息传播速度之快，网络、电视、广播等社会媒体深刻影响着我们的工作、学习和生活。舆论的螺旋效应和媒体正面积极的报道有利于个体构建正确、向上的价值观，反之亦然。

（1）从政府层面。应掌握舆论主流和占领网络阵地，宣传健康、科学的心理知识，报道积极、正性案例和事件，从社会角度发掘拥有高心理韧性个体的特质，树立典型，如学者大家、人才典范等。通过社会舆论的力量促使研究生注意并模仿、学习那些心理素质高、心理韧性强、学术成就高、社会贡献大的优秀榜样，促使个体发现自我优势，吸取榜样的力量，从而提高他们的心理韧性。

（2）从学校层面。要宣传和倡导研究生关注心理健康和树立阳光心态，利用评优、表彰等宣传和树立"阳光学子""自强之星"等优秀典范。通过资助、谈心、咨询等方式帮扶遇到现实困难和心理困惑的研究生，不断增强研究生心理韧性的保护性因素，消除影响研究生心理韧性发展的危险性因素，形成"育心育德育才"的校园文化氛围，促进研究生心理韧性的提高。

4. 发挥集体功能

集体对于个体的影响是非常重要的，集体的整体面貌来自每个个体的贡献，个体在集体中获得成长。集体中特有的向心力、凝聚力和竞争力，是推动个体发挥主动性、发挥潜能，以获得自我成长和发展的重要驱动力。

（1）从政府和社会层面，要推动社区功能的发挥。良好的社区文化环境、机构设施有利于个体心理健康发展。发挥社区影响力，构建温馨、安宁、阳光向上的社区氛围，通过社区环境和文化来增强研究生向上向好的心理韧性。如组建研究生进社区公益服务、科学技术支农支教、担任志愿工作者等。

（2）从学校层面。校园、班级、同学、研究团队等都是研究生赖以生活、学习和发展的集体，充分发挥这些集体和团队的作用，不但有利于对研究生形成积极向上、团结奋斗的带动影响作用，而且有助于研究生获得和经历融洽和谐、健康互助的人际关系和朋辈情谊，这些对于增强研究生心理韧性大有裨益。

5. 调动社会资源

研究生作为青年学子，需要充分利用社会资源，与社会需求和社会环境对接，将所学的知识运用到社会中去、服务到群众中去，才能在检验知识的同时，获得社会认可、成就体验、人际支持，并获得主体责任感和主观幸福感，从而提高健康水平和心理韧性。

（1）从政府和社会层面。政府组织学校、基层社区、社会组织一起为研究生成立和建立一些符合研究生成长需求的团体、协会、俱乐部等，如研究生社团组织等。让研究生学习、娱乐、实践活动更有施展场地，内容更加丰富。

在这个过程中，既能促进研究生潜能发挥、特长发挥，又可以提高他们的人际交往能力，拓宽人际交往面，增强社会支持系统；同时，政府引导建立公共服务体系，加强服务队伍整体建设，对存在心理困扰的学生实现早干预、早预防、早介入，提供更加专业的治疗与帮助，全方位促进研究生保持心理健康等，从而帮助研究生提升心理韧性。

（2）从学校层面。调动和配置各种资源，增加研究生社会实践和专业实习的机会，鼓励研究生与社会接触、与人群接触，帮助研究生了解国情国策、体验民情社情，培养研究生心怀天下、服务社会的公心，锻炼研究生理论联系实际、人际沟通协调的能力，从道德、情怀、知识、能力、情商等各个方面，为研究生心理健康和心理韧性发展提供能量。

二、组织支持

学校是学生的"第二个家"，良好的校园环境、校园文化对学生的成长起着重要的推动作用，在促进做好研究生离开学校走进社会的心理准备方面，提升研究生心理韧性，是研究生解决困难、抵御风浪、应对挑战，拥有心理弹性的关键。

1. 学校整体层面

（1）学校应加强宣传教育，营造良好氛围，建立校内外多部门联合育人的机制。针对研究生的心理特点和面临的主要困扰定期开展心理健康课程、心理慕课和心理团体辅导。在为研究生排忧解难的同时，也让其认识到发展自身心理韧性的重要意义，培养德智体美劳全面发展的高质量人才，让他们不仅能够创新科研，也能够应对困难。

（2）学校完善多部门联合培养机制。学校提供高质量心理服务的同时，联合校内其他部门，以院系为主体，制订针对本院系研究生学科特点的培养方案，完善奖助学金制度。同社会其他机构、组织联合开展相关的实习实践活动，给研究生们在完全步入社会前提供学习和试错的机会。建立桥梁和缓冲带，保护个体心理韧性的逐步成长，而不是被突如其来的强大压力直接压倒。

2. 学校心理健康教育中心

不论是开设心理健康课程还是提供优质心理服务，前提都离不开对校级心理健康教育中心的建设。

（1）积极整合资源，提升软硬件建设。推动心理中心软硬件建设，提供必要场地和硬件设施的同时配备一定数量的专兼职心理健康教师。定期派送心理健康教师参加高质量心理培训，提升自身业务能力和水平，加强师德师风建设。

（2）发动专业资源，提供优质心理服务。联合各级各类学校共同制定统一的心理健康课程标准，整合社会资源，积极鼓励和支持专业的社会组织参与到研究生心理健康教育研究和实践中，必要时可引进外部优质专业资源，线上线下同时提供心理服务，满足研究生大量的、个性化的需求。

（3）加强宣传教育，营造育心氛围。心理健康教育中心可加强公众媒体平台建设，推送心理科普类文章，加大宣传力度，开展校级心理活动，如心理育人宣传季、心理知识竞赛、素质拓展、手语操等。首先要让学生们意识到心理健康的重要性，其次是学会如何保持心理健康以及必要时刻寻求帮助，减少对心理问题或心理类疾病的羞耻感。面对巨大压力不再只是独自承受，学会合理地向外界寻求帮助。

3. 院系

院系是开展心理健康教育和服务的基础单位，对研究生心理健康和心理韧性提升具有至关重要的作用。

（1）院系开展具有本院系特色的心理类活动。积极建设本院系心理网络媒体平台，鼓励全院师生参与到建设和活动中来。只有在参与的过程中才能慢慢了解，逐步被渗透，参与感推动着好奇心，个体对心理健康知道得愈多，就更有利于保持心理健康。例如学院设立"树洞"、班级心理主题班会、"我手画我心"、心理书籍读书会等，这些活动不仅能够学习心理知识，加深对心理健康的认识，也能提供交友、交流的机会，减少孤独感。

（2）院系及时了解学生动态。院系通过学生信息网、老师谈心谈话、班团会议等，及时了解研究生的心理诉求，及时发现研究生中存在的心理困惑，积极干预和帮扶研究生中出现的心理危机。积极增进研究生心理韧性的保护性因子，最大程度减少研究生心理韧性的危险性因子，并使研究生在此过程中，体验到人际温暖和社会支持，转"危"为"机"，获得心理成长。

4. 宿舍

和谐温馨的宿舍也能够给个体带来治愈和向上的力量，学校、院系为学生提供舒适的住宿环境，鼓励学生建立属于自己的宿舍团体文化。通过宿舍文化建设比赛、"我爱宿舍"等一系列活动促进舍友间的沟通交流，增加宿舍凝聚力，为个体心理韧性发展打下良好人际关系这个保护性因素的基础。

5. 教师

俗话说，教师是人类心灵的工程师，教育最崇高的目标就是引导学生朝向真善美，培养学生发展出健全的人格品质。教师对学生在生活、心理、人格塑造、行为举动等方面都有着深远的影响力，一位优秀的教师有可能影响学生的一生，而不称职的教师也会对学生的一生产生长远的影响。因此，学校要进一步扩展教师的相关职能，提升全体教师及辅导员的心理健康教育观念和水平，通过教师的言谈举止潜移默化地影响研究生的方方面面。必要时可为研究生导师开展心理主题类培训或沙龙，让研究生导师不仅参与到对学生学业科研能力的培养当中，也对研究生心理成长发挥作用。导师要帮助新入校的研究生尽快适应校园氛围和不同以往的学习方式，逐渐学习面对全新的挑战，只有良好的学校适应才能减少挫折性事件带来的压力，增强心理韧性的保护性因素，减少危险性因素。

学校引导、鼓励教师同学生之间建立和谐师生关系。为了实现教育人性化，从教师角度出发，要了解学生心理特征，尊重其人格，与学生建立和谐、平等、民主、相互尊重的师生关系。为此，学校一方面积极创建和谐校园，另一方面通过积极开展"师德师风"建设，提升新时代背景教师"以德修己，以德育人"的自觉性。

与此同时，学校要充分调动研究生家人、朋友、同学的支持作用，尤其是家庭支持和朋辈支持。朋友、家人、同学等是个体发生危难或遇到困境时最重要的支持主体，会给个体带来至关重要的安慰和治愈效果，并保护和提高其心理韧性。

三、家庭支持

每个人出生于家庭，成长于家庭，也深受家庭的影响和牵绊，人生的第一个学校是家庭，个体一生的导师是父母或者重要养育者，家庭对个体身心成长的作用、影响举足轻重。个体能否获得较高水平的、积极的心理韧性品质与家庭因素密切相关。因此，从家庭角度出发，想要培养个体拥有较强的心理韧性，可以尝试在家庭氛围、亲子沟通、情感支持、建立合理的家庭期待、父母的榜样作用等方面改进、提升。

1. 营造和谐开明的家庭氛围

虽然家庭经济、社会地位无法在短时期内发生巨大改变，但家庭氛围却可以在整个家庭成员的共同努力之下发生转变。众所周知，家长作为子女的启蒙教师，家庭作为个体成长的环境、土壤，家庭氛围、教养方式对个体的价值观、处事方式、人生态度、情绪调节能力、人格的形成等各个方面均有着显著影响。

想要拥有和谐的家庭氛围，首先要有和谐的家庭关系，在一个核心家庭中夫妻关系、亲子关系的和睦是家庭和谐的基础。同时，父母在养育孩子的过程中要给予充分的关心和爱护，只有这样才能带给个体内心充盈的爱和安全感。这是个体心理健康发展最为稳固的基石，也是个体向外探索、抵御外在风吹雨打的保护伞。

每个人不会主动成为一个高心理韧性的人，而是需要在成长过程中不断地加以正性引导和培养。温暖的家庭氛围中，父母多是以支持、鼓励、民主的态度对待子女，尊重子女的人格和选择，在挫折的时刻给予帮助和支持而不是冷嘲热讽。尤其是当今时代背景下，研究生科研、就业甚至是婚恋压力陡增，作为研究生的父母，更需要在抱着开放、与时俱进的角度看待时代变迁的同时，也用包容、温和的态度对待研究生子女，给予他们试错、犯错的机会以及自由的空间，尊重其选择，甚至在一定程度上接纳他们一段时间的颓废、沮丧。只有在被爱和充分接纳的环境下成长、生活的个体才能长出高心理韧性的翅膀，即使遇到风浪也会自我调适，促进心理韧性不断发展提高，而不是不断地体会自我批评、自我内耗，难以充分调动内外在资源和能量，积极面对、解决棘手问题。

2. 良好的亲子沟通

良好的沟通建立在彼此尊重的基础上，父母在树立权威的同时，也要学会站在子女的角度看问题，反之亦然。沟通的前提是双方彼此都可以尝试站到对方的角度来思考、观察对方想法、做法的原因，出于怎样的考虑。研究生既是生理和年龄成熟的成年人，又在一定程度上仍然缺乏丰富的社会阅历和经验，因此父母在积极引导、提出合理建议的同时，也应充分给予他们对人生、职业等各个方面自主选择的权利，主动相信他们，而不是一味地打压、否定，听不到也不愿意听他们发自内心深处的声音和渴望。用积极的思维欣赏子女，沟通交流，给予尊重和理解，才会真正赋予个体应对困难的能力和底气。

陶行知先生当校长的时候，有一天看到一个男生用砖头砸同学，便将其制止并叫他到校长办公室去。当陶校长回到办公室时，男孩已经等在那里了。陶行知掏出一颗糖给这个同学："这是奖励你的，因为你比我先到办公室。"接着他又掏出一颗糖，说："这也是给你的，我不让你打同学，你立即住手了，说明你尊重我。"男孩将信将疑地接过第二颗糖，陶先生又说道："据我了解，你打同学是因为他欺负女生，说明你很有正义感，我再奖励你一颗糖。"这时，男孩感动得哭了，说："校长，我错了，同学再不对，我也不能采取这种方式。"陶先生于是又掏出一颗糖："你已认错了，我再奖励你一颗。我的糖发完了，我们的谈话也结束了。"

当我们给予他人以尊重、理解和欣赏时，就启动了他人心灵的力量，赋予了他人自我修正的空间。事情本无对与错，用积极的思维去欣赏他人时，所有的经历在彼此心中就会种下美好的种子！

3. 家庭成员间积极的情感支持

想要子女获得面对挫折的勇气，父母在情绪上要接得住，无条件地接纳和支持是获得心理韧性的底气。在实际生活中经常能够听到、看到一些父母习惯性地压抑子女的情绪。即使子女长大成人也无法让情绪自由流动，无法且不敢表达，他们会经常听到类似于这样的声音："这么点小事至于哭哭啼啼吗？""这么点小挫折就不开心，以后怎么干大事？""只有不坚强、懦弱的人才会哭。"

其实，逆境当前每个人都存在本能的情感反应。父母需要接受和包容子女的沮丧、害怕，告诉他们，每个人的一生都会有起伏，遇到低谷是再正常不过的事情，这个时候有迷茫、彷徨、害怕、难过、焦虑是每个人都无法避免的，就连爸妈也不例外。并让子女知道，不论发生什么一家人都会在一起相互扶持、共渡难关。只有这样的家庭里的个体才会感受到来自身后强大的被爱与支持，产生更积极的生活态度，始终愿意以饱满乐观的状态投入学习和人际关系的处理等其他方面。在遇到困难的时候更善于去向外寻找帮助，同他人交流，纾解情绪，而不是哪怕筋疲力尽也要独自一人面对，扛下所有压力，造成身心损伤。

积极的情感支持是温暖、包容、如沐春风般的感觉，带给个体坚韧的力量；而消极的情感支持是寒冷、孤立无援、凛冽的感觉，瓦解、腐蚀个体的心理能量。

4. 建立合理的家庭期待

每个人都渴望得到他人的认可和鼓励，尤其是来自父母的认可。对于处在人生重要十字路口的研究生们，所做出的关于人生道路的规划和决定在内心深处更希望得到父母的支持而不是指责。人生是一个过程，而不是结果的累加。很多父母容易忽略子女在某件事件中付出的努力和挣扎，只关注做事的表现和结果，如果不符合预期，便会表露出不满、生气，甚至是责骂，却鲜少告知子女他们有什么优势，哪里做得好，哪里需要改进。

合理的家庭期待，能够让个体发掘自己的潜能，充分认识自身的优势和短板，建立自信心，激发个体能力运用到最大限度。超过个体能力的过高期待让人倍感压力且疲惫不堪，而过低的期待会损伤个体的自信心和自尊。父母不过分打压也不拔苗助长，让个体找到自己合理的定位，既不活在批评和否定之中，也不过分自恋、好高骛远。家庭期待的合理展现，有利于个体在困境面前积极进取，乐观面对，更合理准确地看到自我价值的存在和奋斗的意义。

5. 父母的榜样作用

在个体成长的过程中，父母的榜样作用起到重要的影响。父母的言行、处事方式、观点态度、对情绪的控制和调试等都在潜移默化中影响着子女。父母想要培养个体的心理韧性，首先要培养自己的高心理韧性，提高心理韧性水平。父母遇到逆境时保有乐观的态度、持续的学习、积极的应对、不轻易向困难低头、发挥主观能动性适应环境、寻求有效资源解决问题等都是以身作则，以润物细无声的方式引导子女建立心理韧性。在这个过程中，子女会自然地学习身边的重要榜样，同父母一样，做一个始终充满信心、努力吸收新知识、不断奋斗的人。

每个人都在平凡而坚强地努力生活，在成长和被养育的过程中逐步获得爱、支持、勇气、心理韧性等，也学会应对挫折和打击。而这一生，父母和家庭的影响必将长远而深刻。因此，父母做好自己的角色，建立和谐、稳定、温暖的家庭，就像一个中央空调房，足以让个体收获抵御屋外寒风的能力和勇气。

四、人际支持

如果一个人无法与他人分享喜怒哀乐等各种情绪、情感体验，不相互关心与帮助，就会陷入孤独寂寞的苦恼情境当中。个体因缺乏人际关系和支持，进而缺乏必要的社会支持，从而导致恶性心理危机事件发生的案例日益增多。大量研究指出，困扰大学生的主要问题为人际关系问题，这成为影响大学生社会适应的重要因素。（张立伟等，2008）良好的人际关系能缓冲压力事件对总体生活满意度的不利影响。

研究生逐渐摆脱对家长的全面依恋，自我意识、行为意识等各方面开始独立，同导师、朋友、同学之间的交流变得更加密切，彼此之间关系的好坏也成为影响心理健康状态的重要因素之一。

1. 培养人际交往能力

（1）正确审视自己，提高自身素养。站在相对客观理性的角度重新认识自己，明确自己的优缺点，建立合理充沛的自信心，以自身积极热爱生活、宽容的状态感染身边人，传递正能量，在这个过程中展现独特的人格魅力，从而使社交圈扩大、良好形象树立。

（2）学习、掌握人际交往的知识和技巧。将与他人之间的交往建立在真诚的基础上，同时需要掌握一些技巧，比如沟通技巧、关于人际关系的社会心理学小知识等。如交友态度要端正，与他人相处使用得体的语言和规范的举止，学会倾听，增强人际交往吸引力。

2. 宿舍关系是人际支持的重要来源

研究表明，宿舍人际关系深刻影响个体的世界观、人生观和价值观。因此，促进个体身心健康发展的重要途径之一是构建积极和谐的宿舍人际关系。（杨苗苗，2020）可以从以下几个方面构建积极宿舍人际关系：

（1）完善宿舍规章制度规范，建立科学合理的内务分工。每个宿舍还要根据宿舍的情况制定出更为具体、合理、完善的内部规章制度，比如值日制度、作息制度、用电制度等，确保宿舍管理完善、秩序良好。

（2）构建良好的宿舍风气，促进积极向上的宿舍内部文化的建立。作为大学生的"家"，积极向上的宿舍文化使宿舍具有较强的凝聚力，宿舍成员和睦相处，彼此关心爱护，遇到困难齐心协力。和谐的宿舍人际关系应当是宿舍成员之间在人格上相互平等，全体宿舍成员平等友爱，融洽相处，取长补短，共同进步。

（3）掌握人际交往的基本原则。彼此之间相互尊重、诚实守信、宽容谦让、互助互利、换位思考。多学习人际沟通方法和技巧，发现他人优点，实事求是地夸赞，培养倾听、关注、同理心的同时，学会合理表达自身需要和情绪。

高校宿舍人际关系有其独特性，呈现更多的复杂性和多元性，需要得到高校教育工作者、学生、家庭等各方面的重视、反思和关注。作为宿舍的主体，研究生要学习通过合作互赢的方式化解冲突，构建良好的宿舍关系。

3. 和谐师生关系是研究生必不可少的人际支持

研究生导师应主动关心、爱护每一个学生，给予他们更多的爱和理解。首先，知晓研究生所处的人生发展阶段的普遍人格发展特征、发展要务及特有的内心矛盾冲突。其次，如果发现学生处在自身无法应对的情境中，要采取恰当的方式帮助解决，疏导情绪，尽量做到包容、有耐心，引导其成长、成才。反过来而言，研究生也要努力完成科研、学业任务，达到标准要求，尊师重道。

总之，研究生阶段是开始逐步全面脱离家庭、家长庇护的阶段，要学习独自面对社会生活、工作，对人际支持的需求日渐增强。作为心理韧性保护性因素之一的人际支持，长远而深刻地影响着个体身心的健康发展。因此，构建积极和谐人际关系，获得人际支持，爱自己、爱他人，最终能够有效促进研究生全面健康发展。

五、自我支持

俗话说"人生不如意十之八九"，其实我们都知道在实际生活中想要事事顺心如意几乎是不可能实现的。在每个人的成长过程中势必会面对这样、那样或意想不到的挫折、苦难、打击等，我们就是在不断失去、得到的过程中长大，学会面对温暖又残酷的现实。因此，在逆境中仍能够保持灵活性和积极的思维，并增强心理韧性，对个体而言极为重要。只有这样才可以帮助个体从自己所面对的情境、挫折中吸取经验，时刻学习新的东西，随时调整方法。

从自我支持的角度，个体要增强并提高心理韧性水平，拥有高心理韧性，需从以下几个方面入手：

1. 树立合理价值观和期望值

价值观指导、塑造着一个人的认知、情绪和行动，并赋予知情行三者一致性和意义。积极的价值观和信念帮助个体提高克服困难的能力，有效地处理当下面临的不可避免的各种事情，让个体仍旧坚信明天会更好，从而潜移默化地影响着心理韧性的形成和发展。

同时，提高心理韧性的另一个前提是设置对生活的合理期望值。既包括对自身的期待，也包括个体感知到的对他人的期待。过高、不切实际的期待会阻碍个体真实、客观地看待事件本身，也容易因为期待的破灭而更加失望、愤怒，难以灵活地对变化的情境做出合理的反应及准备。接纳自己、他人甚至这个世界的不完美，阳光照到的地方总会有阴影，"人无完人，金无足赤"，我们无法让自己成为完美的人，也无法做到十全十美，也就更不能以此标准来要求他人和外在环境，适当地降低期望值，调整到合适的位置，有利于我们更乐观地面对生活。

2. 正确面对并适时地调整情绪

影响心理韧性的个体因素中讲到"情绪智力",在实际生活中情绪总是存在的,不论是积极情绪还是消极情绪。积极情绪和消极情绪其实处在同一个连续谱上,只是每种情绪的临界值不同。情绪无法被消灭,我们能做的是正确面对并适时调整情绪,做情绪的主人,而不是被情绪淹没,甚至无法开展正常的工作、学习、生活、社交等。

总而言之,积极情绪在个体整体体验到的情感体验中所占比例越大,个体的精气神越积极、旺盛,心理韧性水平越高,反之亦然。同时,作为真实的人,我们无法让自己永远只有积极情绪、积极正向,消极、负面情绪的存在是非常正常的一件事,有其存在的意义。我们要允许自己有负面情绪,只是要学会通过中性、积极的用词将"坏的负面情绪"转化成"好的负面情绪"。

比如,当我们做实验失败时,将"我真笨,我怎么又没有做好""我太差劲,什么都做不好,简直一文不值"这样的句子转换成"没关系,我每失败一次就意味着离成功更近一步。失败的是实验本身,而不是我这个人,就算是爱迪生也是失败了近千次才实验成功,可见科研本质就是以大量的失败作为积累"。将愤怒、自责等情绪转换成失落、沮丧等较为中性的情绪状态,前者会让我们产生严重的自我怀疑,导致非理性行为的产生,而后者会促使我们产生理性行为。

伴随我们成长的痛苦、失望等情绪都是暂时的,情绪在不断的变化过程中,心境不同体验到的情绪感受也不同。或许,经历过深刻的悲伤、悔恨、不安有利于心理韧性的发展,更好地适应变化多端的环境。深入体会但并不沉迷于某一种情绪,因为每种当下产生的情绪都是短暂的体验。

3. 培养乐观、变通思维

同样半杯水,乐观的人会说"还不错,还有半杯水",而消极的人会说"太遗憾,只剩下半杯水"。乐观、变通思维与心理韧性之间相互作用,相辅相成。培养乐观、变通的思维首先要了解自己的思维模式,才能打破现有的已成习惯的思维模式。

例如,当我们遭遇外部负面的刺激时,会产生消极情绪和想法。当这些想法出现时,先不要急于被动接受这种感觉和想法,而是多问自己一句"除了这些想法和感受还能有其他的选择吗?",其实,对于我们自身的感受,我们是有选择权的。当一个问题出现,既可以选择生气、沮丧、沉沦,也可以选择坦然接受,积极解决问题。为自己的惯性思维按下暂停键,停止消极的自我暗示,不再让自己第一时间陷入如"非黑即白""非此即彼"的思维和选择中,打破消极思维带来的那些将不好经历普遍化、个体化的影响,减少诸如"应该、永远、从来、总是、经常"这些词语的使用频率。

当意识到自己正在运用以上这些想法、思维和词语，就要在它们固化思维之前，首先质疑它们："这是经常发生的吗？""自己真的经常遇到？""这只是一次性的否定，还有什么样的转机呢？""根本不可能改变吗？""这件事还有没有其他解决方法和选择？""如果事实无法改变，我可以做些什么事情而改变自己现在的处境或者情绪体验？""目前我拥有的内外在资源都有哪些？"

如果一开始实在不知道如何转变想法，可以模仿积极乐观的人或榜样。通过和别人沟通交流获得不一样的视角和观点，拓宽自己的思路和角度，可以问问自己："理想中的榜样，在这种情况下会如何思考行动？""他们会垂头丧气，还是会积极采取方式改变？我自己难道不可以试着这样去做吗？"

思维的培养、心态的调整不是一蹴而就的事情，需要长时间的训练才能养成，给自己一些时间和耐心，会看到一个新的不同于以往的世界。

4. 保持好奇心

保持对生活、知识的好奇心，这不仅仅是对某一项事物有兴趣，更是帮助我们更好、更有意义地生活、体验人生，寻找生活中的乐趣。这是构建心理韧性必不可少的一个资源。同时，对他人合适的好奇心也影响着彼此之间的人际关系，促使我们去了解彼此，增进感情。

保持对知识的渴望，不断通过各种方式、途径学习。这个过程不仅会拓宽我们的眼界、知识面，也会开发我们的创造力。对研究生而言，在深入本学科内容的同时也要增加其他学科知识的宽度。只有当我们越多地了解新鲜事物、获取更多的信息，才能越容易看到事物之间的关联性，从而给我们以启发。

如果一件事情让自己感觉到非常焦虑，与其陷入焦虑，不如激发自己对它的好奇心，获得更多的信息。当个体跳出现有的思维圈子更客观地看待一件事情时，焦虑水平自然会下降，情绪将变得次要，也不会再深陷情绪的漩涡中。

5. 承担责任，增强自信，勇于挑战

主动承担自己人生的责任，勇于面对挫折和挑战，敢于突破人生中的逆境，锻炼自主解决情绪烦恼的能力。在每一次的小突破、小进步中，心理韧性水平会自然而然地提高。随着解决问题、调整心态能力的提升，自信心和自我效能感也会不断提升。即使日后面对更大的压力和挑战，也会相信自己有能力、有资源、有办法可以面对和解决，应对自如且处理起来得心应手、有条不紊。

除此之外，适时地放弃有时也不失为一种选择。强大的心理韧性不仅指可以一直面对，也包含着在合适的时机放弃一些不恰当的坚持，或许后者比前者更需要勇气。人生路途中并不是所有目标都会实现，长期坚持追求不合理的目标，体验超负荷的压力，会造成身心损伤。放弃或许是一个更好的契机，可以重新审视自己的人生、规划和真正的需求。在这个过程中心理韧性提升，反过来心理韧性带来更加积极、平和的心态，让我们有勇气放弃，明白放弃的意义。

总而言之，心理韧性的培养和发展是一项持续性的事情，甚至终身都在不断地发展变化。了解心理韧性及其工作原理，明确影响心理韧性发展的因素，社会各界共同努力的同时，也需要研究生从自身做起，在高心理韧性水平的加持下更好地乘风破浪。

成长资源

● 团辅方案

关于心理韧性的团辅方案

单元	主题	教学目标	教学内容	准备材料
一	缘来是你	签订契约，进行团体建设；采取小组讨论和游戏的方式增强队员的熟悉感和信任感，树立团队责任意识	团队建设 名字串联 突围闯关	团队契约书、笔、A4纸、音乐
二	我就是我	了解自我意识对自己的重要意义；学会客观正确地看待自己的优缺点；树立积极的自我意识，敢于正视自己的弱点，悦纳转化自己的缺点和不足	乌龟与乌鸦 大风吹 你是一个怎样的人？ 为自己正名	笔、A4纸、音乐
三	风雨与共	与人交往的过程中学会清晰表达自己的观点，同时学会倾听，尊重他人，站在他人的角度考虑事情；遇到挫折困难时能够很好地控制自己的消极情绪	解开千千结 "盲人"旅行 优点轰炸 分享感受	障碍物道具、音乐
四	情绪法官	通过角色扮演了解我们产生情绪的原因；掌握调整情绪的方法；树立积极的认知	我猜你演（猜情绪） 分组角色扮演(情绪法官、情绪原告、情绪被告) 讨论总结方法	A5纸、笔
五	我的未来	通过对十年后自己生活状态的填写，树立目标意识；了解目标实现的必要条件；学会树立目标	十年后的我 一个月的学习目标 情绪笔记本	笔、A4纸

续表

单元	主题	教学目标	教学内容	准备材料
六	正确归因	通过冥想，对新入校时的感受身临其境； 正确看待自己的能力和状态； 引导学生积极归因	冥想 总结影响自己状态的原因 我的"归因圈"、了解归因理论 改变"我的归因圈" 情绪记录纸分享	彩笔、A4纸、音乐、圆规
七	我的家庭	通过图形粘贴再绘、家庭排列让学生重新认识父母、接纳父母； 通过冥想重塑学生对家庭的理解，帮助学生找出爱父母的原动力； 引导学生主导调节家庭关系	微课导入，引出主题 填词接龙，初识父母 拼贴再绘，了解父母 家庭排列，审视我和父母的关系 放松冥想，激发爱	任务单、图形、彩笔、A4纸、笔
八	感谢有你	团体辅导活动结束，请小组成员分享活动感受及收获； 课程反馈收集； 处理离别情绪，互相祝福，拍照留念	回顾总结，分享感受，感恩的心	课程反馈表

● 心理测验

青少年心理韧性量表

第七章 开发潜在心理资本

潜在心理资本是心理资本的一种特殊形态，即个体所拥有的一系列内隐的积极心理品质。也就是其资本效益暂未显现，当外在环境和条件具备时，其潜在的价值才会显露。潜在心理资本与显性心理资本相比，只是在行为效果的时间维度存在差异，在衡量标准及结构内容方面基本相同，不仅如此，潜在心理资本还可以转化为显性心理资本。研究表明，潜在心理资本有很多种，但基于研究生个体生活、学习、发展所处阶段、特点、内在需求等，本章对与研究生联系紧密、影响较大的六大潜在心理资本：创造力、福流、心智觉知、情绪智力、真实性、勇气，分别从概念及内涵、主要理论、影响因素、培育路径等方面进行逐节介绍。其中，"创造力"是研究生从事科研工作必不可少的要素，党和国家高度重视"创新型人才"的培养；"福流"是能够使研究生体验到专注感、成就感和主观幸福感的动力因子，能够促进研究生将科研方向与个人兴趣相结合、将职业规划与擅长领域相结合，将学习、科研、奋斗与个人的价值观、情操和远大目标相结合，成为一个意志坚定、目光远大的社会主义合格人才；"心智觉知""情绪智力"能够保证研究生在学习过程中，聚焦、慎思、开放、灵活、成熟，这是保证研究生学术严谨和思维发散的基础，也是研究生完成任务和应对困难的思维与情绪保障；"真实性"和"勇气"是帮助研究生形成坚持自我、去伪求真、敢于担当、勇于进取的科研精神和学者风范的精神屏障。研究生在校学习期间所习得的显性心理资本与潜在心理资本将延伸至他们走上工作岗位后的工作、生活中，从而创造出更大的经济价值、文化价值等。

对研究生潜在心理资本的培育，有助于提升研究生个体学习效率、生活幸福感和全面发展，有助于增进研究生群体之间的凝聚力与协作力，有助于提高研究生在未来人才市场与职业晋升中的竞争力。可见，研究生潜在心理资本对研究生个体、群体、组织发展都有着重要意义。

第一节 创造力

"文明的历史,乃是人类创造能力的记载。"中华民族文明源远流长,创新与创造不断更新换代,奠定了中华民族伟大复兴的雄厚基础。创造力是人类个体的重要特质,更是推动群体文化和经济社会发展等运动的重要动力。(理查森,2004)在当前新发展阶段,个人和社会的创造能力较以往变得更加重要。(特里林等,2009)具有高创造力的人才,是各领域创新发展的重要引擎,将直接或间接地影响着国家的重大创新发展。研究生是国家科技创新的生力军和后备力量,培养和提升研究生创新能力是我国研究生教育的重要使命。(刘贤伟等,2022)

一、创造力与研究生创造力的概念

(一)创造力的概念

对创造力的学术考量始于 19 世纪 50 年代。英国生理学家高尔顿在早期的创造力研究中发挥了举足轻重的作用。他于 1869 年出版的专著《遗传的天才》,是国际上最早的用科学的方法研究创造力的文献。吉尔福特唤醒了人们对创造力这个曾经被忽略的领域的兴趣。1950 年,吉尔福特在美国心理学会年会上就任主席时发表了题为《创造力》的著名演讲,这可以说是创造力研究史上的一座丰碑。那么,到底什么是创造力?塞弗吉在 1974 年就发现,关于创造力的定义已超过 100 个。匈牙利裔美籍心理学家米哈里·奇克岑特米哈伊(Mihaly Csikszentmihalyi)等认为,有关创造力的现象横跨众多学科,需进行多层次的分析,它应该由心理学家、经济学家和社会学家等共同开展研究,每个学科的研究者似乎都用自己的术语来描述创造力,如创新精神、企业家精神等。(维纳等,1991)由此可见,创造力是一个高度复杂且难以厘析的概念,涉及面甚广,笔者对多数学者比较认同的创造力概念做以梳理。

创造力是一种提出或产出具有新颖性(即独创性和新异性等)和适切性(即有用的、适合特定需要的)的工作成果的能力。(斯滕伯格等,1996)我国学者林崇德(1999)认为，创造力是指根据一定的目的，运用一切已知的信息，在产生某种独特的、新颖的且有价值的产品的过程中所表现出来的一种智能品质或能力。由此可知，创造力可以被定义为实现原创的、有价值的想法或产品的一种能力。

创造力对个体和社会都十分重要。（施建农等，2015）对于个体而言，创造力体现在诸如解决学习、工作和日常生活中的问题的过程中；对于社会而言，创造力可以产生新的科学发现、新的艺术革命、新的技术发明和新的社会规划，创造力对于社会发展的重要性是显而易见的，创造力具有"社会价值"是指其对人类社会的进步有意义。

（二）研究生创造力的概念

华东师范大学教授彭正梅等人（2016）提出 21 世纪中国人的人才形象：既有身份认同之根又有跨文化能力；既具有 STEAM（科学、技术、工程、艺术、数学）加外语的硬能力，又具有 4C（创造力和创新能力、批判性思维和问题解决能力、合作能力、交流能力）软能力，确保个体能够自我规划和负责任地行动，从而展现全球竞争力。但与一些发达国家相比，我国研究生群体缺少核心竞争力，尤其是创造力和创新能力。如何提高研究生的创造力？如何让研究生群体在我国科技创新领域发挥越来越重要的作用？这是当前中国高等教育亟须解决的兼具学理性与技术性的综合问题。

燕京晶（2010）认为，研究生创造力在内涵上包括研究生创造行为、创造过程和创造结果，是现代创造力理论的一个新概念。从创造主体与创造型环境的角度看，研究生创造力系统包含三个子系统：研究生的认知子系统、人格子系统和社会文化子系统。研究生创造力也可分为外显创造力和内隐创造力。研究生的外显创造力是指研究生能够产生新颖而适用的观点、技术等成果，而且这种成果具有改造世界的向导性、确定性、可操作性与可预测性，并且能够得到导师、高校和社会的广泛认可。研究生的内隐创造力是指与研究生自身相关的一些体现创造性的因素，主要是指具有创新的生理机能、智力与非智力品质以及创新思维能力。

专栏 7.1

关于创造力的迷思

1. 创造力属于少数人还是人人都具有创造力？

伟大的人民教育家陶行知先生，在 1943 年写下《创造宣言》，其中就提出"处处是创造之地，天天是创造之时，人人是创造之人"。美国学者考夫曼和贝格赫托（2009）提出了创造力的 4C 模型（如图 7-1 所示），将创造力分为四种水平，分别为迷你创造力（Mini-C）、小创造力（Little-C）、专业创造力（Professional-C）和杰出创造力（Big-C）。迷你创造力：包含了学习过程中的内在创造性，即对经验、事件和行为所做的新颖、有意义和个别化的解释。小创造力：指在特质、过程和环境的交互作用中，个体或团体所产生的新颖且具有适用价值的产品，主要指在日常生活中表现出来的解决问题的能力及相关的创造力。专业创造力：指任何创造性领域里表现出来的专业水准，即指具有某种专业或职业素养的人所展现出来的创造力，代表超越于小创造力而又没有达到杰出创造力水平的发展性进步。杰出创造力：指个体能够创造出具有历史性影响、经得起时代检验的创造性产品的能力，如居里夫人、屠呦呦等人所展现出的创造力。

由模型可知，每个人都由 Mini-C 开始，只有极少人能一步跳跃到 Pro-C。一般有两条途径到达 Pro-C：一条是受正规教育，作为正式的学徒进入领域，一般都要经历大约 10 年的努力（十年定律），今天这种正规学徒一般在学术机构中完成；另一条路径没有特定的导师，只是对某个领域感兴趣，一旦到达了 Little-C 的水平，又有两条路径，一条是作为非正规学徒，与有丰富经验的导师一起工作，还有一部分人更在意用自己的创造力去表达自我。当达到 Pro-C 的水平，有三条发展路径，一条路径是很多人在自己的职业生涯中尚未做出任何重大贡献就退休了，于是停滞在了 Pro-C 阶段。Big-C 并不是一个人创造的最高峰，成为传奇人物（如牛顿、爱因斯坦等）才是他们的最终归宿。

所以说，人人都可以具有创造力，只是创造力的水平不同而已。

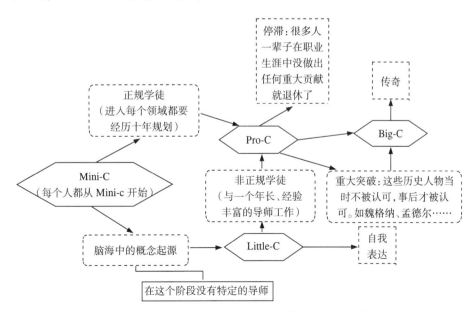

图 7-1　考夫曼的 4C 模型示意图（考夫曼、贝格赫托，2009；张亚坤等，2018）

2. 所有的创造力都与精神疾病高度相关？

关于心理健康与创造性的关系，在西方心理学的文献中，持高创造力者有心理问题的往往居多数；中国的学者大都认为心理健康是创造性的基础和保证。而人本主义心理学家更认为只有心理健康的人才将创造能力更好地付诸实现，富有创造力正是心理健康的标志和表现。

西蒙顿研究发现，对于文学家和艺术家，创造力成就就是精神疾病的单调递增函数，而对于科学家、思想家和作曲家，创造力成就就是精神疾病的非单调单峰函数。而且还发现，在预测创造力时，成长逆境具有与精神疾病相似的作用，且存在此消彼长的关系，即某些天才人物具有很高的精神疾病表现，但成长逆境得分较低；而另一些终身未曾罹患任何精神疾病，但其成长逆境得分会很高。衣新发团队研究结果显示，取得高创造力成就的唐宋杰出文学家历经更多的成长逆境。莱恩·艾希鲍姆发现，许多变成精神病患者的天才，只是在完成了他们的伟大的事业之后才生病的，如哥白尼、法拉第、康德、牛顿、司汤达等。哈夫洛克·埃利斯在一项对英国天才人物的研究中发现，确实有4.2%的天才患有精神病。还有研究者认为"天才与精神病之间的联系不是没有意义"，但证据表明这种情况的出现仅仅不到5%。（斯滕伯格等，2021）所以，所有的创造力都与精神疾病高度相关的说法是不客观的。

3. 学生的创造力是可以培养的。（学校心理与教育联盟，2015）

传统观点一般认为创造力是一种稳定的特质（认为人们要么有创造力，要么没有创造力），但相反的是，创造性是一种连续的特质，并非全有或全无。学生的创造性思维其实是可以开发和培养的，因此它可以是学生和教育者在学习过程中产出的一项重要成果。

创新过程往往被错误地看作是纯粹自发的甚至是轻松随意的，但大量研究证据表明，创新是严谨思维的产物。因此，对学生创造力的培养需要系统设计，对学生的创造性教育要贯彻"因材施教"的原则，使受教育者"扬长避短"。

二、研究生创造力的影响因素

影响创造力的因素具有广泛性、多元性。奇克岑特米哈伊（1993，2010）提出创造力的系统模型，如图7-2所示，该模型包括个体、领域和学界，他认为创造力应该是个人背景、社会以及文化三者交互作用的结果，且缺一不可。个体因素包括特殊天赋、思

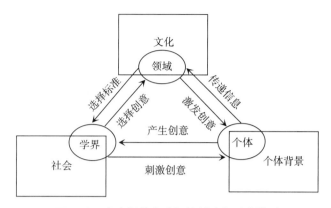

图 7-2 奇克岑特米哈伊的创造力系统模型

考问题的能力、内部动机和一些创造性人格特质。领域因素指的是一套由符号、规则和程序所构成的知识体系，不同的领域都各自包含了不同的知识体系，这些又组成了庞大的文化系统。而学界是指某个领域的专家、前辈和先驱等人，他们被看成领域的守门人。个体前期需要学习前辈所形成的领域知识、方法和技能等，在汲取前人创新成就的基础之上，方可能产生新颖、有价值的成果，只是这些成果还必须经过学界守门人的选择或认可之后才可能成为创造性产品，并最终为本领域和整个文化系统所留存。所以，本模型表明文化、学界因素都会对个体创造力产生重要影响。施建农（1995）提出了创造力系统模型，该模型系统地综合了个人智力水平、知识经验、个性特征、教育、思维习惯和外部环境等诸多因素对创造力的影响。马燕（2019）等人针对研究生科研创新能力的影响因素开展实证分析发现，专业知识、想象力、运用知识的能力、学位论文情况等对科研创新能力的影响最为显著。

综合学者对创造力影响因素的研究以及研究生自身发展的特点，笔者将研究生创造力的影响因素分为内部因素和外部因素。

（一）内部因素

影响创造力的内部因素主要为个人因素，包括知识经验、个性特征、思维风格、心理健康状态、师生关系、实践与运动技能等。

1. 知识经验

知识是搭建创新大厦的基石，专业知识、认知结构、多学科知识结构都是影响研究生创造性的重要因素。其一，专业知识。研究生要有所创造有所发明，必须拥有相关领域的专业知识，专业知识是具有创造力的必要条件。马燕等（2019）发现，知识获得能力对研究生科研创新能力有显著的正向影响，其中，专业知识、基础知识、感悟能力和课外阅读对研究生的科研创新能力均产生了影响效应，且专业知识的影响效应系数最大，是提升科研创新能力的关键因素。其二，认知结构。孙汉银（2016）在其著作中从三个方面展开讨论：一是通过归纳推理而建设起来的图式化知识有利于创造性思维的发展；二是通过刺激—反应的反复配对或反复经历某一事件等策略而内隐地、自动地获得的联结知识，能激活联结知识中的某些信息，从而帮助个体生成新的观念；三是基于举例的知识，蕴含着问题解决程序和各种限制背景，有利于创造性思考过程的问题建构。事实上，孙汉银所列的三个方面，正是表达协调陈述性知识、程序性知识和策略性知识三者之间的关系，建构不同的形式，这本身就体现了创造性思维的过程。其三，多学科知识结构。知识交叉对创造性的发展有何意义呢？有学者统计了20世纪获诺贝尔自然科学奖的466位顶尖科学家们所拥有的知识背景，从中发现具有交叉学科背景的人数占总获奖人数的41.63%。特别是最后一个25年，有交叉学科背景的获奖者占当时获奖总人数的49.07%。这说明多学科知识结构正是创新型人才素质的核心要素和显著特征。（王焰新，2016）

2. 个性特征

什么个性特征的人最具有创造性呢？关于个性特征与创造力之间的关系，学者开展了诸多研究，而不同群体的高创造性画像是一幅怎样的图景呢？

林崇德（2018）谈到，在大众的印象和想象中，创造性艺术家应该是这样一幅画像：想象力丰富、乐意接受新观念、对新思想开放、易冲动、神经质、情绪不稳定，但在很大程度上是孤僻的，有时候甚至是反社会的。而高创造性科学家也具有其独特特质：普遍地更加开放灵活、有动力、有雄心，尽管他们缺乏社会交往，但是当他们与别人交往时，倾向于表现得自大、自信、有敌意。（斯滕伯格等，2021）由此，我们可以看出，高创造性艺术家和科学家具有共同的人格特质：一般具有较高水平的自我中心取向的特质，即内向、独立、敌对和傲慢。甚至有学者认为，独立和傲慢、孤独和退缩是个体取得创造性成就的必需条件。以上是高创造性个体的第一组特征，另一组特征则是围绕对力量和不同体验的需求的，即驱力、雄心、自信、经历开放性、思维灵活性和活跃的想象力。为了成功，高创造性个体必须要更加精力充沛、更有动力。（斯滕伯格等，2021）我们经常能看到，创造性个体对自己正在从事的事情总是雄心勃勃，这可能与他们的高度自信相关。当然，我们也会发现，有时候从动机与自信过渡到傲慢与敌对仅一步之遥，这是因为敌对和傲慢或许是创造性个体想要独处、不愿被人打扰，全身心工作的结果。这个时候，任何妨碍他们工作的人或物都可能成为他们蔑视和敌对的对象。

在人格特征方面，一般都认为创造性人格趋向于稳定，且具有时间一致性和成就一致性。其中创造性人格的时间一致性是指儿童早期表现出来的创造性人格特征，在他们成年后依然能把他们从同龄人中区分出来,追踪研究结果也以绝对优势支持这种一致性。其中,杜德克和霍尔(1991)研究了三组建筑师,结果发现,"低创造性建筑师保持着社会顾从性,而高创造性建筑师的自发性和独立性则保持了25年"。而创造性人格成就的一致性是指青少年时期表现出的天赋能转化成为成年时期的成就。创造性潜能和创造性能力比智力能更好地预言后来的创造性成就。

此外,学者认为创造性人格特征的最大特点是"开放性"。麦克雷(1987)提出三种解释开放性与创造性相关的原因。第一,开放性的人(多喜寻求新体验)或许更喜欢那些开放的、创造性的问题解决任务,他们很容易在这些任务上得分较高;第二,开放的人可能具有和创造力、发散性思维即思维的灵活性和流畅性相关的认知技能;第三,开放的人也许对感觉寻求很有兴趣,有更丰富的经验,而这些经验可作为思维灵活性和流畅性的基础。

3. 思维风格

斯滕伯格深入研究个体的"思维风格",认为思维风格是"个体所偏好的运用自身能力的一种思维方式",思维风格依照不同的维度有多种分类。(斯滕伯格,1997;燕京晶,2010)

(1)依照心理自我管理的功能,可将研究生思维风格分为司法型、执法型和立法型。司法型的研究生喜欢发现和提出问题,喜欢从多角度去评价已有成果并指出其所存在的问题,喜欢发表一些评论性或综述性的文章;执法型的研究生往往在课程学习方面表现良好,在重复性的实验以及其他科研实践中的表现也比较优异,属于大部分导师喜欢的类型,只是在创造性成果方面可能略显不足;立法型的研究生具有强烈的创新动机,愿意发表创造性的成果,喜欢展现和发展自身的创造力。我国研究生群体中执法型和司法型思维风格者居多,立法型是比较少的,这可能与我们喜欢遵循规则、崇尚谦谦君子、喜欢对他人的成果进行评价有关。然而,立法型思维才是创造性人格的重要特点。因此,我国研究生教育需要加强对研究生立法型思维风格的培养。

(2)依照心理自我管理的水平、范围、倾向,可将思维风格分别划分为全局型和局部型,内倾型和外倾型,自由型和保守型。全局型思维风格的人喜欢处理整体的、抽象的问题,喜欢概念化、观念化的任务;局部型思维风格的人则喜欢处理具体的、细节的问题。内倾型思维风格的人性格内向、重任务且时常缺乏社会意识,喜欢独自工作;而外倾型的思维风格的人倾向于外部,通常对社会交往敏感,喜欢与他人合作。自由型思维风格的人喜欢面对不熟悉、不确定的情境,对变化的容忍力高;而保守型思维风格的人则倾向于按照已有的规则或程序做事,尽力避免模糊及变化的情境。

无论是单纯的全局型还是单纯的局部型研究生，在创造力方面都不是最高者，只有那些既关心整体又关注局部的人才是具有高创造力的。现在的科学发展已进入大科学时代，学科高度分化又高度综合，要想获得创造性的科研成果，需要与他人或团队进行深度、有效的合作。然而，一些研究生内倾风格突出，不是很善于开展合作研究。所以，唯有开放思想，不断地更新观念，不断地优化创新机制，方能形成新思路、产生新方法，才能实现培养创新型研究生的教育目标。

4. 心理健康状态

讨论心理健康与创造力之间的关系旨在让研究生在创造性、创新性活动中保持更适宜创造或创新的心理或精神状态，以获得更好的创造性成果。长期以来，关于心理健康与创造性的关系，有两种截然不同的观点。一种观点认为具有高创造力的人都是心理不健康的，并出现了天才者丧失理智观；另一种观点则认为心理健康是创造性的基础和保证。西方的研究结论多支持第一种观点。西方学者对中国的高创造力者的研究，以及中国学者对心理健康与创造性之间关系的研究结论多支持第二种观点，即心理健康是创造性的基础和保证。

（1）压力、抑郁、焦虑等因素会降低创造力。王极盛和丁新华（2002、2003）研究发现，创新意识与学习压力、抑郁、焦虑等消极情绪呈显著负相关，创新能力与学习压力、抑郁呈显著负相关，竞争心与抑郁、焦虑、学习压力呈显著负相关，心理健康水平高者其创新意识和竞争心要比心理健康水平低者高。

（2）身心健康能够帮助个体变压力为创造力。林崇德（2018）认为，从机制上分析，创造力首先都来自压力。一方面，创造性来自压力源，比如文艺创作来自相关创新创作的压力源；另一方面，文艺创作的压力又能促进当事人产生紧张或唤醒创作状态。不仅如此，健康身心创造者具有应对压力的积极性，能悦纳压力并变压力为动力，并能够调节压力源中可能有消极影响因素。

（3）情绪状态能够影响创造力。研究者（卢家楣等，2002）通过教学现场实验，研究了情绪状态对学生创造性的影响，结果发现，学生在愉快情绪状态下的创造性总体水平显著高于难过情绪状态，且主要体现在两个方面：流畅性和变通性。胡卫平、王兴起（2010）探讨了情绪对创造性科学问题提出能力的影响，研究结果显示，正情绪状态可提高创造性科学问题提出能力，尤其表现在两个方面：流畅性和灵活性。不同的负情绪状态对于创造性科学问题提出能力的影响不同，愤怒不影响创造性科学问题提出能力，但是恐惧显著地抑制创造性科学问题提出能力。

（4）成功应对成长逆境能激发创造力。衣新发、谌鹏飞和赵为栋（2017）运用历史测量学的方法研究了 92 名唐宋杰出文学家的创造力成就及其影响因素。结合唐宋杰出文学家的传记及文学史相关资料，研究者们使用"远距离人格测量"（戴米安等，2014）的方法对文学家的精神疾病逐一编码评分，其中所涉及的精神疾病包括以下四个方面：①心境障碍（如抑郁、躁狂、焦虑等）；②认知神经障碍（如精神分裂、精神错乱、精神衰弱等）；③成瘾（药物或酒精）；④自杀。同时，研究者们使用历史测量学的技术对这些杰出文学家的创造力成就予以评分。此外，还将朝代、性别、出生年份、智力早慧、成长逆境、移民迁徙和宗教信仰作为唐宋杰出文学家创造力成就的影响因素纳入整体分析。结果表明，越是取得高创造力成就的唐宋文学家，越是历经了更多的成长逆境，但精神疾病对唐宋杰出文学家的创造力成就却未产生任何影响。

综上所述，这些研究分别从不同角度佐证健康的心理才是创造性活动得以顺利进行的基本心理条件。

5. 师生关系

王晓辉（2010）探讨了师生关系对研究生创新能力的影响，发现师生关系是研究生创新能力的重要影响因素。民主和谐型师生关系有利于创新能力培养，导师的教育理念（教学观、方法观、人才观、学生观等）、师生交往质量（学术交往、人际互动）都会影响到研究生创新能力的培养。刘贤伟和袁文婧（2022）则发现，导师的积极指导风格对研究生社会资本、心理资本和创新能力要素皆具有显著的正向影响。因此，无论是学生还是导师，都应注重建立良好的师生关系，这样才有助于提升研究团队的创造力。

6. 实践与运动技能

在艺术创造力等领域创造力的发展和表达过程中，动手能力（实践操作能力）是很重要的，是创意产生、保持和实现的主观条件，而体力则让创造主体有足够的时间和耐力来完成大量细致的探索和实验。（衣新发，2009）

（二）外部因素

这里主要指外部环境因素。学者们研究发现，创造力是不能与其社会文化的情境相分离的。卢伯特（2010）考察了"创造力的文化环境"后，指出东方的创造力观念比西方的创造力观念更少注重创新性的产品，并总结称创造力不能在真空中产生。周治金（2010）对西方发达国家研究生的创新能力进行深入比较研究后，总结提出：文化、理念和精神是美国博士生创新教育的基石。

1. 文化因素

文化是创造性发展的根与魂，要培养创新型研究生，必须建造创新型校园文化。张洁（2011）在培养创新型人才与创新型大学文化建设研究中提出，要重塑精神文化，强化创新意识和创新思维，改进课程建设，促进学科融合，培养复合型人才；推进高校制度改革，完善对创新的实践和奖惩机制，激发创新动力；创新行为文化，确立国际标准、精品标准，提高科研创新实效，广泛组织研究生积极参与各类课题研究；构建创新型校园文化环境，形成重视研究生的个性，凸显能人、名人、强人的校园；突出宣传文化氛围，形成前有标兵、后有追兵，人人想创新、谋创新、干创新的文化氛围，广泛形成创新光荣的舆论氛围等。通过打造创新型校园文化，引领研究生不断地创新实践，从而培养出一代又一代创新型人才。

2. 教育因素

个体所接受的教育是其创造性发展的基础。教育具有培养创新精神和压抑创新精神的双重力量，适宜的培养环境有利于锻造富有创新精神的研究生。我们皆知个体的行为方式受思想观念制约，那么培养创新型研究生的内部和外部环境，归根结底要受教育者的思维方式和观念体系的主导。有利于创造行为的氛围，能起到解除心理压力的效应和积极情绪感染效应，使团体对个体独特性束缚的负面效应降到最低。（罗玲玲，2007）家庭、学校所营造的创新氛围会直接影响个体的创造力观念。

（1）学习的外部环境。具体到研究生，主要指校园与实验室。高校学习环境的氛围及特点对研究生的科研创新活动有着重要的影响。研究生学习环境包括对学生产生影响的各种环境，其中学习外部环境包括高校的物质文化、硬件设施。高校的物质文化环境是熏染师生品格、涵养、气质的重要场所。2000年以来，许多城市都兴建大学城，很多高校进行了比较科学的规划，校园环境从整体上有了巨大的进步，面貌可谓焕然一新。优美的校园环境才有可能实现环境育人的目标，先进的硬件设施，比如图书资料、文献数据库、实验室设备等，大大便捷了学生的科研、学习与生活，并使研究生能够将更多的时间投入到有意义的学习和科研上。诺贝尔奖得主丁肇中在其演讲《从物理实验中获得的体会》中指出："自然科学理论研究离不开实验室，特别是物理学，其是从实验中产生的。如果没有良好的实验环境，是很难产生创造性成果的。"随着国际高校交流频次的增多，我国也意识到科研硬件上的差距，开始大批量地引进国外先进的科研设备，力图改变实验室科研设备落后的现状。

（2）学习的内部环境。影响研究生学习成长的内部环境主要是指学术氛围、校园文化。自由的高校学术氛围需要长期积累才能形成。一些国际著名高校有着几百年的历史，学术氛围很浓厚。我国高校大都建校较晚，最长的也不过130年。改革开放40多年来，我国的社会、经济、生活都发生了重大的变化，特别是先前只注重经济发展及物质生活水平提高，造成了比较浮躁的社会风气。高校是社会生活的主体之一，也受到此种风气的影响，比较重视科研成果数量的增长，对科研成果质量的提升、理论的创新、成果的推广应用等重视程度还不够，有时为了各种排名甚至弄虚作假。这都严重影响了良好的、公正的、自由的学术氛围的养成。

自由的学术氛围一方面体现在学术交流，另一方面还体现在研究生的课题教学。近年来，定期开展研究生学术交流、论坛的高校虽越来越多了，但是缺少高水平专家的指导，缺少与国际一流大学研究生的学术交流。另外，我国研究生课堂教学模式多以讲授式为主，学生在课堂上也不爱发问，这就导致教师与学生之间缺少交流，更谈不上激烈的研讨，试问如何碰撞出思维的火花呢？研究生课题教育的重点是启发研究生的创新思维，而非知识的获得。因此，应该着力改变传统的授课模式，转变为探讨式教学、研讨式学习、项目式学习，真正实现教学相长、师生共同提高与进步。教师在课堂内外要多教给学生发现问题、提出问题、分析问题、解决问题的方法和技巧，而学生要善加学习与运用，并与自身的特点相融合，进而形成具有自身风格的科研创新模式。

3. 制度环境

比如高校实验室打卡制度，就是一种制度环境，其对研究生有什么影响呢？我们访谈了多名研究生后发现，他们对实验室打卡制意见不一。大致有两种声音，一种认为，这对自律的人影响不大，对生活散漫的人很有助力；另一种持反对声音，认为强制打卡制度设置死板，丧失了自由的风气，让人觉得很不舒服，根本就不会有很好的成果，反而让学生怨声载道。就笔者个人而言，更倾向于心中的"闹钟"，科研工作本就是一项高智力、高体力、高强度、高投入的劳动，如果需要外在的强制才能开展此项工作，这本身就说明该个体可能不适合从事该项工作。所以说，打卡制度对研究生而言是一种约束，但在某种程度上也是一种督促，关键在于学生怎么解读。最重要的是激发研究生从事科研的内驱力，激励研究生自觉自愿投入科研事业。

4. 社会因素

社会环境是创造性发展的源泉。创造力研究者对各种文化的特点进行详细分析后认为，具有下列特征的社会是最有利于创造力发展的，这些特征分别为：获取文化或物质的便利；对文化刺激的开放；注重正在生成的而不只是注重已经存在的；无差别地让所有人使用文化手段；允许接受不同的甚至相对立的文化刺激；对不同观点的包容并保持兴趣；重要人物的相互影响；对鼓励或奖励的提倡。

三、提升研究生的创造力

研究生是国家科技创新的生力军和后备力量，培养和提升研究生的创新能力是我国研究生教育的重要使命，是推动研究生教育内涵式发展的有效途径。

（一）更新创新理念，激发创新动机

更新研究生创新理念。其一，研究生教育工作者应明确科研创新能力的重要性，关注研究生教育发展的趋势和动态。研究生科研创新能力贯穿于教育的整个过程，明确诸多影响因素，在培养过程中降低影响因素的效应系数，培养学生系统学习的理念。其二，将培养研究生科研创新能力作为衡量研究生工作质量的标准，同时将其作为研究生导师绩效考核的重点，全面促进科研创新能力的提升。

激发研究生创新动机。研究生创造力的发展需要创新动机的推动，而动机的基础是需要，如果能够引发研究生的创新需要，那么研究生的创造力发展课题也迎刃而解。陶行知非常重视创新教育，在《创造宣言》中谈到"人人是创造之人"，他认为任何人都不应该妄自菲薄，或者找各种借口说自己不能创造。因此，在激发研究生创新动机的过程中，要注重提高他们的学术抱负，抱负水平高，行为动机才会高，合适的学术抱负能够更好地激励他们创造行为的产生。此外，在帮助研究生建立自己的学术抱负时，除了引导他们订立合理的学术期望外，导师还要对其带有创新性行为的工作及时给予赞许的评价，以激励他们树立更高的学术追求。另外，为了更好地激发研究生的创造动机，物质奖励也是必要的。研究生大多收入不高，大多依靠父母和各种助学金、助学贷款来完成学业，处于物质相对贫乏的阶段。如果创造性的成果能够给他们带来一定的物质奖励，缓解他们物质贫乏的窘境，那么将会更有效地提高他们的创新动机。

（二）打造创新型硬件环境，营造创新型学术氛围

在创建有利于研究生创造力发展的外部环境中，高校最主要的任务就是提供符合创造要求的场所。一位学者指出："一个大学校长在他任职期间有两件事是必须要做的，一个是要建好实验室，如果不建好实验室，那这个校长是失职的，他没有履行好自己的职责。另外一个是建好图书馆。"（徐枞巍，2004）在图书馆与实验室的使用上，高校应打破院系之间的壁垒与隔阂，建立图书和实验设备共享机制，使图书和实验设备的效用最大化。对那些特别大型的、价格昂贵的仪器设备，可以打破高校间的壁垒，实行联合建

设的方式，共享资源与设备。在这个方面，高校还有很远的路要走，目前各高校之间的资源还处于各自封闭的状态。另外，应切实增加研究生创新实践机会和场所，研究生创造力的培养是需要在实践中培育的，离开了实践，创新型研究生的培养就无法实现。研究生培养院校就要通过各种有效手段和途径，切实增加研究生参与科研创新的机会，努力扩展研究生创新实践的场所。高校有必要建立科研服务团队，帮助研究生检索、查找那些难以查阅的文献或书籍，以助力研究生的科研创新工作。

（三）加强导师指导质效，建设创新型导师团队

导师是研究生培养的第一责任人，是研究生在学习期间的引导人，对研究生的成长和发展起着决定性作用。一方面，导师是研究生进行科研创新活动的重要知识、信息来源，因此，导师力争做到指导"有名有实"，为研究生创新活动开展提供实质性支持和资源，拓展研究生的科研、学术网络，以此促进研究生创新资本的获取与积累；另一方面，学生也须积极参与导师的课题研究、科研学术交流活动，注重培养自身独立思考、自主学习、团队合作学习的能力，以提升自身的科研创新能力。通过建立高度互信的师生关系，塑造严谨、和谐和包容的创新团队氛围，在帮助创新目标的前提下给予研究生开展研究活动的自主权。

第二节　福流

一、福流的概念及内涵

（一）福流的概念

20世纪70年代，心理学家奇克岑特米哈伊最早提出福流，并认为其是一种复杂且最佳的心理体验，是指个体在做自己感兴趣的事情时，所达到的一种全神贯注、忘我的状态——在这种状态下，个体甚至感觉不到时间的存在与流逝，并且在其中非常愉快，在具有这种体验的活动中常常会爆发出意想不到的创造力，在完成之后个体会体验到一种能量满满且非常富足的感受。

清华大学彭凯平教授在《吾心可鉴：澎湃的福流》自序中谈到，奇克岑特米哈伊并非发现福流体验的第一人，在人类5000多年的历史长河中，很多思想家、哲学家、宗教人士等都曾谈到这种奇妙的、极致的幸福感受。尤其是儒教、道教、佛教等东方的传统文化中常常谈及此种由心理活动所产生的全神贯注、心旷神怡、神奇美妙的生活和学习状态。

福流是积极心理学的一个重要概念，并非一种遥不可及的状态，其实很多时候当我们在做自己喜欢、具有挑战且又擅长的事情的时候，就很容易体验到福流。当人们在游泳、冥想、阅读、听着音乐慢跑、晚上在安静的办公室写作的时候等，都能深切地体验到这种美妙的感觉。

（二）福流体验的心理特征

1975年，奇克岑特米哈伊出版《福流：一种美妙的心理状态》，其中提出了六种福流的心理体验特征：

（1）全神贯注。注意力高度集中，完全沉浸在自己所从事的工作之内，忽视了外在所有的影响。

（2）知行合一。行动和意识完美地结合，已经变成了一种自动化的、不需要意识控制的动作，有一种行云流水般的流畅感。

（3）物我两忘。自我的意识暂时消失，此身不知在何处。

（4）时间飞逝。有强烈的时间扭曲感，不知不觉中，百年犹如一瞬间。

（5）驾轻就熟。对自己的行动有一种完美的掌控，不担心失败，不担心结果，充分体验行动的过程，感受到自己每一个动作精确的反馈。

（6）陶醉其中。一种超越日常现实生活，发自内心的积极、快乐和主动，不需要外在奖励就能体验到行动的快乐，完成之后有一种酣畅淋漓的快感。

（三）产生福流体验的内外部条件

1997年，奇克岑特米哈伊提出了三个影响福流体验的外在客观条件因素：

第一，清晰的目标。当我们明确要达到的目标，并预期结果时，更容易产生福流体验。

第二，及时的反馈。当我们所做的每件事情，都能向我们提供准确的、有意义的、快乐的反馈时，这将更进一步地激发出我们从事该事情的内驱力。

第三，技能和挑战的完美匹配。当我们挑战特别困难的事情时，我们很容易产生挫败感；而当我们挑战特别容易的事情时，我们却会产生乏味甚至厌倦感。只有当我们的技能和挑战处于一种最佳匹配的状态时，我们才更易进入到福流状态。

彭凯平认为，就某种意义而言，幸福的终极体验，并非一种哲学的思辨，也不是一种宗教的说教或道德的宣传，它是我们的生活，我们的感受，我们身、心、灵完美融合的状态，存在于我们的生活之中。任何事情，一旦让我们产生浓厚的兴趣，我们便会专注而沉浸其中，对周围的一切浑然不知，始终被一种愉悦的力量所推动。虽然这件事情对个体有一定的挑战，但仍然会不断地奋斗、创造、探索，逐渐觉得自己能够控制它、完成它，并且在完成之后，有一种发自内心的喜乐与富足，一种创造性的乐趣。

2012年，任俊出版《积极心理学》一书，其中指出，福流的产生有三个必不可少的条件：

第一，活动本身需要有明确的结构化构成。所谓结构性特征就是指个体活动应该具有确定的目标、明确的活动规则以及评价标准具有可操作性。在结构性活动之中，个体需要明确行动目标，清楚地知道自己要做什么。活动本身也会为个体提供具体的反馈，使个体了解自己的进步之处及需要调整之处，从而知道下一步该做什么。以研究生为例，在进行高创造力的科研任务时，首先要有明确的目标，并将工作任务合理解构，分成若干阶段，有序推进。团队导师和伙伴应注重提供及时、具体的反馈，包括工作的肯定、情感上的支持、可以改进的建议等，以便个体及时调整，助推个体进入福流体验状态。

第二，个体所感知到的活动任务挑战与自身技能水平必须保持相对的平衡关系。当个体感知到的挑战水平大于自身的技能水平时，个体容易焦虑；反之，个体容易厌烦。这些差异化的情绪反应，将会为个体提供有价值的反馈线索，并迫使个体对自身进行积极调整，从而避免产生不愉快的主观体验，使得个体重新进入福流状态。

第三，福流体验的产生与个体自身特点密切相关。每个个体都拥有获得福流体验的能力，但福流体验的强度和水平存在个体间差异。个体在人格特质和注意力品质方面的差异，将会影响福流体验的频次与质量。

综上所述，任俊的观点一方面综括了奇克岑特米哈伊提出的影响福流产生的三个外在客观条件；另一方面，又提出了一个影响福流体验的内在因素——个体自身特点。

专栏7.2

福流的测量——心理体验抽样法

奇克岑特米哈伊20世纪70年代早期在芝加哥大学创立了"心理体验抽样法"。该方法为研究福流体验提供了一种新的视角和研究方向。心理体验抽样法的思想核心在于研究者能够多次重复评估与测量个体在日常生活中对自己和环境的感受与体验,这样就能够保证测量结果的相对准确性和客观性。

该测量方法的独特之处在于,它能提供有关一个人的情感体验的大量信息。这种方法要求被试配备寻呼设备,包括电子寻呼机、可编程手表、智能手机或掌上电脑。研究者首先根据具体的目的来预先设计好呼叫被试的时间及受试者完成的问卷等,当被试收到一个来自主试的声音信号时,需要立即填写一份相应的问卷,即心理体验抽样表,被试需要描述他们目前的情况,如被试所在的时间、地点、所参与的活动、想法等,还需要描述此时的情绪和认知状态,完成之后回传给主试。这样的自我报告通常需要不到两分钟的时间来完成,从而将对被试正常活动的干扰降到最低。研究者在一天中的任意时间发出信号,通常是每天7~9次,该过程通常持续一周或更长时间。定时器响时,受试者要写下所在位置、所做何事、所想念头、有谁为伴,再以数字描述当时的意识状态,例如快乐程度、专心程度、动机高低、自尊心强弱等。在研究开展的周期内,忠实记下自己所有的日常活动与体验。研究者可以借此追踪受试者每日由早至晚的活动,查出受试者从事某活动或与某人相处时的情绪变化。

奇克岑特米哈伊在芝加哥大学实验室中,共搜集了2300名受试者一年内所填交的7万多页日志,而世界其他地区的研究人员所回收的问卷更是这一数量的3倍多。回收数量的庞大自然有其必要性,如此方能巨细靡遗、精确无误地研究人类日常生活的内涵与形貌。不论美洲、欧洲还是亚洲,任何可以采用此法之处,我们都可进行比较。在福流体验的测量过程中,一般还会引用民意测验、调查等,参考其与"心理体验抽样法"交互运用而得的结果。

二、福流的理论与模型

(一)福流体验理论

福流体验理论起源于奇克岑特米哈伊在20世纪60年代所开展的创造力相关研究,在奇克岑特米哈伊产生福流概念的初步构想之后,通过研究完全专注于绘画、音乐演奏的艺术家以及其他领域高创造力人的心理状况,逐步发展出了福流理论。(埃尔伍德等,2018)福流体验理论是尝试将个性、主观经验和动机整合到一个统一的框架中(奇克岑特米哈伊,1988),该理论将人描述为一个系统,其依据三个整合的目的论进行活动,这三个目的论分别是文化目的论、自我目的论和遗传目的论。其中，文化目的论注重寻求和保持社会以及经济上的成功；而自我目的论指的是，即使在没有伴随遗传影响和文化的要求情况下，人们也能够体验到愉悦和获得有价值的体验；遗传目的论对应寻求快乐和目标（乔凡尼等，1996）。

（二）福流八通道模型

奇克岑特米哈伊为了增进福流理论的科学性和解释力，他和他的团队于 1997 年在福流四通道模型的基础之上提出了福流的八通道模型（图 7-3），即进一步精细化成了八种心理状态，并用同心圆中的扇形部分来表示各个心理状态所能达到的程度（任俊等，2009）。在福流四通道模型（焦虑、淡漠、厌倦、福流）基础之上，福流八通道模型增加了轻松、掌控、激发和担心四种心理状态，并且依旧保持着个体的技能与挑战任务水平之间相匹配的特点，此为福流理论的 3.0 版。

按照奇克岑特米哈伊的观点而言，当个体所面临的挑战任务水平远高于技能水平时，个体可能产生的是一种觉醒状态，而非焦虑；而当个体面临的挑战任务水平只是稍高于技能水平时，个体产生的心理状态可能不是焦虑，而是担忧；相反，当个体的技能远高于挑战任务水平时，个体产生的可能是控制、放松等心理状态，而非厌烦感（任俊等，2009；亨特等，2000；中村等，2002）。而当个体产生焦虑时，放松是一种很好的心理状态，但是如果个体长期处于放松状态的话，个体的激情、意志等都会持续下降。因此，当

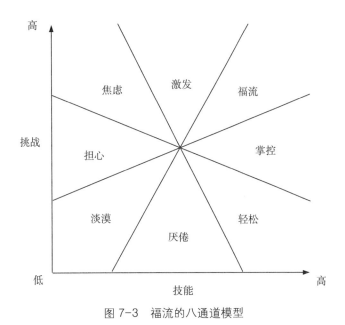

图 7-3 福流的八通道模型

技能水平较高而挑战任务水平偏低时，要想达到福流状态就必须增加任务的挑战性。（李云飞，2019）奇克岑特米哈伊和亨特（2003）认为那些在活动过程中感到无聊或压力较大的个体迟早会放弃，而那些在工作中经历了福流状态的人则会不断完善和提高他们的技能水平。

马西米尼和卡里也对挑战和技能的关系进行了梳理，整理出了八种组合关系（邓鹏，2002；李云飞，2019）：①高挑战和高技能——福流；②高挑战和中等技能——激发或觉醒；③高挑战和低技能——焦虑；④中等挑战和高技能——控制；⑤中等挑战和低技能——担忧；⑥低挑战和高技能——厌倦；⑦低挑战和中等技能——放松；⑧低挑战和低技能——冷漠。相较于四通道模型来说，福流的八通道模型对挑战和技能的匹配所产生的心理状态有了更加详细的划分，也更加贴合人们的实际状况（任俊等，2019）。研究生可以依据八种状态，自觉进行自我心理状态的关照，觉察自己当前的情绪状态，了解个体能力与当前挑战任务是否匹配，当明确问题所在，方可及时补短板、调计划、提体验。

三、福流体验的影响因素

1. 可完成性

多数福流体验都出现在一连串有目标、有规则的活动之中——这些活动需要全神贯注，还须具备适当的技巧才能完成。需要注意的是，这里所谈到的"活动"不一定是指体能方面，而所谓"技巧"也不一定与体能无关。如安静地阅读和与他人相处都是被普遍认为能带来乐趣的活动。

每个人都有一套填补生活中的闲暇时光，或在焦虑来袭时保持平衡状态的特定方法。无论是涂鸦、哼歌，还是散步、打球、聊天等，这些活动都是一种"小型福流"，有助于我们度过心情的低潮期。自发的游戏活动虽能纾解日常生活的无聊之情，却没有增益体验的作用。为了达到改善体验品质的目的，必须迎接更大的挑战，应用更高层次的技巧。

活动的乐趣会在过程中某个特定点出现，即在行动的时机跟当事人的能力旗鼓相当之时。以打网球为例，如果双方实力悬殊较大，就毫无乐趣可言。技术差的一方会觉得焦虑，不好意思；技术好的一方则觉得无聊，难以坚持下去。乐趣仿佛是无聊与焦虑中间的藩篱，在此，挑战任务与行动能力恰好平衡。

2. 全神贯注

当现实情况要求个体运用相关技巧来应付挑战任务时，其注意力就会完全投入，不剩一丝精神能量处理任何与挑战无关的资讯，而完全集中于相关的刺激、反应上。最优体验最普遍、最清晰的特质就会在此时显现：当事人全神贯注，一切动作都不假思索，几乎完全自动自发，人与行动完全合一。印象最深刻的是小时候看邓亚萍打乒乓球比赛时，全神贯注在那个橙色的小球上，一系列动作宛如行云流水。

福流体验绝非表面那般轻松易得，它往往需要消耗大量体能与精神能量，或经过严格的心理素质训练；甚至需要高超的技巧，注意力稍加放松，就可能消失得无影无踪。在福流体验过程之中，我们的意识运作顺畅，每个动作都衔接得天衣无缝。在日常生活中，我们经常被疑问打断："我是否该做这件事？我为什么这么做？做这件事对我有何意义？"我们常常追问行动的必要性即行动背后的动机。然而在福流体验中，所有行动宛如一股魔力，带着我们勇往直前，不会留给我们反省的空间。

3. 明确目标

研究生成才是每个人的美好愿望，也可以说是人生所追求的终极目标，但它不够明确。为什么呢？因为明确的目标应该具备具体、可衡量、可达成、相关、有时间限制等特征要素。过于远大的目标并不能成为明确的目标，因为一个明确的目标，必须经过理性的分析后制定，必须具体、可衡量、在限定时间内可达成，且与终极目标相关，而且能得到即时的回馈。正因为目标明确，个体才能达到完全的投入，让自己处于福流状态。比如，世界杯足球赛场上的球员，他们心里的目标非常简单：那就是进球、进球、进球。随着球场上激烈对抗，当脚下的球越来越接近终点时，内心既忐忑又欣喜。当然，如果我们选择的目标很容易实现，甚至微不足道，成功的乐趣也同样近乎于零。假若我们的目标只是"葛优躺"，纵然每天都发现自己成功了，但这并不会使我们感到快乐，太容易实现的目标很难让个体体会到成就感、喜悦感。相比之下，经过激烈的对抗赛，成功进球赢得比赛，必将为自己的成功而欣喜若狂。

4. 即时回馈

目标主导回馈，回馈因人而异。个体在进行一些创造性活动时，最终的目标可能并不明确，所以当事人要对自己不同阶段所要做什么、预期效果有强烈的认知。比如，画家或许还不知道完成后的画作会是什么样子，但当绘画进展到某个阶段，他应该就能知道这是否与自己的期待相吻合。一位能从绘画中找到乐趣的画家，一定有一套内在的标准，画笔一挥，他就能感觉到"是的，这样就对了"或"不对，这不是我想要的"。缺少了这套标准，就不可能体验到福流。我们所追求的回馈本身往往不重要，这些资讯的价值主要在于它们的象征意义：成功实现目标。这样的认知能在意识中创造理论，强化自我结构。当回馈与我们所追求的目标产生合理的关联时，就能滋生乐趣。人们大都对合乎自己性情喜好的事物更感兴趣，因而也特别重视这方面的反馈。

5. 专注当下

福流体验的特征就是，在福流中会把生活中所有不快乐的事忘得一干二净。这是因为要想从活动中汲取乐趣，必须全心全意地关注当下正在做的工作，所产生的重要副产品——福流状态下的心灵完全没有容纳不相干资讯的余地。当我们能深入而毫不牵强地投入到行动之中，日常生活的忧虑和沮丧似乎就一扫而空，这是一种挺神奇的感觉。

在平凡的日常生活中，我们受肆意闯进意识的思想和忧虑所驱使，由于大多数工作和普通的家庭生活，要求都不及福流体验那么高，也不需要全神贯注，因此悬念和焦虑才有了乘虚而入的机会。这就导致在一般状态下，心灵常会突如其来地被干扰，精神能量不能流转自如。也正因为如此，福流才能提升体验的品质。这类需全心投入的活动，要求分明、秩序井然，根本不容外来因素介入与破坏。

一位热爱攀岩的老师，描述他攀岩时的心境说："好像我的记忆输入完全关闭，我只记得30秒钟以前的事，往后想，我也只能考虑到未来的5分钟。"实际上，从事任何需要集中全部注意力的活动，时间感都会变得紧凑。不仅时间集中于一点，更值得注意的是，能够进入知觉的资讯也受到严格管制，平时自由出入脑海的恼人念头都暂时遭到封锁。

6. 掌控自己

充满乐趣的体验使人觉得能自由控制自己的行动。运动、游戏及其他休闲活动经常是乐趣的源泉。输了一局游戏，固然没什么好担心的，但在现实学习生活中搞砸一次导师的课题可能会浪费大量的时间和精力。"控制感"是处于福流状态的人们的典型描述，它不像日常生活，时时担心事态会失控。

充满乐趣的活动大多需要冒险，在局外人看来，这比正常生活潜伏着更多的危险。比如瀑降、滑翔翼、洞穴探险、攀岩、深海潜水以及许多其他类似的运动，都故意把人置于文明世界的防护安全网之外，但参与这些活动的人都承认，在他们的福流体验中，高度控制感居于重要地位。一般认为，热爱冒险运动的人有一种极致的需求：他们企图借此驱散深埋心底的恐惧或是超越自己、征服自然，他们都是"寻求刺激的人"。尽管冒险人士寻求刺激的动机可能存在，但更值得注意的是，冒险家的乐趣并非来自危险本身，真正令他们乐此不疲的，是他们能使危险降至最低的掌控感。

7. 物我两忘

当个体进入"忘我"状态之后，自我感觉又会变得强烈。这种"忘我状态"并不表示福流状态下的人不再控制自己，或不知道自己的内心或身体发生的一切变化。事实上，自我在最优体验中扮演着一个非常活跃的角色。例如,做实验的同学对身边的设备、手中的器材、操作步骤都有清楚的觉知;运动赛场上的选手则熟知身体的肢体协同、自己的呼吸节奏以及对手在比赛过程中的表现。

因此,当个体自我意识消失,并不代表自我随之消失,甚至意识依然存在,只不过个体不再感觉到自我而已。实际的情形是:有关自我的观念,隐遁到知觉之外。这种暂时忘我,似乎是件很愉快的事,不再一心一意地想着自己,才有机会扩充对自我的概念。消除自我意识可以带来自我超越,产生一种自我疆界向外扩展的感觉。

8. 时间意识

当人们描述最优体验时,最大的共同点就是时间感知跟平时不一样,几小时犹如几分钟,几分钟也可能像几小时那么漫长。我们用来衡量客观时间的标准,诸如白天与黑夜,都被活动所要求的节奏带偏。大多数的人觉得时间过得比较快,但有时正好相反。热爱跳舞或跳健美操的同学做一个困难的动作时,现实中的一秒可以延伸成几十秒;爱玩剧本杀的同学玩完一局 50 分钟的剧目,可能在他们眼里只过了 5 分钟。

9. 人格特质

人格特质会影响福流体验。比如,奇克岑特米哈伊(1997)认为拥有自向性人格特质(指那些有更多动机去体验福流的人,即在活动中,能自己决定自己的目的,让自己的挑战、技能达到平衡而获得沉浸体验的人)的个体相比其他人格特质的个体更容易获得福流体验;拥有自向性人格特质的个体能够决定自己参与活动的目的,让自己有很多的动机去体验福流状态;拥有自向性人格特质的个体更倾向于根据自身的内在目标做事或选择某项活动,而非外在目标的驱使。另外,个体的注意力在福流体验中起着核心的作用,个体的注意力品质不同,获得福流体验次数与质量也存在着一定的差别。(赖安等,1985)

专栏 7.3

发掘日常生活中的福流

除非我们学会享受好奇,否则好奇心的重生不会持续很长时间。当没有特定的事情要做时,我们的思想很快会回归到最可预测的状态,那是一种无规则或混乱的状态。当我们必须集中注意力时,比如穿衣服、开车或工作时,我们便能够将注意力集中起来。但是如果没有外力要求我们集中注意力,思维便会失去焦点,进入消耗能量最少的状态,此时需要付出的努力也是最少的。当这种情况发生时,一种头脑的混乱便会占据上风。令人不快的想法涌入意识,已经遗忘的憾事再次被回想起来,我们会因此而变得沮丧。我们打开电视,或者百无聊赖地读着报纸的广告增刊,或者进行着毫无意义的对话,只有这些事情可以让我们的思维保持平稳,可以避免我们被头脑中涌出的想法吓到。躲在被动娱乐的避风港中,混乱会被暂时控制着,但对于注意力来说,这是一种浪费。与之相反,当我们学会使用潜在的创造性能量,由它产生出自身内在的力量,以保持注意力的集中时,我们不仅能避免沮丧,而且能提高我们关注世界的能力。

如何能做到这一点?如何能学会享受好奇,使这种对新体验和新知识的追求永远保持下去?

每天早上怀着明确的目标醒来。富有创造力的人不必费劲地从床上爬起来,他们急切地想开始新的一天。这不是因为他们都属于快乐而热情的一类人,他们也不一定有令人激动的事情要去做。但是他们相信每天都可以完成一些有意义的事情,并且迫不及待地想要开始。

大多数人并不觉得自己的行为是有意义的。不过每个人每天至少能找到一件值得为之而醒来的事情。这件事可能是与某人会面,买一个特殊的物品,把植物栽种到盆里,清洁办公室的桌子,写一封信或试穿一件新衣服。比较容易的做法是,每天晚上睡觉前,为第二天选择一项特定的任务。与那一天中其他的事情比较,这项任务应该比较有趣、比较令人兴奋。

第二天早上,你睁开眼睛。想象自己选择的任务,在脑海中把它呈现出来,就像播放一段录像,直到你迫不及待地想穿上衣服去完成它。如果一开始你选择的目标是琐碎的,不那么有趣,那也没关系。重要的是采取容易的第一步,直到你形成习惯,然后慢慢地发展为更复杂的目标。最终你所期望的任务会占据一天中大部分的时间,直到你觉得早晨起床是一种特权,而不是苦差。

如果某件事情你做得很好,那么它会变得有趣。无论是写诗还是打扫房间。无论是进行科学实验还是参加赛跑,体验的质量会随着你投入的努力的增加而成比例地改善。赛跑的人也许已经精疲力竭、浑身疼痛,但如果他为此投入了全部的力量,那么他同时也会感到欢欣鼓舞。我们把越多的活动做到优秀、做出风格,生活就会给予越多的内在回报。

产生福流的条件暗示了如何转变日常活动,让它们变得更有趣。无论我们做什么,都要拥有明晰的目标和期望,关注行为的结果,并学会根据环境中的机会调整技能。将注意力集中在当下的任务上,不要分心,正是这些简单的规则造成了讨厌的和愉快的体验之间的差别。如果我决定学习演奏钢琴或学说一门外语,但这样做让我产生了挫折感或厌倦感,我可能会就此放弃。但是如果我将福流的条件应用于学习任务中,那么很可能我会继续拓展自己的创造潜能,因为这样做很有趣。

从每个人都必须做的最平常的活动开始会比较容易。你如何从刷牙、洗澡、穿衣服、吃早餐中或从上班的路上获得更多的乐趣?选取最简单的日常惯例,试着操纵它的福流潜能。如果你认真地对待这个问题,并尝试各种各样的做法,你便会惊讶地发现刷牙是多么有趣。

在练习改善几项日常活动的体验品质之后,你会感到自己可以应对更困难的事情了,比如业余爱好或新的兴趣。最终你将掌握最重要的技能,那就是元技能。它能够将任何活动转化为产生福流的机会。如果你充分发展了元技能,那么任何新挑战对你来说都可以成为享受,你正逐步形成保持创造力的连锁反应。

为了能够持续感到乐趣,你需要增加事情的复杂性。你无法一次又一次地从相同的活动中获得乐趣,除非你从中发现了新的挑战、新的机会,否则它会变得枯燥乏味。经过很长时间后,刷牙不可能总是有趣的,这种活动缺乏足够的潜在复杂性。确实,一个人可以通过将哪怕最简单的活动与其他事情组合起来,从而保持它的挑战性。比如在刷牙的时候为第二天做计划,或者反思前一天发生的事情。通常参与具有挑战性的活动会更令人满足,这样的活动包括音乐、诗歌、木工、园艺、哲学或深层次的人际关系等。

大多数领域非常复杂,就算用尽我们毕生的精力,甚至用尽整个人类的生命期,都无法将其穷尽。总会有新的歌曲可以学或可以写。做任何事情总有可能找到更好的方法。这就是为什么创造力(扩展某个领域边界的尝试)可以让生命成为一种享受。

四、提升研究生的福流体验

(一)提升专注力,生活处处是福流

专注力是福流产生的首要原因或特征,所以福流体验是专注的快乐。研究表明,正念冥想训练有助于改善个体的情绪(陈语等,2011;任志洪等,2018;顾越等,2021),有助于提升个体的专注力,而当个体以一种良好的状态,专注地投入某项事情时,又有助于进入福流状态。

(二)做自己喜欢的事情,将热爱与研究相结合

导师要多鼓励研究生做自己喜欢的事情,尽量将热爱与研究方向相结合。当我们做

自己喜欢的事情时,才愿意投入更多的时间与精力。所以研究生在选择自己的研究方向时,请尽可能选择自己有稳定的兴趣并愿意持续努力的研究主题。因为若想在某一领域成为专家、做出重大贡献之前,大约需要在领域内进行十年的学习与积累,即十年定律(Gardner,1993)。所以,当从事让自己充满热情的事业时,方有可能取得比较高的成就。

(三)研究目标的制定要注重与个人能力相匹配

一方面,研究生在制定自己的学习或研究任务时,既要明确、具体、可操作,还要注重与自身当前的技能水平相结合,努力构建二者之间的平衡关系。研究任务最好在自己最近发展区内,如果个体感知到的任务挑战水平远远大于自身的技能水平,那么个体会产生强烈的焦虑体验;而如果个体自身的技能水平高于所感知到的任务挑战水平,个体则会变得放松或厌烦。另一方面,导师在指导研究生的过程中,也应考虑学生学术基础的差异,引导其建立与其技能水平相匹配的研究目标,并及时给予反馈,激发他们完成目标的兴趣和热情,提升自己的能力,调整前进的步伐。当一个目标完成后,可以在建立下一个目标时尝试更大的挑战,让学生意识到自己可以通过奋斗和努力来逐步提升自己的学术能力,并时刻充满热情和希望。伴随着一个又一个目标的实现,一次又一次技能的提升,这会给研究生带来满满的成就感,更会催生出"福流"通道(图7-4),让沉浸其中的人感到自己距离憧憬的远方越来越近。所以,当目标与能力相匹配时,个体更易进入福流状态。

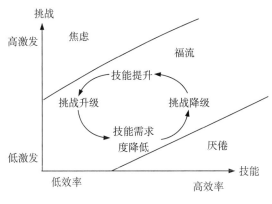

图 7-4 福流通道

第三节　心智觉知

心理治疗从弗洛伊德开始，向来是以西方文化思潮为主导，从西至东，西学东用。然而从20世纪70年代起，西方心理学界以乔·卡巴金（Jon Kabat-Zinn）为首开始关注佛教的传统修行方法，将心智觉知的概念从宗教的背景中分离出来，并将心智觉知融入心理治疗的领域。可以说，心智觉知是心理治疗领域里东学西用的一个特例。

一、心智觉知的内涵及影响因素

（一）心智觉知的概念

心智觉知（又称正念觉知）起源于东方的沉思文化。关于心智觉知概念的定义，也是众说纷纭，有的学者认为心智觉知是方法，是能力，是特质，还有学者认为是意识状态，本文现梳理如下：

1. 方法说

卡巴金（1990）认为，心智觉知是指个体保持一种不加评判的态度将注意力有意识地完全集中于此时此地对个体内部或外部刺激的感受上。贝尔（2006）等人认为心智觉知是指个体以一种接纳而不评断的态度，将全部注意力集中于当下经验的方法。这些学者都将心智觉知视作修炼心性的方法。

2. 能力说

马拉特和克里斯蒂勒（1999）提出，心智觉知就是个体将注意力完全地集中在此时此刻的体验上，强调要客观地、不加评价地、带着好奇心去观察我们的身体、接受当前的各种感觉的能力。郭歌和申雨凡（2015）认为心智觉知是个体以一种开放、接纳和不评判的态度，保持对其内心想法和感受的持续注意的能力。心智觉知水平较高的个体，能够专心于当下正在做的事情，故其注意力和沉浸体验相对较高；而心智觉知水平较低的个体，则容易沉浸在对其未来的焦虑与担忧中，因而在一定程度上影响了个体的生活质量。

3. 特质说

韦恩等人（2010）认为，心智觉知是一种特质，可驱使个体在感觉、认知和自我意识等方面获得较为持久的变化。并认为造成不同个体心智觉知水平差异的原因包括遗传、环境和练习等。

4. 意识状态说

心智觉知是一种有意识地不加评判地注意此时此刻经验的特殊意识状态，是对当下各种感受的高度注意与观察。其最核心的特点是接纳性和开放性，通常表现为经常或者持续地对当下所发生的事情进行觉察。（布朗等，2003）

综上所述，随着研究的深入，心智觉知的内涵也在不断丰富和深化。

（二）心智觉知的特点

虽然学者对心智觉知内涵的认识不尽相同，但是大都认同心智觉知存在以下三个特点：第一，将注意力聚焦于当下的躯体感知觉、情绪、想法和意象；第二，保持对自身经验的觉知力；第三，始终保持一种开放的、接受性的、不评价的态度。

（三）心智觉知的影响因素

造成个体间心智觉知水平差异的原因包括性别、练习和睡眠等。

1. 性别

黄凡（2011）在大学生心智觉知与自我接纳、共情的关系研究中，发现男生心智觉知显著优于女生。也就是说，男生更会如实探察自己的想法感受。这可能因为社会对女性的角色期待，从小被培养为感情细腻、通情达理，关心理解他人、善解人意，社会对女生在情感方面有更高的要求。此种模式长此以往，女生会更感性，更容易用感情来看事物，对消极的想法或感受容易往深层或更坏的方向思虑，而不是如实地面对。相反的，社会对男性的角色期待，从小让他们要坚强、理智，独立地面对生活，并且还要承担起家的责任。因此，社会要求他们不能感情用事，渐渐地他们便学会收起自己的感情，当问题来临时，即使涉及很深的感情，他们也能很快地调整，理智地去面对现实，面对问题，并想办法解决问题。

2. 练习

刻意练习会影响心智觉知的水平。邓玉琴（2009）研究发现心智觉知训练可以有效地降低抑郁、焦虑等负性情绪，有助于提高大学生的心理健康水平，且其效果有着较好的维持性。楚玉琴（2009）用心智觉知对癌症、尿毒症患者心理干预研究初探中发现，通过觉知训练干预以后，癌症患者和尿毒症患者的心智觉知度均有明显增加，焦虑、抑郁情绪有所缓解。觉知训练可以帮助患者调节情绪状态，提高他们对日常生活事件以及心理活动的觉知水平，有助于他们更好地应对疾病。

3. 睡眠

夏宇欣和周仁来（2009）在失眠患者的心智觉知特征的研究中发现，失眠人群身心感受的辨别力与描述能力显著低于睡眠良好人群，心境不良的失眠者尤其表现出心智觉知能力不足的特征。由此可见，良好的睡眠才能保持良好的心智觉知状态。

二、心智觉知的作用机制

夏皮诺等人（2006）认为心智觉知的运行机制就是在目的、注意和态度三者之间相互作用下形成的，并且认为心智觉知的元机制是再感知。再感知包括不断变化的视角观察事物，运用再感知，个体就不会沉浸在固定的人生剧本和角色中，而是能抽离自己，以旁观者的视角见证人生故事发生，这有助于个体与意识中的经验相区分，从而让个体可以客观、清晰地观察。再感知的内容包括三个部分：

（1）去中心化。它要求我们能站在客观的角度，以一种旁观者的角度看待发生在自己身上的经验。如此，无论我们的内心世界发生着什么，我们都可以更平静地看待它。

（2）去自动化。它要求我们面对外界的刺激，应积极主动地去选择去应对，而非不假思索地凭感觉，遵循自动化反应的结果。

（3）去接触性。它要求我们与正在发生的事情保持适度的距离。

除了再感知外，夏皮诺等人认为心智觉知还有再感知的衍生机制，主要有以下几种：

（1）自我管理和自我调节的增强。在心智觉知中，要求个体的注意力集中在某一个点上，这样个体就能直面自己的意识内容。而不是逃避或者视而不见，这样我们就会与我们的意识内容保持紧密联系，从而投入更多的认知资源去管理它们，增强自我管理能力。

（2）价值澄清作用。夏皮诺认为我们往往认不清什么价值对我们来说是真实的和有意义的，往往被家庭、社会、文化等因素束缚着，我们变成价值本身，而不是价值的观察者和选择者。但是我们可以把价值和自身区别开来，去选择真正适合我们的价值观念。布朗和瑞恩（2003）指出一些自动化的过程会限制我们的选择，但是一种开放的、有目的的觉知则可以帮助我们做出我们感兴趣和有价值的行为。同时指出，在觉知中行动，会和自身的价值观念和兴趣比较一致。心智觉知的这种价值澄清作用,有助于个体更好地适应自我和周围的环境。

(3)使认知、情感、行为更具有适应性。再感知也可以促进个体采取更适合的方式来回应现实中发生的事,而不像以往个体只根据自己的经验采取相应的模式。博尔科韦茨(2002)指出,先前的预期和信念会影响个体对新信息的加工。在再感知的过程中,个体能够更冷静客观地观察当前所发生的事情,能够把自己与先前的信念和模式区别开来。根据当下内心的真实状况做出更合适的抉择。同时,个体能清楚地认识到,当下发生的事情对其产生的真正影响是什么,能根据此时此刻内心的真实情况去反映,而不是依靠以前由习惯和认知所形成的反应模式。就像热恋中的情侣,身处热恋期彼此很容易发生晕轮效应,会放大对方的优点,甚至会赋予一些原本不属于对方的优秀品质。这个阶段看不清别人的真实状况,也看不清自己内心的真实,待热恋期过后好像如梦初醒一般,可以更明白、更客观看待彼此。

(4)暴露机制。卡巴金认为在心智觉知训练中将疼痛暴露出来可能会减轻慢性疼痛。比如,延长对慢性疼痛的感受可能会产生对疼痛的去敏感化,从而减轻对疼痛的情绪反应,这样即使没有减轻疼痛感,也减轻了与疼痛相联系的悲伤感。西格尔等人(2002)也认为,个体在再感知的过程中,面对不愉快的情绪可能会经历强烈的冲击,但是个体最终会发现,自己不需要躲避或逃避这些经验,因为他们最终会过去。

心智觉知就是通过再感知和其他四种机制不断调节我们认识周围世界的视角和内心感受。让人们面对问题时更具选择性,也更主动、更积极、更客观,从而对人们的身心健康大有裨益。

三、心智觉知对个体成长的价值

(一)心智觉知有助于改善个体情绪

有研究证明心智觉知可以改善自我管理,提高做事的坚持度。(丹尼尔等,2009)邓玉琴(2009)提出心智觉知训练可以有效地降低大学生抑郁、焦虑等负性情绪,提高其心理健康水平,且其效果有着较好的维持性。

(二)心智觉知有助于提升个体幸福感

积极心理学创始人马丁·塞利格曼将正念作为增进身心愉悦的三大要素之一。雷贝尔等（2001）运用正念减压疗法显著地提升了临床病人的幸福感。豪威尔等（2008）研究发现，心智觉知得分高的人主观幸福感高，睡眠质量好。安德森等人（2007）以健康人群为研究对象，发现正念训练显著地提升了他们的幸福感。国内也有相关研究，梁光明（2014）研究发现，大学生心智觉知水平越高，无聊水平越低，生活满意度水平越高，而且心智觉知可以直接地，或通过生活满意度间接地对无聊情绪产生影响。黄凡（2011）研究发现，心智觉知能直接预测自我接纳和共情能力，还可以通过自我接纳对共情产生间接影响。

（三）心智觉知有助于促进个体的自律

马克·威廉姆斯和丹尼·彭曼在《正念禅修》中报告纽约大学的一项研究，发现心智觉知练习越多的个体就越容易参与自律要求更高的活动。也就是说，他们并非因为别人要求或驱使才去做事情，也非为了改善自己在他人心中的形象，更非为了改进他们的自我感觉。相反，那些怀有更多正念觉知的人会花更多时间做他们认为真正有价值的事情，或者他们只是发现其中蕴藏着无穷的乐趣。

第四节　情绪智力

一、情绪智力的内涵及影响因素

（一）情绪智力的概念

柏尼（Payne，1986）在《情绪研究》中明确探讨了发展情绪智力的问题。1990年，新罕布什尔大学的约翰·梅耶（Mayer）和耶鲁大学的彼得·萨洛维（Salovey）将情绪智力界定为："个体监控自己及他人的情绪和情感，识别、利用这些信息指导自己的思想和行为的能力。"梅耶和萨洛维（1997）在《什么是情绪智力》一文中将情绪智力的概念重新定义为："精确的知觉、评估和表达情绪的能力；接近或产生促进思维的情感能力；理解情绪和情绪知识的能力；调节情绪促进情绪和智力发展的能力。"卢家楣（2009）认为，情绪智力是以情绪或情感作为操作对象所表现出的一种能力，并认为以情感为操作对象,是情绪智力的本质属性。由此可见,情绪智力有着丰富的内涵,其是以情绪、情感为监控对象,调节自己情绪、思想和行为的一种能力。

(二)情绪智力的外延

1995年,丹尼尔·戈尔曼在《情绪智力》一书中提出了情绪智力五因素结构理论,这五个因素分别是:

(1)认识自身情绪的能力,并认为这是情绪智力的基石;

(2)妥善管理情绪的能力,认为这是指在认清自身情绪的基础上,对自身情绪进行有效调控的一种能力;

(3)自我激励的能力,这是指将情绪专注于某项目标上,激励自己与他人积极向上;

(4)认识他人情绪的能力,这是人际沟通的基础,也是对他人产生同情心的必要条件;

(5)管理人际关系的能力,这是指管理他人情绪的艺术。

此外,丹尼尔·戈尔曼还提出了情商树的概念:树根是情商的理论基础,树干就是情商,树冠包括五项能力:认识自己、管理自己、激励自己、认识别人、管理别人。

梅耶和萨洛维(1997)在原来情绪智力三因素的基础上,增加了情绪对思维的促进因素,扩充了情绪调节因素,重新提出了情绪智力的四因素结构,这四个方面分别是:

(1)情绪知觉、评估和表达;

(2)对情绪的理解、分析以及对情绪知识的应用;

(3)对情绪熟练地调节,以促进情绪和心智的发展;

(4)情绪对思维的促进。

此外,作者还将原来的情绪调节能力修正为成熟地调节情绪,促进情绪和智力发展能力,并将原来模糊不清的两个变量扩充为相对充实的四个变量,将原来的情绪运用能力修正为理解、分析情绪,运用情绪知识的能力,将十种能力扩充为十六种能力(表7-1)。

表7-1 梅耶和萨洛维的情绪智力结构(梅耶,1997)

	情绪智力			
因素	情绪知觉、评估、表达能力	情绪对思维的促进能力	理解、分析情绪和运用情绪知识的能力	熟练调节情绪,促进情绪和智力发展的能力

续表

变量	通过生理状态感觉和思维辨别情绪的能力	情绪促进思维、导向注意重要信息的能力	标志情绪、认知词语与情绪本身关系的能力，如喜欢与爱之间关系	对愉快和不愉快的情感保持开放心情的能力
	通过言语、声音、表情和行为辨别他人、设计品、艺术等情绪含义的能力	产生有效而合适情绪的能力，它能够对情感判断和情感记忆起促进作用	解释情绪所包含关系的意义的能力，如失去同伴常引起悲伤	根据对信息的判断和利用，熟练进入或远离某种情绪的能力
	准确表达情绪和相关需求的能力	心境起伏导致个体观念从乐观向悲观变化时从多角度考虑问题的能力	理解复杂心情的能力，如爱恨同时存在的情感，害怕和吃惊混合而成的畏惧情感	熟练监察自己和别人相关情绪的能力，如清晰性、象征性、影响力并推理其意义
	区分情感表达时的准确性和诚实性能力	在不同情绪状态中对特殊问题解决方法产生促进作用的能力，如幸福感对推理及创造能力的促进作用	认识情绪的转化能力，如将愤怒转化为愉快或将愤怒转化为羞愧	真实把握信息、管理自我和他人情绪，调节消极情绪、促进积极情绪的能力

卢家楣等（2005）结合情绪智力的操作维度（观察、理解、评价、预见、体验、表达、调控等）和情绪智力的对象维度（个体自己的情感、他人的情感、自己与他人之间的情感、他人与他人之间的情感等），提出情绪智力外延的七个方面：

（1）观察情感的能力：观察自己情感的能力、观察他人情感的能力、观察自己与他人之间的情感的能力、观察他人与他人之间的情感的能力等；

（2）理解情感的能力：理解自己情感的能力、理解他人情感的能力、理解自己与他人之间的情感的能力、理解他人与他人之间的情感的能力等；

（3）评价情感的能力：评价自己情感的能力、评价他人情感的能力、评价自己与他人之间的情感的能力、评价他人与他人之间的情感的能力等；

（4）预见情感的能力：预见自己情感的能力、预见他人情感的能力、预见自己与他人之间的情感的能力、预见他人与他人之间的情感的能力等；

（5）体验情感的能力：体验自己情感的能力、体验他人情感的能力、体验自己与他人之间的情感的能力、体验他人与他人之间的情感的能力等；

（6）表达情感的能力：表达自己情感的能力、表达他人情感的能力、表达自己与他人之间的情感的能力、表达他人与他人之间的情感的能力等；

（7）调控情感的能力：调控自己情感的能力、调控他人情感的能力、调控自己与他人之间的情感的能力、调控他人与他人之间的情感的能力等。

卢家楣认为，随着生活实践的不断丰富，人们对自身情绪智力的觉知也将不断深入，情绪智力的外延也将不断拓展。从情绪智力的操作维度和对象维度的结合来描述其外延，这为情绪智力内容向纵深发展预留了充分的空间。

（三）研究生情绪智力的影响因素

卢家楣等人（2017）研究了中国当代研究生情绪智力现状及其影响因素，结果显示，影响研究生个体理解他人情绪能力的主要因素有教养方式、家庭氛围和学校校风三种；影响研究生表达自己情绪能力的主要因素是舆论关注；研究生个体调控自己或他人情绪能力的主要因素是上网目的。

1. 教养方式

父母教养方式与情绪智力存在显著相关，巴科扬尼斯等（2016）研究发现，权威型教养方式与情绪智力呈正相关，而专制型教养方式与情绪智力呈负相关。父母教养方式为权威型的成人更容易拥有良好的社交技能，更受欢迎，具有更强的社会适应性和共情能力。（斯滕伯格等，1994）相反，在专制或溺爱型父母教养方式下成长起来的个体，其社交技能较弱，也更易出现违纪行为。（麦克尔哈尼等，2001）还有研究表明，支持性的教养方式更利于儿童和成人学会从他人的角度看问题，更有利于培养个体的共情能力。（拉伯等，2004）另外，民主型教养方式对个体理解他人情绪的能力有最强的正向预测作用。（卢家楣等，2017）总之，积极的教养方式有利于社会技能的发展，进而影响个体人际交往的质量。

2. 家庭氛围

家庭氛围与情绪智力存在显著相关，其中家庭氛围越和谐温暖，个体的情绪智力水平也越高。（莱卡温萨尼等，2016）成年个体主观感知到儿时的家庭氛围与其情绪智力的情绪感知、情绪理解和情绪控制三个维度呈正相关。（阿斯加里等，2011）与之相反，家庭的氛围越冷漠，则个体的情绪智力水平也越低。（纳斯塔西娅等，2012）

3. 学校校风

学校是研究生重要的学习和生活场所，研究生与学校环境交互密切且持久，有时候为了做实验、写论文，寒暑假甚至过年等节假日都在学校度过。研究生在学校主观感知到的教师和同学的态度越积极友善，越能感受到更多的关爱，越有助于提升自己的情绪智力水平，越有助于觉察、理解他人的情绪。

4. 舆论关注

中国人深受儒家传统文化的影响，更倾向于压抑自己的情绪，而不善于合理地表达自己的情绪。（桑标等，2015）但是在信息化高度发达的时代，人们的世界观、人生观、价值观的形成，90%以上的影响因素来自传播媒介。（喻国明，2005）对多元信息的关注会帮助个体形成多元的价值观，多元化的价值取向有助于个体打破固有价值观的束缚，形成抒发情绪的观念和行为。此外，舆论关注还是一个主动的信息选择和学习过程。对一些正面形象和行为的观察模仿，有利于个体情绪智力水平的提升，如在不同的场合选择合适的方式进行情绪表达。安银实（2015）调查发现，个体主要通过自我反思、社会实践、观察和思考周围人事等途径来获得对情绪智力的认识。舆论关注无疑给个体认识情绪智力提供了一个有效的途径。此外，舆论关注本身也会诱发个体产生相关情绪，这些情绪反过来可能又会影响个体情绪智力的发展。（邓洛普等，2008）

5. 上网目的

网络是把双刃剑，使用不当（如游戏上瘾、沉迷网购、虚拟社交等）不仅会影响个体正常的学习和生活，还会影响个体情绪智力的发展。卢家楣等（2017）调查发现，网络使用者上网目的不同，其情绪调控能力也不同，具体表现为以娱乐为目的的网络使用者其情绪调控能力相对较弱；而以获取信息为目的的网络使用者的情绪调控能力则相对较强。李秀敏（2004）研究发现，偏好获取信息类内容而非娱乐为目的的个体平时情绪也更为稳定、平静，因为前者本身就是自我控制能力良好的体现。随着动机与行为不断往复形成良性循环，从而使这种控制能力迁移到生活的各个领域。反映在情绪智力上，就是较强的情绪调控能力。

二、研究生情绪智力的重要性

研究生群体有其特殊性，一方面，年龄较长，思想相对成熟；另一方面，一些在职研究生工作之后又继续求学，可谓身兼多重角色（学生、儿女、工作人员、父母等），面临着学业、家庭、事业、个人成长等多重关系的协调与平衡。这种角色间的矛盾与冲突很容易给研究生的心理带来压力与挑战，从而导致研究生形成复杂的、多层次的情感需求与情感结构。因此，着力发展与提升研究生的情绪智力水平，有利于针对性地帮助和促进研究生的身心健康和学业开展。

卢家楣等人（2017）针对来自14个大城市51所高校的10056名研究生开展大规模调查研究，结果发现这些研究生整体情绪智力水平尚佳，但表达自己情绪的能力不足；博士生理解他人情绪的能力要低于硕士生，研究生理解他人情绪的能力要低于本、专科生。此种现象可能由高学历群体认知、情绪情感发展的不协调不平衡所导致，学历越高，越容易呈现一种重知轻情的现象。另外，高校对研究生毕业要求也是越来越高，有些高校社科类博士生毕业要发表三篇 CSSCI，理工科研究生甚至要发表 SSCI 一区、二区的文章才能满足毕业条件。这些硕士、博士研究生承受着科研工作的高压力，往往无暇关照自己的情绪以及对他人情绪的觉察与理解。

已有研究显示，情绪智力对学习成绩有调节作用（佩特里迪斯等，2004），对学业成就（兰杰巴尔等，2017）、工作绩效（金丝等，2012）有影响；情绪智力对心理健康（袁贵勇，2008）、身体健康（卢金，2016）、个体的幸福感（桑切斯等，2016）存在一定程度的影响，并且情绪智力水平越高，人际适应也越好（程玉洁等，2011）。因此，提升研究生的情绪智力，有助于研究生的全面发展与人才培养。

三、提升研究生的情绪智力

研究生情商培养教育工作是一个崭新的课题，是一项非常有意义的事业，更是一项艰巨的任务，需要全方位规划设计，高效高质有序开展。

（一）学校需加强研究生的情绪智力教育

情绪智力是研究生心理素养的基础，若要提高研究生的情绪水平，需调动多方资源进行积极指导。第一，针对研一新生，开设"社交与情绪智力提升"课程，从整体上提升研究生的情绪智力水平；第二，针对高年级研究生，开展以情绪智力提升为主题的个体咨询与团体心理辅导，针对存在人际沟通困难、情绪困扰的个别研究生进行一对一心理帮扶；第三，加强研究生求职择业咨询与教育，引导研究生进行职业心理调适，比如制订合理的职业规划与期望，培养研究生的职业兴趣以及干一行爱一行的职业精神。这不仅有助于提升研究生的职业素养，还可提高研究生的情绪智力水平，进一步有效地增强研究生的社会沟通与交往能力。因此，只有建立一个多方面、多层次的教育体系，才能全面地提升学生的情绪智力水平。

（二）研究生要自觉提升情绪智力水平

一个人的幸福、成功与否很大程度上与个体掌握自己和他人情绪进而运用社交技巧的能力有关。一直以来，研究生教育更注重认知或智商的培养，学生无形中也易忽视自身情绪智力素质的提升。因此，研究生要积极主动提高情绪智力水平。首先，研究生从意识上要高度重视发展情绪智力素质。其次，在生活中做个有心人，善于觉察自己与他人的情绪与需要，善于管理自己与他人的情绪，从而不断地提高自身的情绪智力水平。再次，研究生要积极参加学校团体活动，在人际互动中不断地历练自己。研究生在学习之余，也可以根据自己的兴趣、爱好、特长等有选择地组织、参加一些班级、社团或公益活动，比如志愿者协会、研究生学术交流沙龙、演讲比赛以及辩论赛等，让自己在实践活动中获得充分自我成长的机会，使自己的情绪智力得到锻炼和提升。最后，研究生还应走出校园，加强社会实践，丰富自己的情绪情感体验。情绪智力是个体有效调节自身情绪、情感并适应外部环境的能力。研究生要想具备这样的能力，不仅要熟练地掌握理论知识，还要不断地通过社会实践来丰富自己的人生阅历，比如毕业实习以及进"孤儿院""养老院""社区"等不同场所开展志愿服务，在这个过程中有助于学会跟不同的人打交道。对于即将毕业的研究生而言，最难得的就是职业演练，要高度重视毕业前的实习锻炼。研究生对社会生活的方方面面体验越丰富、越深刻，越容易形成对社会比较客观的认识，包括对职业、自我、他人的认知等。另外，这些社会实践活动也有助于培养研究生吃苦耐劳、踏实肯干、积极进取以及团队协作的精神等，从而为未来真正进入社会打下坚实的基础。

（三）研究生也要注重修炼情绪钝感力

渡边淳一（2017）在《钝感力》一书中谈到，钝感不等于迟钝、木讷，而是一种能让人的才华开花结果、发扬光大的才能，并认为在人际交往方面，最为重要的就是钝感力。比如当受到导师批评，或者朋友之间出现分歧与隔阂，或者与恋人产生矛盾时，情绪上敏感多疑的研究生往往会沉浸在个人烦恼和思虑之中，内耗严重；而情绪上有些钝感的学生，往往不会什么都往心里去，尤其对于消极情绪，保持一种适度的屏蔽状态，反而更轻松自在。所以说，钝感力是赢得美好生活的手段和智慧。

哈佛大学的心理学教授艾伦·朗格提出："情绪的产生基于大脑对信息的选择性捕获。"所以，那些天生敏感多疑的研究生个体，总是放大痛苦和压力，常被别人无心的话扎心。加藤谛三（2022）在新作《情绪钝感力》中所说："你的情绪是自己的自留地，不是别人的跑马场。你控制不了外界负面信息的凶猛涌来，却能掌控内心的纹丝不动。"因此，敏感多疑的同学可以通过刻意练习来提高情绪钝感力，先要学会做四则运算：首先做加法，钝感≠迟钝，约等于给生活加点"甜"，苦中作乐；其次，做减法，钝感≠麻木，是指个体要避免情绪内耗，减少烦恼；再次，做乘法，钝感≠逃避，其是让内在自信成倍增长，面对逆境倔强生长；最后，做除法，钝感≠"躺平"，而是要消除负面信息的影响，拒绝负重前行。敏锐聪慧固然是一种优秀才能，而不为琐事烦忧的钝感，亦是生活中拥有愉悦、幸福生活的一项重要能力。

第五节 真实性

一、真实性的内涵及影响因素

（一）真实性的概念

真实性一词最早可追溯到希腊，但迄今为止，对于真实性的概念的界定尚未达成一致，笔者就真实性的主要观点进行梳理。

在心理学研究中，霍妮（1951）较早论述真实性对个体健康的重要性，在《神经症与人的成长》一书中她这样写道："真正的自我是我们内在的中心力量。这种内在的中心力量是人所共有的，然而在每个人那里又各不相同，它是成长的深刻根源。"并认为"多重压力导致个体脱离了真实的自我，这是产生神经症的主要原因"。人本主义心理学家马斯洛（1943）提出，自我实现就是一个人力求变成他能变成的样子，即"成为你自己"。另一位人本主义心理学家罗杰斯（1961）将真实性解读为个体经验和意识之间的一致。他通过观察发现，来访者的诸多适应不良都来源于自我概念与当前经验或行为之间的不一致。而存在主义代表人物罗洛·梅（1967）认为，真实性就是真实地体验到自身的存在，并接受自己的独特性，通过施展自我来实现个性，成为一个与众不同的、自己决定自己命运的真正的人。柯尼斯（2003）将真实性定义为个体在日常生活中对真实的、核心的、自我的、无障碍的控制，其由四个方面组成，即自我意识、无偏差加工、真实的行为和关系导向。后来，柯尼斯等人又认为，真实性是指个体在日常生活中能毫无障碍地展示其最核心、最真实自我的一种积极品质。（柯尼斯等，2006；刘兴云等，2016）洛佩兹和赖斯（2006）在柯尼斯关于真实性定义的基础之上，将真实性定义为一种关系图式，在这种图式指导下，个体在关系中更青睐于相互准确地交流真实的自我经验，个体较少关注可能随之而来的是个人不适、伴侣不赞同或关系不稳定。

综上所述，对于真实性的理解，存在两种倾向：一种将真实性理解为一种相对稳定的个体差异，反映的是真实的、自我的、核心的、稳定的内部结构（霍尔尼，1951；马斯洛，1954；罗杰斯，1961；科尔尼什，2003；伍德等，2008）；另一种观点认为真实性是关于自我与某个特定他人彼此坦诚相交的关系与独特体验，具有关系特殊性（梅，1967；洛佩兹等，2006）。刘群英等人（2009）认为个体真实性可通过四个方面表现出来：认识自己，悦纳自我的各个方面；真实地感知，探索自身内在的思想、信念、价值观、动机、需要和愿望，并以此作为行动的准则；抉择并负责，以内在的标准自由地做出选择和决定，并对自己的行为负责；保持真我，在与他人及外界的关系中不隐瞒、不歪曲、不否认也不夸大自我。

（二）真实性的结构

对真实性结构的研究有二维结构和三维结构两个观点。

1. 二维结构

哈特（2002）认为真实性有两个水平：一是了解自己，即了解和拥有自己的个人经验，包括观点、情绪、需要、欲望、偏好或信念；二是使自我为真，就是使自己的行为与内在的真实自我保持一致，根据自己的内在想法和感受来表达自己。第一个水平表达的是意识层面的真实性，第二个水平表达的是行为层面的真实性。

2. 三维结构

伍德（2008）等人认为真实性包含三个维度：自我疏离、真实的生活以及接受来自外部的影响。自我疏离是一种不知道自己是谁的主观体验，即个体无法接触到核心自我；真实的生活指个体内在想法与外在行为表现之间的一致性程度，即大多数情况下都忠于自己，并按照自己的价值观和信仰生活的程度；接受来自外部的影响指个体接受他人影响及满足他人期望的程度。

（三）真实性的影响因素

关于真实性的影响因素的研究，有待继续深入，国内对于真实性的研究才刚刚起步。

1. 性别

真实性存在性别差异。女性报告的真实性水平显著高于男性。（内夫等，2006；洛佩兹等，2006）其中，洛佩兹和赖斯解释了性别差异的原因，认为社会化的压力导致了女性更倾向于将关系作为真实的人际交流和深层次情感表达的媒介。

2. 关系

亲子关系、情侣关系、同伴关系是个体成长中的重要关系，从关系的角度研究个体的真实性,对理解个体的成长以及与他人关系的建立和维持有着重要意义。研究一方面探讨关系中不真实行为产生的原因,认为阻碍个体真实自我行为的因素主要包括害怕被伴侣拒绝、害怕不能被理解或不被赞同,或者担心真实的表达会引起冲突。哈特等(1996)认为,个体之所以扮演"假我"是因为他们意识到父母或同伴不喜欢真实的自己,压抑自己真实的想法和情感才能够获得所期望的支持和赞同。另一方面,洛佩兹和赖斯(2006)发现,不安全依恋(矛盾—焦虑型依恋、回避型依恋、混乱型依恋)以及关系满意度显著影响关系中的真实性。

3. 种族

目前关于种族对真实性的影响,结论不一致,需要统一工具再深入研究。比如,有研究发现欧裔美国人报告的真实性水平高于墨西哥裔美国人。(内夫等,2006)而洛佩兹和赖斯(2006)并未发现真实性水平间的种族(亚裔、西班牙裔等)差异。两项研究结果不一致的原因可能是真实性测量工具、被试样本皆不同。未来,有待开展更为深入的研究以探查二者之间的关系。

二、真实性模型及其对个体成长的价值

伍德(2008)将真实性解读为个体最初的经验、符号化的意识、外在行为与交流三个方面的一致性,并以此建构了以人为中心的真实性模型,如图7-5所示。该模型将个体真实的经验与自我意识相区分,这二者间的不一致程度,称为自我疏离,此为真实性

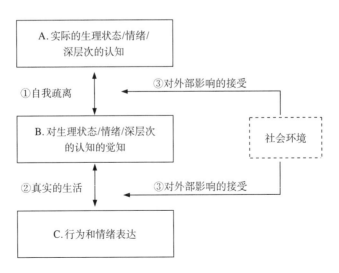

图7-5 以人为中心的真实性模型

的第一个方面。个体自我意识与外在行为表现之间的一致性,称为真实的生活,此为真实性的第二个方面。人的社会属性决定个体必然要接受外部环境施加的影响以及顺应他人期望的程度,称为对外部影响的接受,此为真实性的第三个方面。

多项研究结果表明,真实性有利于个体功能的充分发挥,促进自我实现,因而与心理健康紧密相关。真实性高的个体通常能体验到更高水平的幸福感(托马斯等,2017)、自尊(戈德曼等,2006)、自主感和生活意义感(伍德等,2008),更少的压力、焦虑(伍德等,2008)和抑郁(博伊拉兹等,2015),而真实性低的个体则相反。青少年渴望独立,有着"成为自己"的强烈需求,因此真实性对青少年健康的生活和发展有着重要意义。青少年只有脱去伪装,成为自己,才能拥有最佳的状态。(哈特,2002)玛丽亚等(2018)在一项关于西班牙青少年的研究中发现,真实性与生活满意度的紧密关联程度位于积极心理学24项品格优势的前三位。托马斯等(2017)对英国青少年的研究则发现,真实性能满足青少年的自主需求,从而使他们体验到更多的主观幸福感。由此可见,真实性对个体健康的成长、幸福的生活有着重要的意义。

三、提升研究生的真实性水平

一般而言,真实性高的个体,其自我疏离感低,受外部影响小,能够践行自己的价值观与信仰,内外和谐一致,从而有助于减少内心冲突,更进一步有益于保持一种健康的心理状态。因此,要注重引导研究生做真实的自己。

(一)让真实性学习灌注研究生的学习生涯

美国学者托马斯·默里(2021)认为,真实性学习是指基于真实生活并面向真实世界的学习,它是一种鼓励学生在真实情境中进行自主探索、积极创造、合作共享的学习方式。真实性学习强调"通过将特定的学习任务置于社会情境之中,使学习者在真实的环境下,学习如何在社会情境之中利用自身已有知识和技能,自主地建构方案和解决问题,将学校所学与现实问题联系"。一方面,研究生应注重项目式学习,在跟着导师做项目的过程中,会不断地发现自己的知识与能力储备不足,从而有助于调动内在学习动机,在短时间内丰富知识体系,这种学习效率也相对比较高。另一方面,研究生教育也要多为研究生开展真实性学习创造良好的条件与环境。随着人工智能时代的到来,个性化和多元化教育成为可能,依靠传统的标准化教育培养人才的模式将难以为继,更无法满足当前社会对解决现实情境中复杂问题人才的要求,学校教育必须开始重新思考"研究生教育出来的学生是否具备面向未来社会所需要的高阶思维与能力"。学术型研究生教育应重视基础理论研究与突破,专业型研究生教育应注重适应未来社会、解决真实情境问题的能力。因此,高等教育要鼓励研究生在解决真实情境问题的过程中,不断地提升高阶软能力,如批判性思维能力、交流能力、合作能力以及创新创造能力。

(二)做真实的自己,提升心理健康水平

由于研究生个体承受着各方面的压力,其所表现出来的自我形象与其内在真实自我的分离,是个体内在冲突的来源,这种分离会进一步加剧心理问题,可以说真实性是影响个体心理健康的重要因素。做真实的自己意味着首先要认识自己,悦纳自我。明白自己的优势与不足,懂得欣赏自己的优点以及如何运用自己的优势来化解自己的不足等。其次,真实地感知。当个体了解和拥有自己的个人经验,包括想法、情绪、需要、愿望、偏好、信念、人生观、世界观等,才可能以此作为行动的出发点并为自己的行为负责。再次,使自我为真。就是使自己的行为与内在的真实自我相一致,根据自己的内在想法和感受来表达自己。最后,保持真我。在与他人及外界的关系中不隐瞒、不歪曲、不否认也不夸大自我。探索与践行真实的自己有时候需要他人的帮助,当你凭借自己的力量无法达到认识自我的时候,也可以求助专业的心理咨询师或治疗师。

第六节 勇气

勇气是中华美德的重要内核,既继承了优秀的中国文化传统,又具有现代蓬勃的生命力,是健康人格的重要因素。圣贤孔子希望自己的弟子臻于三德:知、仁、勇,成为真正的君子,并认为这三种德行是天下人共同遵行的达德,是其他德行的依凭,这就是"君子三达德"。孟子将"勇"与"气"相接,首次有了"勇气"这一概念,"勇"不但是一种顾全大局的道义之勇,而且蕴含一种大丈夫立于天地间的浩然正气。遥想孟子当年为推行自己的治国"仁"政,当面质问君王的勇气,何其有魄力!21世纪初,人类开始对勇气进行操作化测量研究,可以说"勇气"有一个漫长的过去,但关于"勇气"的学术研究却只有一个短暂的历史。

一、勇气的内涵及影响因素

（一）勇气的概念

古今中外的学者对勇气的定义，众说纷纭，有人认为勇气是一种品质，有人认为勇气是一种能力，也有人认为勇气是一个过程。笔者现将三种学说梳理如下：

1. 品质说

苏格拉底认为勇气是个体面对恐惧情境时依然保持行为得体的品质。彼德森和塞利格曼（2004）总结出了人类六大美德，其中勇气是包含勇敢、正直、活力和坚持四项性格优势在内的六大核心美德之一。洛佩兹和斯奈德（2011）认为勇气是一种美德，常常表现为个体面对危险或困难时，不畏艰难险阻，依然努力达成既定目标。国内有研究者认为，勇是一种文化，是一种力量，也是一种道德人格。（李林兰，2009）还有学者认为，勇气是人在面对艰难困苦时表现出来的以坚守、进取、突破等为特点的一种心理品质，分为社会和个人两种不同取向。其中，社会取向勇气主要出于世界、国家、集体及他人的福祉考虑，而个人取向勇气多从维护个人利益的动机出发。（程翠萍、黄希庭，2014）

2. 能力说

柏拉图认为勇气是一种能力，个体是在忍受恐惧的过程中彰显英勇之力。伍达德（2004）认为勇气是个体出于善意而做出行为的一种能力，一种抵御自我内心恐惧的能力。

3. 过程说

诺顿和魏斯（2009）认为勇气是个体即使面对危险产生恐惧时也仍然能做出果敢行为的过程，而伴随着怒火和愤慨的勇敢行为则是勇气的典型表现（格瑞特梅耶等，2006）。格鲁伯（2011）认为勇气是个体面对紧张情境时，为了获取积极结果而对稳定系统做出相应行为改变的过程。他格外关注勇气的动态过程，认为其发生经历不同阶段，伴有行为或者生理上的动态变化。

从以上关于勇气内涵的三种取向可知，品质说和能力说对于勇气跨时间的连续性、跨情境的一致性方面有所忽视，而过程说正好弥补前者的不足。从稳定性、连续性，以及在不同情境下勇气出现的高度一致性，勇气的动态性、发生过程等角度反映了学者们对勇气的看法。但能否从整合性视角来描述勇气的内涵，仍需进一步探究。

（二）勇气的结构及特点

不同的勇气测量量表采用了不同的勇气维度。帕特曼（2009）提出了与生理勇气、道义勇气并行的心理勇气。訾非（2012）按照勇气的指向，将勇气分为"良心勇气"和"良知勇气"。匡晓（2019）针对心理勇气提出了良心心理勇气和良知心理勇气两个维度。吴沙（2009）将勇气分为"个体勇气"和"一般勇气"，其中"个体勇气"包含"个体身体勇气"和"个体心理勇气"两个维度，"一般勇气"包含"一般身体勇气""一般道德勇气"和"一般心理勇气"三个维度。李林兰（2009）将勇气主要分为四个维度：大义之勇、智慧之勇、自信之勇和宽容之勇。

程翠萍、黄希庭（2016）结合中西方关于勇气的结构和文化的特点，建构中国人的勇气量表，得出两个结论：一是中国人勇气的结构包含个人取向和社会取向两个层面；二是每个层面均包含坚毅之勇、突破之勇和担当之勇三个因素。从而提出两取向三因素的中国人勇气人格结构，如表7-2所示。

表7-2　中国人勇气结构

中国人勇气人格结构（两取向三因素）		
因素及含义	个人取向	社会取向
坚毅之勇 反映人们面对挫折、压力、诱惑时坚强不屈，追求理想、信念、原则时矢志不渝	当个体面对挫折、压力、诱惑时坚强不屈	勇于追求能够给更多人带来福祉的理想与信念
突破之勇 指人们敢于对现状做出突破性改变，表现为开拓创新、战胜恐惧、挑战极限、超越自我等	不断地战胜内心的恐惧、超越自我	勇于开拓创新、创造推进社会发展的新事物、新发明
担当之勇 指人们遇事能够主动挺身而出，果断承担责任，不迟疑、不退缩、不逃避	主动承担自我责任	积极捍卫社会正义

关于勇气结构的划分，呈现一种逐层深入的发展过程，那么勇气有哪些典型的行为表现？勇气又有哪些特点？岩井俊宪（2014）总结了勇气的三个行为表现：勇气是承受风险的能力，勇气是克服困难的努力，勇气是与人协作的能力。彼德森和塞利格曼（2004）将勇气看成人类六大核心美德之一，并总结了勇敢行为的三个特征：一是个体需受正确

价值观的引导,二是行动者自愿冒险,三是遇到的危险具有现实性。基尔曼等(2010)归纳出在组织背景下,勇气具有五个特点:自由选择权、体验到风险、合理评价风险、追求崇高目标、意识到恐惧。

(三)勇气的影响因素

勇气有哪些影响因素?哪些能够增进个体的勇气?哪些会减弱个体的勇气?基于已有的研究将勇气的影响因素进行梳理。

1. 年龄

斯泽格等(1997)对三个年龄段(5—6岁、8—9岁、11—12岁)的儿童进行了横断研究,发现不同年龄段的儿童对勇气有不同的看法,年长儿童似乎越来越倾向于认为勇气是心理层面的。现实生活中年龄这个变量对勇气影响的规律确实存在。处于成长阶段的儿童,最初感受到身体方面的勇气,随着思维、信念的逐步形成,抽象的道德勇气、心理勇气才得以发展,这种成熟可以解释勇气的年龄差异。

2. 性别

勇气存在一定的性别差异。当人们面对拯救处于生命危险中的个体时,男性比女性报告出更多的勇气。(贝克尔等,2004)普里等(2007)发现对一般勇气的评价,男性高于女性;对个人勇气的评价,男性与女性无显著差异。匡晓(2019)研究了心理勇气与心理健康、成长经历的关系,结果发现,男性的心理勇气水平以及各维度的得分均显著高于女性。这或许提示男性的心理勇气水平更高。随着危险情境类型的变化,性别对勇气的影响也会不同,这或许可从进化的角度进行解释,由于两性生理特点的差异,男性具有发达的体格,这可能源于在原始社会主要承担外出狩猎、保护家园的任务,女性则多居家负责养育后代、饮食起居的工作。长此以往,形成社会文化对性别角色的不同期许,由于女性更容易面临身体方面的危险,从而导致女性拥有更高水平的身体勇气。

3. 情绪

不同的情绪状态会对人们的日常行为产生不一样的影响。有研究表明,对一般勇气的评价,感受到恐惧情绪的被试低于未提及的恐惧者,而对个人勇气的评价却相反。(普里,2007)但也有学者对此持反对意见,如贝克尔和伊格利(2004)认为恐惧并非诱发勇气的重要因素。焦虑、愤怒也能对勇气发生作用,如缪里斯等(2010)通过自我报告和父母评价两种方法,发现儿童的焦虑症状与勇气呈负相关;而个体的愤怒情绪与勇气正相关,能够增进道德勇气的爆发(尼斯塔等,2010)。由此可见,同一种情绪对勇气呈的影响存在差别,个体的不同情绪状态对勇气的作用存在差异。情绪与勇气之间关系的性质及大小，可能受个体心理控制类型、共情能力等因素的调节；与之相反，情绪也可能被勇气唤起，这或许可以解释现实中勇敢的人常常易兴奋、激动。

4. 人格特质

人格是另一个影响个体勇气的重要因素。缪里斯（2010）以 8—13 岁儿童为研究对象，发现大五人格中外倾性、开放性与勇气呈正相关。另一项研究发现，就道德勇气而言，大五人格中仅开放性与道德勇气显著相关。（奥斯瓦尔德，2012）匡晓（2019）探讨心理勇气与人格特质的研究发现，心理勇气与回避型人格倾向、依赖型人格倾向、边缘型人格倾向、反社会型人格倾向、分裂型人格倾向、偏执型人格倾向，以及人格障碍情绪问卷总分都呈现一定程度的显著负相关。而且，良知心理勇气比良心心理勇气跟人格特质的相关程度更高。

5. 学历

学历高低对个体勇气的影响比较有趣。匡晓（2019）探讨了学历与勇气之间的相关性，发现已获得硕士学历的被试，其勇气水平得分较高，而在读硕士生和大专及以下学历的被试的勇气水平得分较低。可能的解释是，大专及以下被试勇气水平的差异可能在于其受教育水平的限制。但是硕士在读的被试和硕士毕业的被试在勇气水平上差距如此巨大是非常有意思的，这或许暗示着，硕士毕业后的个体勇气水平会有明显的增长，其原因可能是硕士在读期间，拥有较大的科研压力以及未来就业的不稳定性，这些因素会降低被试的勇气水平。而硕士毕业后，他们拥有良好的受教育水平以及稳定的工作，这有助于提升他们的勇敢品质。

6. 家庭及早期成长经历

家庭对个体勇气水平发展的影响非常重大，家庭经济状况对勇气水平的影响也比较复杂，一般认为，家庭经济地位高的个体，其更自信、行为更具有果敢性，但这也不是绝对的，取决于父母亲对孩子金钱观的正确引导与教育。除了家庭经济地位的影响之外，家庭文化对个体勇气的影响不容忽视。家庭文化对个体而言是一把双刃剑，一方面，"缺乏安全感"、父母"靠不住"的家庭环境会迫使个体依靠自己去达成想做的事情，或者向外寻求更有安全感和认同感的人和环境，在这个过程中，反而提升了个体的勇气；另一方面，糟糕的家庭环境也会让个体产生自卑心理，做事缺乏底气，从而制约个体去做有风险、有挑战的事情。所以综合而言，家庭可能通过自尊、自信等影响个体的勇气水平。

7. 正强化

梅耶等人（2007）探索正强化对勇气的影响，他们通过给被试播放不同内容的视频来研究公民勇气，结果发现，相比于控制组，观看与激发勇气相关视频的实验组公民的勇气水平显著提高。还有研究也表明，接受了道德教育课程的实验组比没有接受任何操作的控制组的道德勇气水平增加更多，且前者显著高于后者，进一步运用正强化手段培养女孩勇气，并证实参加该培养项目的 100 名女孩的勇气水平确有显著提高。（梅等，2013）上述结果佐证了从正面激发勇气的积极效果，而负强化、惩罚等因素对勇气的影响有待深入探究。

二、勇气的作用机制及其对个体成长的价值

勇气如何产生？个体及群体为什么会做出勇敢行为？程翠萍等人（2014）从勇气发生之前怎样决策、发生过程中受哪些因素影响、发生之后如何评价三个角度寻找答案，对勇气的相关研究理论进行梳理，进而形成了勇气的决策理论、多因素模型以及评价理论，如表 7-3 所示。

表 7-3　勇气基本理论、主要观点、代表人物、过程与影响因素一览表

勇气	理论	主要观点	代表人物	过程与因素
发生前	决策理论	主要探讨勇气产生之前，个体内心如何感受环境变化并权衡利弊做出决策	彼得森（2004）	威胁—变化—做决定—勇敢行为
过程中	多因素模型	主观体验模型 解释了个体差异和社会压力如何影响勇气的主观体验	汉娜、斯威尼、莱斯特（2007）	社会力量 积极特质 积极状态 价值观
		勇气三环模型 整合了勇气的影响因素	拉特（2007）	内环：勇气的核心，包括外部环境、动机、意志力；中环：影响勇气的偶然因素，包括情绪情感和认知过程；外环：理解勇气的次要因素，如人口统计学变量、成败经验、社会认知偏差等
发生后	评价理论	系统描述了个体对他人勇气的评价过程	拉特、斯滕伯格（2007）	行为者或行动—观察者的感知—关注勇气的成分—勇气各要素的重组—观察者评价他人的勇气水平

通过对决策理论、多因素模型、评价理论的比较可知，三者之间不仅存在逻辑上的连续性，而且存在部分交叉论点。决策理论侧重勇气发生之前的行为决策，多因素模型着重分析影响勇气的各种因素，评价理论则更关注个体如何评价他人的勇气。三者分别从勇气发生前、勇气发展中的制约因素到评价行为结果三个阶段来解读勇气，具有良好的内在逻辑性。

了解了勇气发生、发展及其结果评价这一作用机制后，更有助于认识勇气对个体成长的价值与意义。程翠萍等（2016）提出了勇气对个体成长的三条价值与意义：一是充实大学生心理健康教育的内容，促进大学生自我成长；二是增强个体心理韧性，提高个体主观幸福感；三是传承中华传统文化，促使社会主义核心价值观深入人心。勇气不仅是中国文化中的精髓，也是积极心理学所倡导的，社会也多方倡导见义勇为，目的就是要在全社会范围内树立良好道德风气。对于研究生而言，勇气是直面个人之不足、直面生活之挫折、直面科研之创新的勇气。

三、提升研究生的勇气

在价值文化日益多元的今日中国，弘扬道德勇气、培育勇敢精神有利于个体自身道德修养，有利于成就个人的自身价值，也有助于匡扶社会正气，进而促使个人走向幸福人生，促使社会和谐健康发展。因此，加强研究生个体与群体勇气的培养，是中国优秀传统文化教育在心理健康教育中的良性渗透。

（一）修炼勇敢人格，正视自我成长之勇气

歌德说过，只有伟大的人格方有伟大的风格。勇敢人格的修炼有助于提升研究生的心理健康水平。黄莺等人（2022）谈到由研究生"自我"成长引发的发展问题，作为高水平人才群体的研究生，大都具有较高的成就动机和自我期许。然而在很多时候，二者之间存在一定差距。于是，某些研究生或因在自我成长的过程中未达到理想的预期，或因缺乏迎接成长过程中遭遇的各类挑战的自信，容易产生悲观、失望的消极情绪，出现消沉、颓废的不良心态，甚至滋生自残、自杀等心理倾向或行为。还有一部分研究生过度关注自己的不足，拿别人的优势比自己的劣势，认识不到自己的价值，这不利于个体积极发展。研究生应主动接纳自己的缺陷、努力克服内心的恐惧、不断地完善自我等，这些行为才是研究生突破之勇的现实表现。可以说，研究生对"自我"成长的高需求和高期待，是引发研究生个体或群体心理危机的重要因素。因此，研究生唯有修炼了勇敢的

人格，方能正视自我成长过程中的各种心理困扰。

（二）提升研究生直面挫折之勇气

梁启超说过，艰难困苦是磨炼人格之最高学府。当前，研究生群体面临着多重压力，主要包括就业压力、经济压力、学业和科研压力，人际交往和情感压力等。选择攻读研究生学位，就意味着直面挫折将成为一种常态。在读研究生后，将会逐渐发现，在"做得好""做得到"和"做不到"的事之间，存在很多"能做好但非常艰辛、能做到但很累"的事。遭遇挫折，是因为我们在前进；持续遭遇挫折，说明我们在不断地前进。选择读研读博，意味着直面挫折终将成为常态。虽然，挫折本身并不值得歌颂，但是敢于直面挫折，是为了避免更多的失败与失误。

（三）提升研究生直面科研之创造性勇气

习近平总书记强调，"要坚持发展是第一要务、人才是第一资源、创新是第一动力"。毫不夸张地说，创新能力的培养是研究生教育的核心任务。所以，研究生要有突破之勇，即要敢于对现状做出突破性改变，表现为开拓创新、战胜恐惧、挑战极限等，正所谓"勇于维新"。类似地，西方学者罗洛·梅（1975）提出了创造的勇气概念，认为其包含发现新事物（新形式、新象征、新模式等），做出新发明等能够推进社会发展的重大突破，并认为创造的勇气是所有勇气中最重要的那种勇气。当代的研究生要有这种勇于创新创造、不怕失败的责任与担当精神。

成长资源

● **心理测验 1**

创造性思维小测验

● **心理测验 2**

情绪智力的测量

● **心理测验 3**

勇气的测量——你是一个勇敢的人吗?

第八章　优化教育管理环境

影响研究生心理资本的培育和提升的因素除了前面第二章至第七章讨论的个体内在积极心理品质之外，还包括外在组织环境因素。高校对研究生的教育管理制度和策略的制定、实施必须在党和国家的研究生培养政策要求的指引下，在高校人才培养整体目标的导向下，以及在研究生群体的时代特点和个体特征的把握下进行。在当今时代，如何营造支持性的教育管理环境，通过提升影响研究生心理资本培育的外部因素，来帮助研究生提升心理资本，为党和国家培育高水平人才，也成为一个重要议题。因此，本章从教育管理概述、研究生教育管理对心理资本的影响以及如何改革创新研究生教育管理以促进其心理资本提升三个方面进行论述。

第一节　教育管理概述

教育管理是管理的一个分支，具有它独有的特征，同时，教育管理作为一种教育现象也由来已久。教育管理既具有教育的意义，又离不开管理的措施。学校和教师在教书育人的同时，不仅承担着传道授业解惑的教育责任，也肩负着管理的职能。首先，因为管理也有育人的功能。其次，有组织就会有管理，学校作为重要的社会组织承担着为国家、社会培育高质量人才的重要任务，发挥好学校的功能，离不开管理。最后，与其他管理相比，教育管理既有同其他管理一致的方面，又有自己独特的方面。本节的内容主要是探讨教育管理的概念、作用及其对研究生心理资本的影响。

一、教育管理的理念

教育管理是一种历史悠久的教育现象，学者从 20 世纪中叶开始将其作为学术研究和实践活动的一个方面，而到现在，世界各国的学者对教育管理理念有着多种多样的定义。美国学者奥洛斯基在其著作《今日教育管理》中将教育管理看作"管理科学加教育"。在他看来，将理性的理解付诸有组织的实践活动中就是管理。在现代大工业社会，管理作为具有很强渗透力的普遍活动，本身就可以渗透在各个行业中，当然也包括教育行业。

日本学者安藤尧雄在其著作《学校管理》中认为，学校管理应该说是"学校教育的管理"，教育管理不仅要对学校的物资设备进行管理，更要对教育计划和教育活动进行管理。我国学者张复荃在《现代教育管理学》中提出"教育管理是社会管理的特定领域"，实现教育管理的职能，首先需要考虑到社会管理各领域中那些最一般的、共同的职能；同时，教育管理又是以培养某种规格的人为目标和归宿的活动。但由于管理的对象不同，相应的任务和手段也不尽相同，教育科学的过程和性质规律不同，因而不同于社会管理的其他领域。总体而言，对于教育管理不论是沿着教育特有的发展轨迹运行，还是沿着社会管理的发展规律运行，抑或是将二者有机地结合起来，这些问题在教育管理领域中一直被讨论着。

从宏观上讲，教育管理是在现代社会大教育概念的发展中产生的。它以整个社会为基础，打破了以往教育模式的闭塞状态。以这一思想为起点，原意义上的教育行政和学校管理已经不能满足当前社会的要求。社会是一个整体的系统，教育系统以子系统的角色存在于社会系统中，但它不是孤立存在，而是与社会系统中的其他子系统相互联结、相互作用、相互交融，教育系统的走向与运作必须在社会系统中与其他子系统的运行和发展进行相应程度、层次、形式的互动。

从上述观点来看，教育管理的理念可以被定义为在一个社会系统的政治、经济、文化等因素的约束下，遵循教育本身发展的规律，预测和规划整个教育体系和各级各类教育组织（正式和非正式），组织和引领、协调和监管、激励和控制，合理配置有限的教育资源，从而提高教育质量，改善办学条件，成为一个有序的过程来促进教育发展和教育管理人才成长，并且是社会运行的一部分。根据前面的分析和概念界定，教育管理具有以下特征：

（一）教育管理具有社会管理的一些共同功能

1. 教育管理要适应社区发展的需要

任何一级的高等教育机构基本都是在社区公共空间之中不断发展起来的，社区中的很多要素都会对高等教育机构产生明显影响，有正面影响，也有负面的危害。教育信息管理的任务就是使高等教育机构顺应社区发展的趋势，同时充分运用积极因素，避免并战胜不利因素，另外在允许的范围内尽可能地塑造一个更好的教育环境。

2. 教育管理需要通过资源协调达到效益最大化

各种类型教育教学的资源是办教育教学必不可少的一部分条件。教育管理的目的就是为了将比较有限的资源充分释放和灵活运用，凭借组合手段寻求社会经济效益最大化。

3. 教育管理者需要对教育工作进行全局的设计

办教育一定要妥善处理发展过程中整体规模、速率、类别、架构、质与量之间的相互关系，以防失去重心，造成错乱和无章的态势。教育信息管理的任务就是规划出教育均衡发展的战略愿景和目标；拟订教育规划纲要和实际重点工作计划；建立和完善各个等级教育组织，对教育事业方方面面做到有力地指引、协调管理和调节。

（二）教育管理是教育科学研究的一个独特方向

教育管理是教育科学研究其中的一个独特方向，正常的教育教学秩序和科学合理规章制度的确立是做好教育教学的关键前提。教育管理的目的就是把碎片化的、混乱状态的教育因素，转变成规范有序的、有助于教学的因素，同时还要能够去除教育机构内部结构带来的各种各样的矛盾与冲突，充分调动所有教育工作者和学生的积极性、主动性。教育管理是一种教育方法，它是教育科学研究中一个独特方向，同时也具有自身特有的特点：

1. 以德育人功能

更好地以德育人是教育管理的根本任务所在，所以说，以德育人自然也就作为教育管理区别于其他职能机构的明显特点之一。一方面，教育管理要造就一个良好的教学环境，"一个良好的教学环境"涵盖物质条件、精神条件和媒介环境。如校园文化建设、校园内学习氛围等精神环境对于学生的个性化发展有着推动、引导和培育的效果。另一方面，教育管理要反映出"管理也是一种教育"的观念，用这种观念来评判所有管理方法的成功与失败。还有各个管理人员首先要成为一位教育工作者，一定要以自身的思想品德和行动去影响别人，别把自己拘泥于一种统筹管理的实施者和执行者的角色中。

2. 教育水平的不稳定性

无论哪个教育机构基本都是处在社会背景中的，并在开放式的系统中完成工作任务的。院校、家庭、社会中的各种各样的思想、观念、行为表现都会影响被教育对象。院校、家庭与社会中有一致的教育因素，但同时又有非常多的不一致，如此一来，错综复杂的状况便给教育管理带来众多的瓶颈问题。教育学中指出的诸多要求及教育管理中的某些传统的内容都属于确定性、稳定性要素，而现实生活中，各式各样的不确定性因素、不稳定情形对教育管理的影响却大得多。这两种要素中积极因素、消极影响间相互作用就出现了教育质量的波动现象。在这其中的"变量"是非常多的，不同变化的具体情况通常无法预料，问题显露之后又不可控。依托于这一种现状进行分析，教育管理应从"差别"的状态来考虑，采取变通的管理模式，趋向一致、规范有序的教学目标推进。

3. 教育管理的核心是脑力工作者

老师和教育领导人员均属于脑力工作者。他们都是经过生产、传递和运用文化科学技术专业知识服务社会，从而得到社会认可的一类人。这些人忠诚于自己从事的行业专业，期盼把自己的基础知识、技能特长呈现出来，同时取得社会的认可，这样一来，在精神上便能够获得满足。在教育教学活动中，老师与专业技术人员大不一样，在评估老师的工作品质时，要多关注他们所打造出来的"产品（学生）"，而这种劳动形态具备模糊性、活化性、多样性和效用滞后性等特性。倘若教育管理人员忽略这一特点，在进行教育教学及管理质量评价工作时仅片面强调可控性、物化性、标准化和实效性，这样通常会影响教育管理质量的真正提升。不仅如此，老师劳动的主体差异也是教育管理过程中极为重要的关键特性。一门课程教学情况如何，一项教学活动的效果怎么样，主要取决于教师教学的基础知识、工作经验、个人能力、责任感与使命感，几者相辅相成，不可或缺，这些都汇集在老师工作的一点一滴和一言一行当中。因此，这些都给教育管理增添了课题研究的困难和挑战，要求教育管理不仅要重视教师的工作特性，不能用行政命令进行干涉，还要发现个体劳动者老师的身上显现出的薄弱与不足，及时找到适当的应用管理方法。

二、高校学生教育管理

在校大学生教育管理是指以在校本科生、硕士研究生为主体，通过运用各种科学合理的教育管理理念和方法，推动在校大学生全方位发展、成长的组织活动，是学生教育管理中常用的。广义上讲，在校大学生的教育管理涵盖了学生思想政治工作、学生事务处理、学生工作考核与评价、学生工作的技术与方法、学生全面发展与发展指导等重要内容；而从狭义上讲，在校大学生教育管理就是学生事务处理，它更加侧重于一些日常工作而非主题性教育，即班集体建设与管理、新生入学管理、安全保障指导与管理、学生奖惩制度、贷款、贫困资助、住宿管理、就业辅导、职业规划服务等相关内容。在校大学生教育管理是现代教育管理不可或缺的一部分，在校大学生教育管理工作的能力及质量水平会直接关系到学校的教育教学质量、学校的创新与发展以及学校的良好形象的塑造等多个方面。所以，加强在校大学生教育管理工作，是高校的重任和职责。

（一）实现高校学生教育管理协调运行的原则

1. 现实性原则

现实性原则就是从实际出发，理论联系实际。通过分解学生教育管理的职能，建立和完善高校学生教育管理组织，确定学生教育管理目标，研究高校学生教育管理的模式、制度和方法。

2. 制度化原则

制度化原则是指高校学生工作者要根据国家的有关法律规定，结合高校的培养目标和办学风格，制定和运用各种制度进行学生教育管理，使高校学生教育管理工作有章可循。国家统一制定法律规范，高校自行制定正式的和非正式的规章制度都属于高校学生教育管理制度。就现实情况而言，正式和非正式管理制度，都是高校在实际的高校管理过程中对各个方面的优秀成果总结和经验积累，并已成为学生们自觉遵守的规定。学生管理秩序和效率必然要求制度化原则。只有这样，才能不断推进学生教育管理过程的有序性、有效性和科学性。

3. 服务性原则

大学生教育管理应遵循服务性原则。在高校学生教育管理的基本定位中，开展高校学生管理是以服务学生为原则的。坚持高校学生教育管理的服务性原则，必须以学生的根本利益、学生的现实需求、学生的所思所感为出发点，服务学生。

综上分析，我们可以看出，高校学生教育管理是需要与时俱进地结合现实需求和学生实际，通过管理、制约、引导作用的发挥，服务于学生成长需要的一套科学体系，构成了学生学习、生活、成长的外部组织环境。

（二）高校学生教育管理的工作目标

2005年4月，我国教育部颁发的新《高等学校学生行为准则》指出高校学生教育管理的目标是提高大学生的综合素质。该准则对高校学生的行为提出以下要求：心怀笃志，信念坚定；忠于祖国，服务人民；努力学习，自强不息；遵纪守法，弘扬正气；诚实守信，严于律己；修身养性，团结友爱；勤俭节约，艰苦奋斗；强身健体，热爱生活。总体而言，主要包括思想政治素养、科学文化素养和身心健康素养。

1. 思想政治素养

思想政治素养是指大学生必须拥有正确的政治方向、崇高的理想抱负、高尚的思想情感和良好的道德修养，才能成为中国社会主义现代化建设和发展的骨干力量。思想政治素质要求大学生学习贯彻马克思列宁主义、毛泽东思想、邓小平理论、"三个代表"重要思想、科学发展观、习近平新时代中国特色社会主义思想等重要政治理论。同时，培养学生在实践中自觉践行党的方针、路线和政策，坚定自身的政治立场和政治信仰。

2. 科学文化素养

科学文化素养要求大学生具有多元丰富的知识结构、良好的理论基础和积极的创新创造精神。大学生在生活学习中不仅要形成良好的学习习惯和正确的学习方法，坚持终身学习的态度，还要努力学习科学文化知识，热爱知识，尊重科学，善于发现，乐于学习，不断用科学文化理论丰富头脑，提高知识水平。

3. 身心健康素养

身心健康的要求包括两个方面：强壮的身体和健康的心理。只有拥有强壮的身体和健康的心理，学生才能建立良好的性格和健全的人格，从而更好地适应社会的发展要求，为社会服务，贡献自己的青春力量。强壮的身体要求学生积极参与体育项目，提高生理素质；健康的心理不仅是心理无疾病，还应该表现为"自尊自信、理性平和、积极向上"的积极心态。这对于即将成为国家建设人才的高校学生的成长成才具有保障和驱动的基础性作用。

从上面的梳理我们可以看出，从对高校学生的培养要求来看，从国家层面开始，对于高校学生心理资本的培育也已经渗入到工作要求和主流思想之中。尤其对作为高级人才的研究生而言，心理资本培育更为重要。

三、高校学生教育管理、组织支持感与学生心理资本培育

心理资本是一种促进个体成长、绩效提升的积极心理资源，对组织、工作行为、工作态度、工作绩效、心理健康等各方面都具有积极影响，因此，心理资本对于高校研究生个体成长的促进作用毋庸置疑。随着心理资本的应用范围渐广，学者们的研究重点从

心理资本的结果变量扩展到心理资本的影响因素。也就是说，关注重点从心理资本的价值意义转向了心理资本的开发和培育，开始探究哪些因素可以影响心理资本的产生。那么，从高校学生教育管理角度出发，如果要提升学生心理资本，我们需要通过控制和影响哪些因素来实现这个目标？

（一）组织支持感的概念

与组织和组织支持感相关的概念像"组织支持"最早使用于公司之中，也多使用于企业，当前在政府部门、高校等领域已经被广泛地接受。而"组织支持感"在初期的概念是美国心理学家艾森伯（Eisenberger）等人在1986年提出，认为组织支持感是员工对于组织如何重视他们的贡献并关心他们利益的一种知觉和看法。原因很简单，就是公司现有员工感受到了周边组织方方面面的支持。随着社会的不断发展，组织支持感的概念内涵也有所扩展，主要是当公司员工面临特定的抗拒工作情况时，保证他们得以从外围组织获得一些指导，从而更有效地开展工作。也有学者认为，组织支持感是基于社会交换理论、互惠规范、组织拟人化思想的基础上提出的。（杨中华，2021）总之，组织支持感能够使组织成员感受到来自组织方面的支持，并因此而促进正性态度与积极行为、消除负性态度和消极行为，促进组织成员的工作态度、工作绩效、工作行为和主观幸福感等，增强组织成员对于压力、困难的应对意志和解决能力。

（二）组织支持感是高校学生教育管理提升学生心理资本的有效媒介

影响个体心理资本生成和培育的因素包括个体内在因素和组织外在因素。对于组织外在因素在个体心理资本影响的研究中，学者们的研究热点集中在"组织支持感"上，认为组织支持感能够提升工作或学习投入度（相彩霞，2022）、工作积极性（郑宇唯，2021）、胜任力（操心，2021）、创新行为（陈涛，2017）等正性情绪和积极行为，降低焦虑情绪（狄畅，2019）、懈怠拖延行为（黄倩倩，2021）、职场欺凌和离职倾向（张玮华，2022）等负性情绪和消极行为。因此，对于高校来说，要从教育管理角度培育和提升学生心理资本，就要通过组织环境、组织氛围、组织支持等途径来为学生心理资本培育保障物理环境、营造人文氛围、提供心理动力，使学生个体能够从学校教育管理过程中得到组织支持感，从而提升其心理资本。

（三）组织支持感在学生心理资本培育中的作用路径

我们讨论组织支持感的测量，由此我们可以看出哪些因素影响和决定了组织支持感的作用发挥。国外对组织支持的测量更多的是根据整个组织的态度。艾森伯格（1986）等相关人员制定了单维组织支持问卷，偏重于情感性组织支持。麦克米林（1997）通过对顾客服务人员的研究提出，除了亲密支持和尊重支持等情感性支持，支持还应有其他方面，例如，工具性支持，即员工完成工作所需的资讯、训练、工具和设备等，这些如果支持不良的话，最终会产生气愤和挫折。克莱纳（2003）等人也主张应该从多维度来考察组织支持感，认为应该从适应性支持、事业性支持和金融性支持三个角度对组织支持感进行考察。经过对中国现实情况中的组织情况支持感的考察，凌文铨等（2006）研究发现，在不同文化背景下，有工作支持、价值认同、关怀利益三个维度。陈志霞（2006）指出企业支持感是指企业对员工的一种综合性情感，它反映了企业对自身的尊重、支持和关心。

因此，对于学生心理资本培育和提升来说，高校学生教育管理是学生心理资本提升的组织支持感的重要来源。学校可以通过保障良好的校园环境、教学秩序、科研平台、实践机会等物理环境来为学生提供工具性支持；通过营造公平竞争、重才育才、尊重个体、保护创新、积极向上的校园氛围和学术文化来为学生提供情感性支持；通过给予价值认同、评比奖励、利益保障、贴心服务等制度和心理支持来为学生提供发展性支持。

第二节 研究生教育管理与心理资本培育

前面我们论述了高校学生教育管理对于学生个体心理资本的作用。随着研究生心理资本培育越来越受到重视，高校如何通过研究生教育管理来强化影响研究生心理资本的组织环境因素，进而培育和提升研究生心理资本，助力人才培养，也成了一个重要课题。

本节主要从高校研究生教育管理的特点、现状、存在的问题及其与研究生心理资本培育的关系进行论述。

一、当前研究生教育管理工作的特点

质量形成于过程，认识和研究我国高校研究生培育工作的现实情况的特点，有助于厘清研究生心理状况以及研究生人才的培养质量提升的思路和对策。

（一）研究生教育管理主体机构是研究生院

当下，研究生教育体系的培养、实施是各高校的研究生学院。研究生院制度是中国研究生教育制度体系的一个重要组成部分，负责高校研究生的培养、教育工作。我国第一个研究生院是1978年在北京成立的中国科学技术大学研究生院，也就是现在的中国科学院大学。我国正式开始研究生院建设是在1984年，当时有22所高校获批试办研究生院，也是首批研究生院建设高校。从最初的开始建设至今，已经有57所研究生院被国家先后批准设立，研究生办学工作已经取得了迅速的进展，从当初的试点办学逐步走向更为成熟的状态。研究生院的设立和发展对于高校培养高水平人才发挥了积极有效的作用，表现在以下几个方面：

1. 研究生院是为培养高水平人才而设立和服务的

研究生院是立足我国的教育发展实际以及人才培养需要，在各个高校进行高水平人才培养而设立的。学者们认为研究生院的创建对开创世界一流大学起了奠基石的作用，其建设是创建世界一流大学的核心之一；作为一定历史时期的制度产物，研究生院的建设有力推动了高等学校成长为高层次创新型人才的培养基地，加快了我国研究型大学、世界一流大学的建设步伐（王占军等，2021）。

2. 研究生院在研究生质量培养中起着至关重要的作用

研究生院主要工作任务有进行教育改革、计划人才发展策略、建设导师队伍、建设专业学科、管理学生日常等。从宏观角度来看，研究生院贯彻落实国家关于培养教育研究生的政策，并从大方向上引领高校高端人才培养工作；从中观层面来说，研究生院的设置和管理在高校管理体系中具有特殊地位，研究生院并不是一个独自进行教学或者科学研究的机构，其在管理的过程中必然离不开学校领导及各部门的支持与帮助，与其他机构相互之间形成了一系列的关系，这些都有利于资源统筹和人才培养工作的开展；从微观层面来说，研究生院与各个学院、系及科研所等培养单位之间存在着领导、管理和互相配合的关系，这些有利于监督和指导研究生质量提升。

（二）研究生培养教育的特殊性

研究生教育管理机构在高校人才培养工作中起着主导性和决定性的作用，具备一套独特的、系统的管理、教学、科研、考核等体系，是研究生个体学习和成长的指导系统，对于研究生的成长成才起到至关重要的作用。也因为如此，研究生教育管理作为高校教育中的特殊教育，其有着区别于本科生教育管理的独特性，体现在以下几个方面：

1. 基本规范和多样性

一方面，基本规范体现在为更好地培养服务大众的各专业高层次人才，进一步提高研究生的综合素质，国家设立了全国统一的研究生选拔考试机制。另一方面，多样性体现在：一是多批次录取学生的制度多样性，学校在不同条件范围内，结合当今社会的需要，招收相应类型的学生；二是开设课程的多样性，学校参考并结合研究生培养的具体要求和良好规划，在开设专业课程时，充分考虑每位导师在学术研究方面能力和素质以及学校师资队伍的其他问题，从而更好地调动学校学术资源适用在每一个学生身上的积极性和创造性；三是结构、类型方面的多样性，研究生在层次上分为博士生和全日制硕士生，在类别的基本结构上分为学术性人才和实践性人才两种，两种不同的形式，必然在目标培养、开设课程、专业人才培养方案等方面逐步形成特点不同的本质区别。

2. 研究生的独立思考能力和导师的重要作用

研究生的独立思考能力体现在：一是参照专业人才培养方案的规定，研究生根据自己的认知思维能力和水平，并在所属导师的指导下，确定适合自己的学习方向，从而有规划地开展学习；二是积极参加学校的教学计划和完成学习科目，在此过程中根据兴趣和水平，进一步深入了解自己喜欢学习和研究的方向；三是选择研究课题，在导师的指导下，结合自身潜力和主要特点锚定自己的研究领域，并在已有的基础上为所选的研究课题制订相应的具体计划；四是在导师的指导下独立完成自己的研究项目。导师的作用体现在：一是培养研究生的潜能，帮助研究生开阔视野，学好扎实的理论知识，并能在以后正确定位未来研究的方向；二是培养研究生对当代科学的奉献精神，指导研究生对待未来的科研成果、研究内容更加严谨，不断进取，敢于质疑，为更深入的内容研究和更执着的事业追求奠定坚实的基础；三是培养研究生开展科研工作的潜能，导师的一言一行有利于学生在耳濡目染中掌握更多科研方法，理解更深层次的科研思维，从而在不断学习中让自己的科研能力更上一个台阶。

3. 教育管理的科学体系和科技成果转移转化的特殊性

通过 20 多年的不断发展，研究生教育逐渐形成了一套比较系统、完整的专业教学考核评价体系。培养研究生最重要的目的是让学生在长期的训练中学习所研究的内容，进而掌握相应的科学研究的具体方法，获得从事某项科学研究的潜能。只是在科技成果的转移转化中，专业性比教学的全方位性和立体性更重要。研究生的教学和科研工作分为文献查阅与评价、学位论文选题与具体方法论证、科学实验与建设工程实验、论文写作与答辩等不同且重要的环节。每个环节都有明确的目的、具体的方法、现实的任务以及更好的综合评价方法。同时，这些环节不是独立存在的，要结合相应的目标进行组合。不同文化背景的研究生在科技成果的转移转化上并不完全相同。他们紧跟学术前沿的步调，然后在信息管理中实现特殊化。

二、当前研究生教育管理工作的现实问题

随着研究生招生规模的扩大和我国经济、社会发展的需求，我国研究生教育管理的目标和任务转向了质量提升的要求。2013年教育部《关于深化研究生教育改革的意见》提出了"我国到2020年要基本构建成规模结构适应需要、培养模式各具特色、整体质量不断提升、拔尖人才不断涌现的研究生教育体系"的重大发展要求，这也标志着我国研究生教育进入"全面提升质量时代"。

随着近几年大学研究生数量的扩招，研究生教育模式展现出多种多样的状况。如今的研究生教育工作中存在一些与现实状况、现实需求不符的问题。这些问题和挑战主要表现在以下几个方面：

（一）综合能力培养不够

目前的研究生培育工作主要从专业课学习、科研实践、毕业科研论文、毕业设计几个方面展开。研究生培养环节过程管理主要是通过课程考核、中期考核、开题考核、预答辩考核等来实现。在既定的教育管理模式下，对于研究生的学习流程、考核鉴定有固定的要求，这既有益处又有弊端。益处在于：研究生可以在已知的、规定的教育管理模式下，清晰地规划好自己的学习流程和精力侧重；弊端在于：研究生的学习目标变得单一和功利化，忽视了自身兴趣的发散、视野的扩展、能力的培养和实践能力的锻炼，忽视了研究生学术研究能力、实践应用能力、心理素质能力、生涯规划等综合素质和能力的提升。例如，专业课程学习与毕业论文设计的联系被认为是研究生的学业、未来职业规划和学业评估等方面重要的内容，是衡量和评价研究生自主学习能力的现实体现，是现阶段的重要问题。从当前情况来看，超过半数的研究生认为攻读研究生后的主要任务是专业课程的学习和毕业论文的设计，这种情况对学生培养质量提高是具有一定程度的阻碍作用的。（曾珠，2013）这些阻碍体现在：一是大部分专业教学课程仍采取"老师教、学生学"的课堂模式，降低了研究生学习时独立思考问题的能力，从而造成研究生不知道如何解决创新难题和缺乏核心技术的问题；二是高校和科研机构的师资队伍建设一直以传统科研教授为主，致使学生的实践能力不足；三是设置教学体系上现阶段仍以公共

学位课与基础学位课为主，而对于研究生职业生涯规划、心理素质培育、实践能力锻炼等与就业能力、创新能力和未来职业应用能力相关的课程设置较少，或放置在较低比例的专业学位课与选修课之中。

（二）学生自我管理意识和能力相对薄弱

随着竞争压力的不断增大，研究生要提升自身竞争优势，成功应对挑战，就需要增强积极主动的自我管理意识和能力。自我管理是一种促进研究生完成学业、取得成就、潜能发挥的内驱力，对于研究生自身成长和发展极其重要。但是，当前研究生的自我管理能力相对欠缺。研究生在面临巨大的学业、就业等压力时，表现出了焦虑、紧张、忧郁等压力感受，但是具体要怎么有效应对，如何调动自身的主观能动性，通过自我管理和提升，有效利用和整合资源，从而在压力面前保持良好心态、拥有进取精神、保有学习热情、明晰发展路径、掌握应对方法、具备抗压能力，实现自我组织、自我约束、自我激励、自我提升的目的，大部分研究生仍处于迷茫和无措的状态。而这些都与研究生心理资本的相关要素，如自我效能感、希望、乐观、韧性、勇气、心智觉知、情绪智力等有关。也就是说，研究生自我管理意识和能力的提升有赖于其心理资本的提升。

（三）研究生教育管理的现实挑战日渐增多

时代的要求在变化，研究生群体特点也在变化，研究生教育管理面临的现实挑战和新的问题也日渐凸显。

1. 研究生群体特征变得更加复杂

研究生的基本结构变得更加复杂，具体体现在：第一，研究生招生指标有所扩大，在校学生类型相对较多，包括本科应届毕业生，非定向生和定向生、跨专业研究生等；第二，学生年龄差异较大，当前研究生群体的基本结构呈现出多个年龄层次；第三，不同的研究生有不同的读研心理动机和发展目标，有的学生读研究生是想继续深造，有的学生是想提升自己的文凭，更有甚者，是希望得以解决异地恋的问题；第四，研究生科研压力大，在校读研期间绝大多数时间都用在科研上，或者，在职研究生不在校住宿以及导师、团队不同等原因，导致研究生中存在集体意识差、人际交往浅的现象。例如，有些研究生更关注自身的利益，存在以自己为中心、无法换位思考、团体协作意识不足等现象。在遇到压力和困境时，也往往独自承受、不愿求助，容易产生心理危机和诱发极端事件。

2. 研究生就业形势日益严峻

在研究生就业状况中存在就业市场竞争激烈、现实就业岗位供给和研究生自身期待不对等、研究生自身能力和岗位能力需求不匹配等现状，导致现在的研究生学历无法保证毕业的学生可以找到一份合心意的工作，出现就业难、就业率低的情况。因此，研究生整体就业形势不乐观。

3. 研究生心理健康问题不容忽视

研究生数量的扩招、群体状况的复杂化以及就业前景的迷茫，造成了很多在校研究生学习、就业、人际、婚恋、个人发展等方面的心理压力，致使越来越多的研究生自信心不足、悲观抑郁、焦虑迷茫、遇到困难和压力容易崩溃甚至产生极端行为，以及出现情绪困扰和心理问题，从而导致研究生学业停滞、人生抱负无法实现、幸福感降低甚至消极厌世。针对这种现状，亟须培养研究生心理资本，增强研究生自我效能感、希望、乐观、心理韧性等积极心理品质，帮助研究生积极投入学习和研究、从容应对压力和困境，促进自我发展。

三、研究生教育管理与研究生心理资本

研究生教育管理和研究生心理资本之间的关系是互相作用、相互制约、相辅相成的。科学的、富有支持力的研究生教育管理策略能够为研究生心理资本生成、培育和提升创造良好的环境；研究生拥有积极的心理资本，能够保障研究生教育管理目标的实现和挑战困境的解决。

（一）研究生教育管理为研究生心理资本提升提供了支持性的环境

研究生教育管理对研究生个体成长的作用是通过两个方面实现的：一方面是研究生教育管理从宏观要求、政策规范和制度流程等方面对研究生个体发展和成长进行了要求和规范，保障研究生的合格化培养；另一方面是研究生教育管理可以从学校层面为研究生个体发展提供工具性支持、情感性支持和发展性支持等组织支持感，促进研究生的高质量培养。在研究生教育管理促进研究生高质量培养的过程中，为研究生提供良好的校园环境、教学秩序、科研平台、实践机会等学习科研环境；营造公平竞争、重才育才、尊重个体、保护创新、积极向上的校园文化氛围；赋予价值认同、评比奖励、利益保障、贴心服务等动力保障和心理支持，从而增强和保障研究生提升自我效能感、树立发展目标、科学路径规划、积极乐观归因、有效应对压力和全身心投入学习科研，开发潜力、取得

成就、获得发展。这个过程既是研究生高质量成长和发展的过程，也是研究生心理资本生成和提升的过程。

（二）研究生心理资本为研究生教育管理目标任务实现提供了保障

研究生心理资本是研究生学习、科研、实践、人际交往、职业规划、压力应对等过程中不可或缺的积极心理品质，能够促使研究生增强自信、激发潜能、富有韧性，从而具有积极的精神面貌和强大的生命力，获得优秀成就和全面成长。研究生教育管理面临的任务就是高质量培养，这与研究生心理资本的结果变量是一致的；另外，在当前研究生教育管理面临的困难和挑战中，包括研究生综合能力的欠缺、自我管理意识和能力的欠缺以及发展、就业、心理压力等问题，这些问题的解决，仅靠外力是不够的，从根本上离不开研究生的主观能动性和积极心理能量，即心理资本。

第三节 提升研究生心理资本的教育管理方法

正如前文的叙述，研究生教育管理对当前我国研究生培养的决定性和影响力都是极其重要的，影响着研究生学习、科研、毕业、就业、校园生活等各个环节。因此，建立和创新研究生教育管理策略，为研究生成长成才创造科学的、良性的、具有驱动力的组织环境，对于研究生心理资本提升和个体成长意义重大。本节从理念、路径以及增强研究生教育管理主体能动性和研究生自我管理能力等方面论述关于研究生教育管理的策略。

一、树立"从'研'出发，以人为本"的研究生教育管理理念

研究生教育工作的出发点是教育管理理念。要促进研究生心理资本培育和提升，研究生教育管理理念就应该保持问题视角、坚持发展导向，与时俱进、不断更新。从党和国家的研究生教育政策与研究生的个人发展需要来看，我国高校对于研究生的教育已经从数量扩张转向质量提升，需要将研究生的培养重心从知识技能的合格培养转向更注重心理潜能开发的创新创造能力、科学研究能力、综合素质能力的高质量培养。要实现这些转变，研究生教育管理理念必须坚持两个方面：一是永远不能偏移以人为本的教育本

质;二是始终保证培养具有创新能力和研究能力的高质量研究生人才的目标。

(一)树立"以人为本"的教育管理理念

教育就是要培养社会发展所需要的人才,每一个教育工作都离不开学生的支持与配合。因此坚持学生主体导向的思想本就是教育的本质,高校教育管理的一切物力和人力资源都是围绕着如何充分培养"人"而展开的。

1. 尊重研究生的主体性

人只有具备了主体性,并在实践中取得了主体性,才能更好地发挥自己的主体性,从而在各种活动中积极地进行自我改造。硕士研究生培养是以自主学习、自主科研、自主生活为主体的培养。在研究生教育阶段,学生主体性体现得更加突出,要想研究生教育有效果,一定要让学生积极地将知识内化于心,从而塑造其稳定的心理环境,而在这一过程中,学生的自主性与主体性至关重要。

高校的教育管理和教师的作用是引导、帮助、激励、督促,为学生的成长和发展创造出一个全面的个人环境。为研究生创造良好的学习环境和丰富的科学研究资源,使他们能够在科学研究等方面进行思考和成长,从而使他们能够充分地发挥自己的潜力,促进自我的持续性发展。

此外,研究生教育管理还要针对和响应研究生的学段特点、人格特征、个体规划、心理需求等来进行规划设计,充分重视研究生的主体性和发展性,推动研究生的主观能动性和自我规划、自我管理、自我激励意识的形成和提高,真正地在学习、科研、生活的过程中发挥主动性和创造性,成为自己学业生涯的规划者、主导者和管理者,从而形成独立人格、增强自主效能、培养创新意识、获得积极体验、产生持久毅力,具备积极的心理资本品质。

2. 尊重研究生的发展性

"以人为本"的研究生教育管理不仅要关注研究生的主体性,还要关注其发展性。首先,研究生教育管理要从研究生的学段特点和发展需求出发,切实做到从"研"出发,分类培养。创新能力强是研究生的必备技能,入口选拔、过程培养、出口把控等教育管理过程都需要充分体现和尊重其能力发展需求。其次,研究生教育管理要根据培养层次、类型等的不同,针对性地进行分类培养、教育和管理,这样才能做到因材施教、按需施教,充分尊重各种类型的研究生的未来发展需求。研究生按照培养层次分为硕士研究生和博士研究生,按照学位类型分为学术学位研究生和专业学位研究生,按照入学方式分为推免生和统考生,博士分为直博生、硕博连读、申请考核。这些分类的不同,都是高校研究生教育管理策略制定需要充分考虑和尊重的客观情况。最后，研究生教育管理不仅要关注科研、学习上的需求，更要关注其心理精神需求、个体兴趣特长需求、人格完善和发展的需求等，充分尊重研究生的个体发展需要，在教育管理中强调尊重、关爱、理解，这样才能培养人格完善、个性发展、潜能发挥、人生幸福的全面发展的高素质、高质量的研究生人才。

（二）坚持"高质量研究生人才"的培养理念

在 2020 年全国研究生教育会议上，中共中央政治局委员、国务院副总理孙春兰在学习贯彻习近平总书记关于研究生教育的重要指示精神时指出，要"把研究作为衡量研究生素质的基本指标""培养具有研究和创新能力的高层次人才"。可见，在党和国家对当前研究生教育管理的指导和要求中，"研究""创新能力"和"高质量"是关键词。

1. 充分尊重研究生的独立性

研究生从中学到大学，他们所接受的教育年限较长，知识范围较广，能够获得较多的信息，对一些事情有自己的观点和认识。研究生教育既要促进学生适应社会、继承社会文化，又要保护和尊重学生的自主性、批判性，并通过主体的积极作用使个性与共性之间协调、互相促进。所以，在研究生教育中，要从鼓励研究生面向学术领域的现有研究成果与文化积淀入手，在学习的过程中要具备批判意识，勇于质疑，勇于提出自己的观点。这也是每一个学生在自己的专业领域中不断突破和建树的重要途径，也是他们在学术上的创新和提升。

2. 着力培养研究生的创新性

创造是生命的根本，人是有意识的生物，它的产生不是重复，而是更新，是持续的创造。这一点对于研究生成长成才更为重要。一方面，研究生教育管理应该创造机会、建立平台，激发学生创新意识，培育创新精神，引导创新思维。另一方面，人类探索的本性是人类的创新之源，人类探索的兴趣是人类的创新之源，因此，研究生教育管理要保护和培植研究生的探究兴趣，为研究生提供宽松的氛围，创造民主、平等、和谐的环境；构建一套科学、全面的评估制度，为培养学生的好奇心和强烈的求知欲望而创造良好的教学环境；教师、管理者等是教育管理的实践者，应该鼓励、激发和培养学生的探究精神，把创新意识融入学生的思想和行为之中。

二、创新研究生教育管理路径

培育和提升研究生的心理资本，高校需要进一步拓展和创新研究生的教育管理路径，从培育研究生的积极心理品质、培养研究生生涯规划能力和构建研究生人际支持机制等方面，为研究生心理资本提升打好心理基础，提供生长土壤和有力保障。

（一）开展积极心理学教育

研究生是高校为国家培养的高素质人才，因此，对于研究生群体来说，心理教育就不能只局限于心理健康，而是要帮助研究生养成积极心理品质，在良性的、建设性的心理准备状态下，保持身心健康、人格完善、意志坚定、勇于创新、抗压抗逆，充分激发潜能，实现高质量发展。以往的高校研究生心理健康教育中，往往将重点放在了心理健康教育知识普及、心理问题和心理危机识别和干预上。学校心理健康教育工作的重点也往往放了那些出现情绪困扰、心理问题和心理危机隐患或行为的一部分学生身上，并没有面向全体研究生开展以增强心理品质、开发心理潜能、促进个体发展为目的的积极心理知识的教育，这是当前研究生心理健康教育工作的片面性和局限性。我们需要放远眼光、着眼全体研究生、聚焦心理素质，针对研究生心理资本培育，大力开展积极心理教育，提升研究生的心理素养、开发研究生的心理潜能、促进研究生的全面高质量发展。

1. 开设研究生积极心理教育课程

目前，我国高校系统化开设研究生心理健康教育课程的并不多，大部分高校对于研究生的心理健康教育多以知识宣传、专题讲座、主题活动等形式开展；并且心理健康知识宣传和教育的内容多侧重于心理健康知识普及、心理疾病应对、心理危机识别与干预等问题性视角，而不是促进个体心理素质提升和潜能发挥的发展性视角。

因此，高校亟须面向研究生开设助力成长的积极心理教育课程，具体要求有三个方面：

（1）课程目标应提升积极心理品质。研究生的学段特点和培养目标决定了研究生心理课程不能只局限于解决心理问题，而是要关注全体研究生，突出心理教育的发展性功能。因此，研究生心理教育课程的教学目标应该是帮助研究生培育积极心理品质、增进积极情绪体验、形成积极自我概念、激发创造性思维品质等，从而提升研究生心理资本，促进其人格完善和个体成长。

（2）课程内容应响应个体发展需求。积极心理学视域下的心理课程教育应紧密结合研究生个体成长的需求，将心理学理论与学习科研相衔接、与生活实际相呼应。将课程内容定位在增进主观幸福感、提高生活满意度、开发心理潜能、发挥智能优势、改善学习能力、提升自我效能、增加心流体验、培养创新能力、优化情绪智力、和谐人际关系、学会积极应对、充满乐观希望、树立自尊自信、完善积极人格等维度，从而培育和开发研究生心理资本。

（3）课程教学方法应灵活多样。积极心理品质形成的最佳途径是使受教育者在学习过程和生活实践中体验和感受到积极的认知感悟、情绪情感和意志锻炼，并将由这些积极的知、情、意影响和决定的心理活动辐射和应用到学习、生活、实践的其他活动领域中，获得良好绩效和成功体验，再巩固和加强积极心理活动，如此循环反复，最终形成心理资本等积极心理品质。因此，研究生心理教育课程教学过程中要包括各种体验和互动环节，将知识讲授、团体辅导、案例分析、生命叙事、互动沙龙等多种教学形式灵活运用进来，用体验、交流和领悟去激发研究生的内在积极力量。

2. 开展发展性心理教育和辅导

通过知识宣传、专题讲座、主题团辅等形式，为研究生提供针对性的、个性化的、发展性的心理教育。其中，发展性是指在开展面向研究生的心理教育时要根据研究生个体发展的一般规律和特点，响应研究生学段需求和现实问题，结合研究生心理需求，帮助、辅导、支持研究生的学习成长、科研实践、就业规划等具体的人生任务，使得研究生能更好地认识自我、规划自我、调节自我，开发潜能、完善人格，从而顺利获得积极的心理成长历程。因此，研究生心理教育和辅导应该着眼于自我认知、情绪调适、压力应对、意志品质、人际沟通、科研品质、团队协作等主题，锻炼和强化研究生的现实能力，培育和激发研究生的潜在能力，促进心理资本形成。

（二）加强研究生生涯规划和管理

有人说过，"没规划的人生叫拼图，有规划的人生叫蓝图；没目标的人生叫流浪，有目标的人生叫航行"。生涯规划在个体的整个生命历程中居于中心位置，影响个体的成长高度和生命质量，没目标的学习和奋斗就会失去方向和原动力。因此，学涯、生涯的规划和确立有助于研究生树立近期和远期发展目标，有利于其明确目标，产生内在驱动力，有动力去进行路径规划并朝着目标循序渐进。可以看出，目标规划与心理资本的"希望"因子密切相关，研究生做好学业和职业生涯规划和管理有助于其心理资本提升。

1. 指导研究生将社会需要与其个人发展相统一

高等教育的功能包含了社会服务功能和个体发展功能两个方面，高校研究生人才培养的目标之一就是为国家建设和社会繁荣输送优秀人才。同时，个人的发展也离不开社会大环境。因此，研究生生涯规划应把响应社会需求与满足个体发展的需要有机结合起来。具体包括两个方面：

（1）避免割裂地谈"社会需求"和"个体发展"，要引导学生将个体发展与社会发展需求自觉结合起来。通过教育引导，使研究生将社会需求内化至个体内心并成为人生价值和世界观，引导研究生树立远大的、积极的价值观和世界观，在生涯规划中，将个体内在价值和人生价值结合起来，使其变成研究生自我实现的最终目标。

（2）对研究生进行生涯辅导，将研究生自我职业认知与社会市场需求结合起来。帮助研究生客观准确了解专业热点前沿、就业前景、发展趋势、行业态势等，也引导研究生了解和明晰自身个性特点、发展追求，最终将个体特性与市场环境相统一，形成客观、理想的生涯规划。

2. 坚持整体辅导与个别指导结合的指导原则

研究生生涯规划既有群体共性特点，也存在个体差异特点。因此，高校研究生生涯规划辅导既开展"广谱式"共性指导，即对研究生整体进行专业教育、生涯规划教育、职业测评、面试技巧等教育和培训，又要进行"聚焦式"个性化指导，即针对研究生个体差异和个性特点，进行针对性的辅导，引导研究生发现自己的优势领域。

3. 积极发挥研究生导师的生涯引导作用

导师不但能从学术研究方面对研究生进行指导、产生影响，还会从职业生涯方面对研究生进行示范和引导。研究生职业生涯迷茫表面上是职业选择和个人发展问题，实际上涉及的是研究生自我认知和人生价值、人生意义的深层追寻。因此，生涯规划的深层心理涉及了一个人的生命价值、价值观和人生观。研究生导师在一定程度上可以视为研究生的精神引领者，可以从态度、认知、情感和行为等方面起到示范作用和影响到研究生。导师的学术追求、生命状态可以引导研究生寻找内心的精神需要，引导研究生放眼长远、躬行自修，超越眼前的心理困境和物质牵绊（刘平青等，2022），树立使命意识和长远追求，激发其追求人生实现的强大内在动机，从而降低职业生涯迷茫、确立科学目标。

（三）丰富研究生校园文化活动

由于导师指导制的学习特点，研究生的时间安排、学习内容、日常学习场所等都不尽相同，这导致了研究生之间沟通变少、交流变浅、了解不多，遇到现实困难或心理困扰也无人求助。人际支持是一个人成长过程中必不可少的情感营养，因此，根据研究生特点，开展特色化、针对性的校园文化活动，有利于研究生增进沟通、建立关系，寻求支持、获得成长。

1. 组织好班级或团队活动

以班级或科研团队为单位，举办小型的、沙龙式、交流型的活动，营造集体氛围和团体支持感，使研究生产生归属感和集体认同感。这些活动有利于培养研究生积极的精神面貌，也有利于研究生建立良好的人际支持系统，促进分享和共担，增强自信心、主观幸福感和心理韧性。

2. 倡导社团活动

学生社团是自发的有特定活动内容的学生组织。聚集和参与在社团活动中的学生一般都有共同的目标、爱好、特长或者追求等，这些共性特征和价值追求使大家能够有共同的话题和喜好，能够互相激励和彼此肯定，并在这里展示和锻炼自己的特长，得到情绪的释放与满足，获得成就感和自豪感。可见，社团活动有利于增进研究生的积极自我认知、自我效能感、乐观感受等，从而增强心理资本。因此，鼓励研究生参加适合自己兴趣追求和个体特长的社团活动，用这种无压力的、渗透性的形式来加强研究生的积极心理品质教育，无疑是非常好的一种途径。

3. 搭建实践活动平台

社会实践活动对于研究生有很多益处，一是有利于培养和提高研究生实践应用能力和职业技能，将书本中的知识运用到实践中去，用实践检验理论和指导学习研究；二是有利于磨炼研究生的意志、锻炼研究生的能力，帮助他们了解社会、了解专业应用前景，形成自我与社会、规划与现实、知识与能力的理性认识和有机融合；三是有利于增进研究生服务社会的利他意识，将"小我"转变为"大我"，将个体融入社会，真正成长为一个胸中有爱、眼里有光的优秀人才。

三、提高研究生教育管理主体的主动性

影响研究生心理资本生成和培育的外在因素如校园环境，课堂教学等物理环境，班级氛围、团队文化等人文环境，导学关系、人际支持等心理环境等，都离不开研究生教育管理主体科学的管理和积极的作为。研究生组织管理的主体主要包括学校层面各行政机构、院系、导师等，各行政机构对于校园环境、设施条件、活动平台等负主要职责，院系对班级氛围、教学管理、团队文化等负主要职责，导师、教师等对导学关系、教学指导、人际支持等负主要职责。因此，提高研究生教育管理主体的主动性，积极探索研究生培养方法、激发研究生个体主动性、构建个性化培养方式，是提升研究生心理资本的有效举措。

（一）充分发挥研究生教育管理部门的育心育人效能

"育心"是以"育人"为目标的，"育人"要以"育心"为基础，因此，要发挥研究生教育管理部门的工作效能和实现培育高质量研究生人才的工作目标，要充分将"育心"和"育人"工作结合起来。从研究生的心理发展特点和实际需求出发，充分尊重其价值主体和实践主体的地位，激发和调动他们的积极性、主动性和创造性。重心下移，贴近学生，为研究生的健康成长创造环境、营造氛围、建设平台、提供服务，切实发挥育心育人工作效能。具体有以下三个方面：

1. 构建积极的校园文化氛围

围绕引导研究生积极心态和自觉进步的目的，加强校园物理环境和文化氛围的营造。如高校应当在校园整体规划设计中融入历史、文化名人的雕塑设计，同时在校园的主干道设立相应的宣传专栏，以及先进典型事迹的展放平台，让研究生能处处感受到主体发展、自由发展、和谐发展的良好氛围和文化熏陶。

2. 提供优质的发展创新环境

高校的各职能部门和工作人员、各学院都要充分认识到研究生教育的重要意义和深刻内涵，为研究生的身心发展、科研创新提供优质化的服务。在培养方案设计、管理制度跟进、教学评价、科研环境提供、学术成果激励等方面，贴近研究生身心特点和现实需求，为研究生提供充分、自由的发展空间。

3. 打造高质量的学术交流平台

学校浓厚的学术氛围有利于激发研究生的竞争意识及学术创新的欲望。（张鲜华等，2022）研究生处在学习成长和科研锻炼的关键时期，他们需要拓展视野、增进交流、获取信息、广受启发，在外界环境的刺激下，将收到的信息消化、存储，从而丰富和提升自我、增强科研意识和能力。因此，优良的、专业的、浓厚的学术氛围对于研究生创新能力的培养和提升至关重要。学术氛围不仅指研究生本人、同学、老师之间建立的学术平等、自由交流、敢于质疑、勤于探索的科研氛围，还包括校际、国际学术精英之间应该开展的广泛的科学研讨与合作交流。对于高校教育管理部门来说，打造高质量的学术交流平台，也是一项重要工作。

（二）有效发挥研究生培养单位的个性化培养功能

当今时代，社会迅速发展，需要大量有个性、多样化的创新型人才。创新型人才的数量与质量成为衡量一个国家竞争力的关键因素，也是高校研究生质量培养的重要影响因素。因此，实施研究生个性化教育是培养创新型研究生的重要途径。学院是研究生的基础培养单位，在研究生招生考试、培养计划、论文选题、考核评奖、科研实践、论文答辩等具体过程和环节中，对研究生进行选拔、培养与考核。专业不同、院系不同、培养类型和目标不同，各培养单位的培养方案和过程也不尽相同。最科学的培养方式是要充分依托社会需求、学校传统、专业特色和学生特点，对本单位研究生进行个性化特色化培养。

1. 在招考录取工作中，注重基础理论知识和科研潜质的联合考察

研究生招考制度中规定，报考学生只有达到报考院校的招生分数线，才能进入复试。若笔试只注重考查学生对基础理论知识的掌握，而忽略其对知识的灵活运用，那么入学考试便不能全面考查研究生的创新能力。此外，同一专业的入学学生生源质量参差不齐，有很多学生是跨考的，对考入专业领域并不熟悉，这导致他们可能在基础知识的掌握考查上不占优势，但这并不能说明他们的科研素质和潜力就不优秀。因此，在研究生的招考出题、复试考查等环节，培养单位要在考查基础知识的同时，注重考查报考学生是否具有从事学术创新的潜力。

2. 在教学工作中，要积极推进个性化的教与学

教育教学手段由教学目标、培养理念、组织形式、课程设置等要素构成，灵活性、特色化、个性化的教学手段和方式，具有学习情境丰富、教学形式灵活、学生主动参与的特点，可以更好地培养学生交流与沟通能力、合作学习的能力以及个性化学习能力，有利于师生在教与学中更好互动、更有效果。因此，研究生的教育教学手段个性化的途径可以是从尊重学生个性差异和教师个性特点进行设计，或着眼提升学生科研能力或职业素质进行设计，或者依托于学校传统、专业特色和课程体系进行构架。总之，充分考虑教与学、精心设计学与用的教育教学手段和方式，是真正地适应研究生发展需求、促进研究生发展潜力、调动研究生学习积极性的方式。

3. 在科研训练中，要培养研究生自主科研能力

科学研究是研究生阶段必经的训练和学习要求。在科研训练中，如何促进研究生迅速、熟练掌握自主科研能力并进入状态，进行有效的科学研究，对于增强研究生自我效能感和积极情绪体验，并促进研究生积极投身科学研究、努力获取更高成就都具有重要的意义。因此，培养单位和导师要从宏观层面进行设计、引导，对研究生从基础知识储备、研究定向、课题驱动、自主科研、成果展示、考核奖励等不同阶段进行科研引导和科研训练，帮助研究生在这个过程中了解、进入、尝试和学会如何做科研，最终养成科研素质，学会自主科研。

（三）切实发挥研究生导师的育人作用

我国高校的研究生教育是导师负责制，导师是高素质研究生人才培养的关键。导师对研究生的教育引导通过两个方面发挥作用：一是导师能力，即导师的教学与科研等业务指导能力；二是导学关系。

1. 重视导师能力建设

研究生导师能力是指身为高校研究生的指导教师为完成研究生的教育培养等工作应该具备的一系列能力的集合，具体体现在专业知识、技能、态度、价值观等多个方面。（郑烨，2022）总的来说，这些能力包括学术能力和非学术能力。因此，对于研究生来说，导师的科研能力、课程教学与指导能力、创新创造能力等为导师的学术指导能力；思政素质、道德修养、人格素养、个人魅力、价值观、师德师范等是非学术示范能力。对于研究生的指导来说，这二者缺一不可。

对于高校研究生教育管理来说，可以从两个方面加强导师能力建设：一是加强导师遴选准入机制，推进导师资格动态管理，即严格对导师的学术造诣、指导方式、道德水平等胜任力进行把关，建设符合专业发展需求、研究生成长需要的导师队伍；二是加强导师队伍建设，研究生质量培养的工作也是一项与时俱进的工作，也需要不断地加强导师的政策水平、课程思政、心理知识、指导方式等方面相关知识的补充和更新。因此，不断培养导师队伍也是一项重要工作。

2. 加强导学关系培养

从导学关系来看，研究生与导师的交流程度、对导师的满意程度、导师对研究生的言传示范、关怀和认可程度等，都对研究生的身心发展和培养质量有重要影响。关于导学关系，近年来成为一个热门话题，学界一致认为积极的、良好的导学关系对于提升研究生培养质量有着至关重要的影响。学者们认为，导师对研究生的教育绝不仅仅是知识传授，更具有引导研究生立身、立学、成才的作用，并且，导师对学生的言传身教、学术指导、成长引领贯穿于研究生学习成长的全过程，导师对于研究生的培养与研究生教育的质量密切相关。（杨斌，2020）同时，提倡构建新型的导学关系，即"以价值取向为基础、真挚情感为动力、知识交往为手段、共赢发展为目标"的导学关系。（宫福清，2020）

专栏 8.1

构建新型导学关系提升研究生培养质量（节选）

建构以价值取向为基础、真挚情感为动力、知识交往为手段、共赢发展为目标的新型导学关系是回应社会关切、提升研究生培养质量的突破口。

规范师生价值共同体，强化立德树人。规范师生价值共同体是构建新型导学关系的前提。师生价值共同体是基于共同信仰、价值、理念和文化有机结合的师生群体。导师对师生价值共同体的构建与规范负有主要责任，其价值取向影响学生的价值反思与判断。新型导学关系更加强化立德树人理念，要求导师致力于做一名有理想信念、道德情操、扎实学识及仁爱之心的让党和人民满意的好老师；要厚德载物而深植"为天地立心、为生民立命、为往圣继绝学、为万世开太平"的人生情怀；要身先垂范而坚持"富贵不能淫、贫贱不能移、威武不能屈"的知识分子风骨；要释然名利而寻求"淡泊以明志、宁静以致远"的修养境界。师生价值共同体的建构既需要导师通过价值启蒙与价值示范来感染，也需双方兼收并蓄、互相融通并不断进行价值反思和批判，以实现价值共识。

巩固师生情感共同体，彰显人文关怀。巩固师生情感共同体是构建新型导学关系的重要环节。师生情感共同体是师生以共同情感体验为基础、以集体记忆为纽带而形成的情感部落。良好的导学关系离不开师生共同情感的孕育与师生集体记忆的积累。师生共同情感是师生在同一教育场域内教育交往而产生并体验到的共时性归属感与认同感；师生集体记忆则是师生在集体性教育交往中所产生与积淀的美好的共同回忆。导师对师生情感共同体的投入，决定着研究生对师门的荣誉感、幸福感、归属感、认同感。师生情感共同体的建成是一个长期渐进的过程，导师应注重与研究生的情感交流，了解他们的情感诉求和性格差异，同时以师者仁爱建立一种不同于且不亚于亲情的师生情谊联结，消除彼此心理上的陌生与情感上的疏离。随着师生之间情感交流的深入，其共同情感也逐渐增强，越来越多的集体记忆又不断促进和丰富师生之间的情感联结，从而使师生情感共同体得以稳固。导师作为师生情感共同体的"家长"，要倾注师者所能给予也应给予的仁爱与关怀，积极引领研究生与自身和其他成员之间加强情感联系与心灵对话。

优化师生知识共同体，促进知识生产。师生知识共同体是基于知识授受关系而形成的学术组织。从本质上说，师生共同体是一个新型知识生产组织，不仅生产新的知识，也培育新的知识生产者。新型导学关系可以视为师生关于知识生产的协作关系，师生知识共同体是构建新型导学关系的关键。在师生知识共同体中,导师在知识授受及指导研究生进行学术研究过程中表现为一种关键的引导性力量并处于知识生产中的"领导"地位。为此,导师要树立终身学习理念,与知识演进同频共振,以实现其本体性知识、条件性知识、实践性知识及文化性知识的协调发展,特别是要在推进科研创新、教书育人与社会服务的一体化过程中积蓄育人的正能量。导师要以人为本、因材施导,积极为研究生提供"金课",引导研究生掌握研究方法和学术规范,成为具有自主知识生产能力的新型知识生产者。导师还要致力于提升师生知识共同体的知识生产效益与知识治理能力,通过学术沙龙、项目协作等方式实现其知识增值与效益最大化,促进师生知识共同体的良性可持续发展。

完善师生成长共同体,实现共赢发展。师生成长共同体是师生基于共同愿景,通过有效互动促进共同成长的教育活动模式。在师生成长共同体中,传统师生关系中的二元对立被消解,现实师生关系中的异化被有效规避。导师与研究生在彼此敬畏、互相尊重的基础上通过有效互动而促进师生的共同成长。这种新型导学关系集中表现为创生、共赢的师生成长伙伴关系,而这种关系的品质就成为检验师生成长共同体的重要标志。导师是构建和完善师生成长共同体的主要力量,研究生则作为其积极参与者,推动着新型导学关系的重构。为此,导师一要弘扬人文精神,倡导"尊重、民主、关爱、共赢"的文化理念,摆脱行政化的影响与干扰,明确和提升师生的成长伙伴关系;二要以促进所有成员实现自我发展为目标,对师生成长共同体进行科学规划,优化配置育人资源,创生洋溢成长快乐的师生文化,推动师生成长共同体的生态发展,提升师生在教育交往中的成长效率与幸福体验;三要主导实现师生价值共同体、师生情感共同体、师生知识共同体与师生成长共同体的"逻辑耦合",为师生共同体的内涵发展提供生生不息的动力源泉。

四、加强研究生自我管理

研究生是其心理资本提升的主体,高校研究生教育管理策略既要注重建设和强化研究生心理资本培育的外在资源,也要激发和引导研究生主体自觉性,积极自我管理、发掘和提升自身素质能力。如此,内外因素才能形成合力,共同作用于研究生心理资本培育过程,促进研究生心理资本提升。因此,激发和培养研究生主体自觉性并形成自我管理能力,也是高校研究生教育管理工作的一项重要任务。

（一）研究生自我管理分析

研究生自我管理通常是指研究生为达到高等教育的培养目的和适应社会不断发展对个人能力的需要，需要全方面调节自己的主观能动性，实事求是地认识和整理自我资源（价值观、实践、心理、身体、行为和信息等），利用有效管理方式而发起的自我了解、计划、组织、控制和自我监控的一系列自我学习、自我教育和自我发展的过程。研究生的自我管理能力包括：

1. 自我学习的本领

研究生的自我学习不仅要掌握理论知识，还要掌握实际操作能力，方能适应新时代对人才的全面要求。研究生要想得到更广阔的见识，单纯依赖课本显而易见是不行的，必须要走出教室，充实自己的知识库，学会正确的学习方式，树立长期的学习计划，并不断提高自己的实际技能，以适应未来工作的需要。此外，高校要教育引导研究生深刻认识自己的优点，发掘自己的长处，学习怎样充实自己的才能。

2. 自我规划的能力

研究生的自我规划能力从内容上包括认知管理、控制管理和激励管理。认知管理能力是指研究生能够很好地平衡自己的生活、学习、工作的时间，并且能够对自己的现实发展状况有很好的认识。研究生的认知管理能力的培养，有助于他们形成对人生事物的正确态度。控制管理是指研究生在自我计划中所具有的自我约束能力。培养研究生的控制管理能力，可以有效地促进研究生的自律，促进研究生的意志品质的养成。激发型管理能力是指在完成一项任务后，具有自信心、自立的素质。研究生在面临挫折与挑战时，培养其激励管理的能力，是激发其潜能、实现自我价值的有效途径。研究生的自我规划能力从实施上包括计划与实施两个层面。培养出优秀的自我管理能力，必须有较强的规划和实施能力，不然就是空谈。研究生要为自己的科研生涯做好计划，制订短期和长期的计划，并付诸实施。制定的目标既不能太高，也不能太低。太高的话，容易让人感到沮丧；太低的话，对提高自己的能力是不利的，而且在执行的时候，也会有一定的难度。在完成计划的过程中极大可能会遇到艰难险阻，所以说研究生也应该学习情绪管理的方法，在进步的同时调节自己的心态，对自己进行鼓励，有一个健康的身心状态，从而实现目标。

3. 管理资源的能力

研究生的资源大部分是指时间、金钱和周围的资源。研究生阶段和以前的学习生活不一样，有大量的时间可以自由使用，因此，他们要做的就是尽可能地利用自己的时间，是充实自己的业余时间,还是上网打发时间,都会对以后的工作产生很大的影响。与此同时,大部分的研究生在学业期间没有家长陪伴,许多事情都要自己做主,并且家长会为他们提供每月或一学期的生活费。而且,许多大学都有自己的设施,图书馆、运动场、实验室都是学生们能够使用的,他们只需要对这些资源进行有效的管理,就可以轻易地提升自己的实力。

4. 自我保健的能力

自我保健能力包括体能管理和心理管理。体能管理能力是指具有良好的体能管理意识、积极参加体育锻炼、重视个人卫生和安全的心理素质。研究生的心理管理能力是指研究生在学习和生活中始终能够保持积极乐观的良好心态。

(二)自我管理能力对于提升研究生心理资本具有重要的意义

1. 适应新的学习阶段,对研究生学习阶段产生自信心和积极期待

研究生的学习与以前的学习生活是不一样的,他们的学习、科研和生活都是由他们自己来安排和决定的。这时候,自我管理能力能够帮助研究生提升主观能动性、正确认识自我、积极发展自身素质能力,并在遇到压力事件和挫折时积极调整心态,从而积极适应和正确应对学业和社会的竞争,为以后的学业和社会生活做好准备。因此,良好的自我管理和规划,能够给研究生带来确定感、稳定感、目标感和自信心,有助于提升研究生的自我效能感、希望、乐观等心理资本。

2. 帮助研究生进行生涯发展规划

随着信息化的发展,我国的职业结构也发生了巨大的改变,对各类人才的需求也越来越大。研究生是具有高质量、有价值的人才,必须具有收集信息、处理信息和创造的能力。所以,在学习和生活中,必须具备良好的自我管理能力,才能独立、科学地规划,赢得他人的尊重与信赖。研究生要在激烈的市场竞争中站稳脚跟,就要学会如何运用自己的管理手段,自觉地提高自己获取信息的能力和判断的能力,以及自我约束、规划、调整能力的培养,这是提高研究生职业发展水平的关键。同时,这些能力的提高与研究生的心理资本希望因子有很大关系。

3. 响应国家和社会需求,提高研究生潜能和综合素质

当今社会对研究生的要求是既要有扎实深厚的专业知识,又要有丰富全面的综合素质。提高研究生的自我管理水平,有利于培养研究生的学习习惯,树立终身学习目标,提高自我修养,完善实践操作技能,促进研究生全面发展;有利于提升研究生综合素质、意志品质,提高他们的独立思考能力,使他们具有敏锐的观察力和强大的意志力,能有效地解决各种问题；有利于提高研究生的认知决策能力、路径规划能力、问题解决能力、困境抗逆性能力，从而促进研究生心理资本的希望、乐观、韧性、创造力、福流、心智觉知、情绪智力等因子的增强。

（三）培养研究生自我管理能力的策略

在高校研究生教育管理层面，可以从以下几个方面推动研究生自我管理能力的提升：

1. 更新理念，积极推动

研究生教育管理机构要坚持"以人为本"的办学思想，强化研究生自我管理。在管理和服务方面，要转变观念，建立"以人为本"的思想，通过制度引导、建设平台、提供机会、激励奖励等途径，激发研究生自我教育、自我管理的意识；在教学和科研指导方面，通过选修课和专业课程的培养，培养学生自我认知、自主规划、自主选择、自主管理意识，并加强师生之间、同学之间的互动性，了解研究生的需求和诉求，引导研究生认清自我、提升自主性和自信心，获得更多的独立成长锻炼的机会，提升自我控制的潜力。

2. 建立自我管理的气氛

营造轻松愉快的自我管理环境，是培养研究生自我管理的关键。应在实施素质教育的大背景下，实行"自律为主、他律为辅"的研究生管理，使研究生管理工作走向科学化和现代化。第一，学校的教育管理效果依赖于学生，如果学生缺乏自我认识和自我接受的自觉意识，那么，学校的管理工作就无法顺利进行。因此，应加强对研究生的自我管理和自我教育的认识，培养研究生的自律意识，做到对自己的全面、全天候的管理。第二，要建立研究生自我管理体系，为研究生的自我管理提供一定的平台。在建立研究生自我管理体系时，应广泛征求和吸收研究生的建议，并邀请优秀研究生代表出席相关的学术研讨会，以增强其对自身管理活动的认同。第三，加强研究生自我管理的校园文化建设，形成浓厚的自我管理氛围。

3. 加强研究生自我管理组织

研究生社团组织能够通过丰富多彩的活动内容吸引研究生积极参与、主动参与，既可以满足其个人发展的需要，也可以为培养研究生的自我管理能力提供一个良好的平台。因此，首先，高校要支持研究生在高校内部组建和参加多种类型的学生管理集体，通过组织活动平台，建立健全研究生自我管理体系，为研究生自我管理工作的开展奠定基础；其次，高校在构建和健全研究生协会的过程中，要选择具有高素质的人才，以吸引更多的研究生参加进来；最后，可以根据研究生的实际工作和职业发展需要，组建具有一定规模的公益团体和实践性社团,在充分锻炼研究生的组织协调能力和人际交往能力的同时,还可以培养研究生的社会使命感及爱岗敬业精神。

十年树木,百年树人。众所周知,个体的成长、成才并不是一件可以独立完成的事情,需要个体自身和养育者、教育者、外界环境的共同努力,在研究生心理资本的培育方面更是如此。基于研究生心理资本培育和提升高校研究生教育管理策略是一项系统而长期的工程,需要更新理念、拓展路径、增强主体能动性,不断改善研究生教育管理体制、方式和策略,持续通过学校、院系、导师、研究生自身等多层次全方位地为研究生心理资本培育提供支持性的组织环境和成长动力。

主要参考文献

[1] 弗雷德·路桑斯. 心理资本：打造人的竞争优势 [M]. 李超平，译. 北京：中国轻工业出版社，2008.

[2] 弗雷德·路桑斯，等. 心理资本：激发内在竞争优势 [M]. 2 版. 王垒，等译. 北京：中国轻工业出版社，2018.

[3] 彭聃龄. 普通心理学 [M]. 4 版. 北京：北京师范大学出版社，2012.

[4] 林崇德. 发展心理学 [M]. 3 版. 北京：人民教育出版社，2023.

[5] 王战军. 中国研究生教育质量报告 2022 [M]. 北京：中国科学技术出版社，2022.

[6] 塔亚布·拉希德，马丁·塞利格曼. 积极心理学治疗手册 [M]. 邓之君，译. 北京：中信出版社，2020.

[5] 魏荣. 知识型员工的心理资本及其开发 [M]. 北京：光明日报出版社，2013.

[6] 许海元. 大学生心理资本积累及其教育管理 [M]. 北京：人民出版社，2017.

[7] 朱翠英，胡义秋. 大学生积极心理素质教育研究 [M]. 北京：人民出版社，2015.

[8] 程灵，邵雅利，张翠莲. 大学生积极心理教育 [M]. 北京：清华大学出版社，2022.

[9] 胡娟. 研究生心理导航 [M]. 上海：华东师范大学出版社，2012.

[10] 阿尔伯特·班杜拉. 自我效能 [M]. 缪小春，等译. 上海：华东师范大学出版社，2022.

[11] 陈社育. 大学生职业心理辅导：大学生职业心理辅导 [M]. 北京：北京出版社，2003.

[12] 魏潾. 大学生职业生涯指导：大学生职业生涯指导 [M]. 北京：科学出版社，2010.

[13] 孟昭兰. 情绪心理学 [M]. 北京：北京大学出版社，2005.

[14] 郑安云，常江. 大学生心理健康教育案例教学 [M]. 北京：高等教育出版社. 2015.

[15] 阳志平，彭华军. 积极心理学团体活动课操作指南 [M]. 2 版. 北京：机械出版社，2016.

[16] 罗伯特·斯滕博格. 剑桥创造力手册 [M]. 施建农，等译. 北京：东方出版中心，2021.

[17] 米哈里·契克森米哈赖. 心流：最优体验心理学 [M]. 张定绮，译. 北京：中信出版社，2017.

[18] 彭凯平. 吾心可鉴：澎湃的福流 [M]. 北京：清华大学出版社，2016.